Mounds and Goddesses

– The Earliest Farmers in Upper Mesopotamia

遺丘と女神
―メソポタミア原始農村の黎明

西秋良宏 編

はじめに

　東京大学総合研究博物館は、1996年の開館以来、学術標本の収集や整理研究を進めるとともに、公開展示事業にも積極的にとりくんできました。年に2回から3回開催している特別展示は、学内に蓄積された600万点ともいわれる大量の学術標本を公開し、その研究の成果を広く社会に伝えることを目的とするものです。2007年夏季には、西アジア考古学をテーマとして『遺丘と女神－メソポタミア原始農村の黎明』展を開催いたしました。

　東京大学の西アジア考古学調査は1956年、戦後日本初の人文社会系大型海外調査としてイラク、イランで始まりました。それから50年、研究者たちは今もシリアを中心とした西アジアで調査研究を続けています。この間、北メソポタミア農耕村落の起源と発展を調べることを一貫したテーマとしており、近年稀にみる息の長い野外調査プロジェクトの一つとなっています。

　農耕牧畜という食料生産経済の誕生、村の発生は古代文明への歩みの原点でもあり、その後の人類史を決定づける転換点でもありました。『遺丘と女神』展は、それに関わる研究活動を紹介する企画として開催されたもので、土器、石器などの人工物のほか、建築、さらには動植物化石や鉱物など多岐にわたる物件をその学術的解析結果とともに公開する機会となりました。事実、農耕牧畜の考古学的研究は、文化史学の枠におさまらない総合科学です。そうした研究の推進と成果の展示発表は、総合研究博物館ならではの試みではないかと考えております。

　本書は、この展覧会にあわせて当館で作成した図録を新たに市販用に増刷して刊行するものです。会期中にご覧になれなかった方々に展示の内容を伝える記録として、また、西アジア新石器時代考古学の現状を知るための参考図書として広く活用されることを願う次第です。

　最後になりましたが、シリアからの発掘品移送に格別の配慮をいただいたシリア考古遺産庁、駐日シリア大使館はじめ、展覧会、本書作成にあたりご協力いただいた関係各位、機関に厚く御礼申し上げます。

東京大学総合研究博物館

館長　林　良博

テル・サラサートから50年
―序に代えて

西秋良宏

　メソポタミアは古代文明発祥の地として知られている。西アジア中央部を流れる二つの大河、ティグリス、ユーフラテス川の間の土地である。シリア・アラビア砂漠の北を円弧のように取り囲む、いわゆる肥沃な三日月地帯の東半に相当する。今のイラクがその大部分を占めるが、北は東北シリアや南東トルコ、南はイランの一部も含まれる。

　見渡す限りの大平原がひろがるこの土地で日本人が本格的な考古学的調査を開始したのは、1956年のことである。そのいきさつや目的については、調査団をひきいた江上波夫教授が東京大學學生新聞のインタビューに答えた記事がわかりやすい（「七千年の過去求めて　―歴史の源・オリエント」昭和31年5月14・21日、第259・60号）。以後10ヶ月にもおよぶフィールドワークへと旅立つ3ヶ月前の記事である。大戦の反省から文明のあり方への関心が深まっていた世界的な趨勢もあってか、文明研究がテーマであることが述べられている。しかし、江上が目をつけたのはメソポタミアで花開いた輝かしい古代文明の都市遺跡ではなく、それ以前の「原始農村」であった。考古学の編年でいえば新石器時代から銅石器時代前半の遺跡である。文明への出発点はその時代におこった穀物栽培や家畜飼育という生産経済の開始にあるのであって、それが「何時、どういう契機で行われたか」を調べることこそが文明の本質を理解することにつながるという。

　狩猟採集から食料生産への移行は世界にさきがけて西アジアで起こった。その人類史的意義を早くから強調していたのは英国の考古学者、ゴードン・チャイルドである。チャイルドが提唱した農耕革命というコピーは、1950年代には既によく知られたものになっていた。しかし、19世紀以来、欧米各国がこぞって発掘を進めている西アジアといえども、古代都市遺跡に

■テル・サラサート遠景
遺跡の正確な名称はテルール・エッ・サラサート。3つの丘という意味だが、実際には5つの丘で構成されている。高さ6mほどの比較的小さな2号丘（中央奥）が最初の発掘地に選ばれた。1956年。本書掲載のテル・サラサート関連写真の撮影者はいずれも三枝朝四郎である。

比べてそれをさかのぼる原始農村遺跡の実地調査は進んでいない。そこで、縄文遺跡の経験をとおして同時代の遺跡研究に実績のある日本考古学の手法をもって、その国際的課題の研究に日本人も参画するのだ、と江上は述べた。加えて、今般の西アジア調査は日本初のものであるのだから、現地であたうかぎりの標本、知見を入手し、それをもって日本にオリエント学の基礎をきづきたいとの揚々たる希望をも述べている。

江上が発掘地としたのは北イラクの都市、モースルの西50キロほどのところに位置するテル・サラサートという遺丘であった。アラビア語でテルと呼ばれる丘状の遺跡の一つで、イラク政府が用意したいくつかの候補から選んだものである。ティグリス川東岸には当時世界最古の農耕遺跡として喧伝されていたジャルモ遺跡があった。そこで、調査の空白地帯でもあったその西岸で「もっと原始的な、もっと初期の集落」を見つけようとしてテル・サラサートが選定されたのである。1956年10月8日、三笠宮殿下の鍬入れ式から始まった発掘は、雨季の中断をはさんで翌年4月末まで続いた。その結果、ジャルモのような土器のない時代の堆積には出会わなかったものの、北メソポタミア平原部では当時最古級となる土器をもった村落を見つけることに成功している。また、現地政府の格別の好意を得て、木箱数百箱にものぼる発掘、採集品、総数5万枚ともいわれる記録写真など大量の学術標本の招来をも実現することとなった。

それから半世紀、今も日本の研究者は、西アジアの原始農村をめぐる現地調査を続けている。現在では東京大学だけでなく他大学、研究機関からも調査隊が派遣されるようになり、年間10を超えるチームが各地で広範なフィールドワークに取り組むようになった。調査に学生はもちろん外国人が参加することも恒常化

■テル・サラサート 2 号丘の発掘

し、都市遺跡の発掘が加わるなど研究課題の広がりも顕著である。また、総合研究博物館に保管されている江上が集めた巨大コレクションは研究や教育に利用が途絶えることもない。テル・サラサートの調査は日本のオリエント学の基礎を確かに築いたのであろう。その発掘 50 周年を機に、今も続く東京大学の野外調査、収集標本の分析成果を中心として、当初の目的であったメソポタミア原始農村研究の現状を素描してみようと考えた。それが、今回の展示である。

西アジアにおける農耕牧畜の起源、発展をめぐる国際的な研究情勢そのものも、半世紀前とは様変わりしている。なかなか政情が安定しないイラク、あるいは 1970 年代の革命以降外国人の立ち入りが難しくなったイランに代わって、お隣のシリアやトルコ、イスラエルなどが各国調査隊の集うフィールドとなっていることはともかく、調査の数においても質においても変貌すさまじい。とりわけ、ユーフラテス川上流に立て続けに建設されたダムの水没遺跡調査にともない、北シリアや南東トルコの情報増加が著しい。農耕起源地もそのあたりに求められるようになってきている。また、各種の理化学的分析技術の守備範囲や精度が格段に増してもいるし、理論考古学の発達は多様な考古学的証拠をつむいで当時の社会の変化を説明することを可能にもしている。

せいぜい 7,000 - 8,000 年前に現れたと考えられていた農耕集落の出現は、現在では 1 万年以上前とされる。また、農耕牧畜生活が陣容を整えるには、そこから優に 3,000 - 4,000 年、農耕革命と呼ぶには長すぎる時間のかかったことが判明している。おそらく当人たちは全く気がつかないほど世代をかさねながら、食料生産経済の進展は進行したのに違いない。さらに明らかになっているのは、この変革が環境や社会、工芸の質、

■日本から持ち込んだ資材の荷解き、1957年

世界観の変化と一体になってすすんだことである。更新世末の環境変化が変革を引き起こしたとする自然主導の見方も、社会や技術、世界観の変化が主因であったとする人間主導の見方のいずれもが、この長期にわたって進行した現象を説明しきるには不十分にみえる。最古の農民たちは、環境、植物、動物、モノ、超自然界など周囲の世界と密にふれあいながら、お互いを変化させつつ社会を発展させたものらしい。

この過程の舞台となったのが、遺丘である。江上がテル・サラサートの丘に立って詠んだ見事な詩に述べられているように、遺丘には原始農村の屍骸が埋もれている。それは最古の農民たちの生活の場であり、食料残滓である動植物のかけらや壊れた土器、石器、さらには建物の基礎やそれを構成していた泥土など、考古学者が研究材料とする標本を入手する源でもある。今回の展示では、これに女神を添えてそのタイトルとした。女神とは原始農村の精神的シンボルとして生まれた女性座像にちなんだものである。現在発掘中のシリア、テル・セクル・アル・アヘイマル遺跡で見つかった最新の標本の一つである、きわめてユニークな大形女性土偶が今般公開される。ほぼ完存で、高い写実性、造形性をもった大形座像としては知られる限りメソポタミア最古の作品の一つである。どっしりとした安定感、同時代に類品がないほどの細工の細かさは、この像が長期にわたって村の生活を見つめていたことを示唆している。いったい、何を見ていたのだろうか。それを語るのは、村の屍骸たる学術標本であり、その研究である。展示では、屍骸に往時の営みを語らせる現代考古学の謎解きぶりも感じていただければさいわいである。

住み人は　老いも若きも
冷き床に永遠の沈黙にたえ
壁際のパン焼竈に
火は消えて六千有年
ティグリスの曠野に
人知れず横たわる
この村落むらの屍骸
この村落むらの屍骸

われらいま　科学の魔杖もて
この村落むらの屍骸に
光と　動きと　言葉を与え
この遺丘テルをして
現世このよに　鳴動せしめんとす

…………テル・サラサート（一九五六年）

テル・サラートの丘に立ちて

江上波夫

この遺丘(テル)は　村落(むら)の屍骸(なきがら)
村落(むら)生まれ　村落(むら)死し
代々(よよ)の村落(むらむら)　その屍骸(なきがら)を
ここに埋(う)め　堆(つ)み重なりて
風悲しき丘となれり

黄泉(とこつよ)のこの村落(むら)むらの
葺(ふ)ぶきの屋根は崩(くず)れ
泥土(つちくれ)の壁も空しく
土台のみ積み重なりて
家々の骨格(ほねぐみ)を露わす

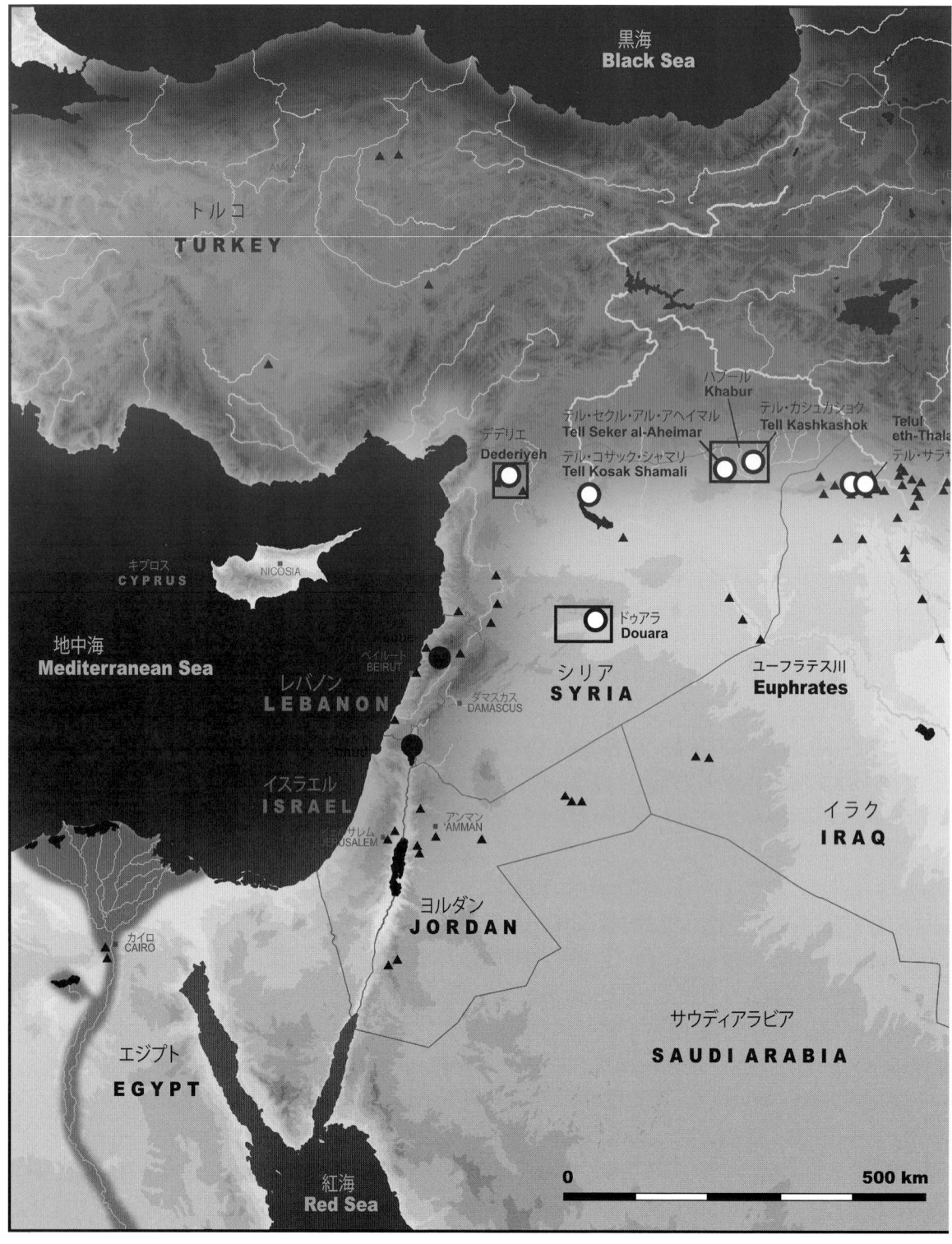

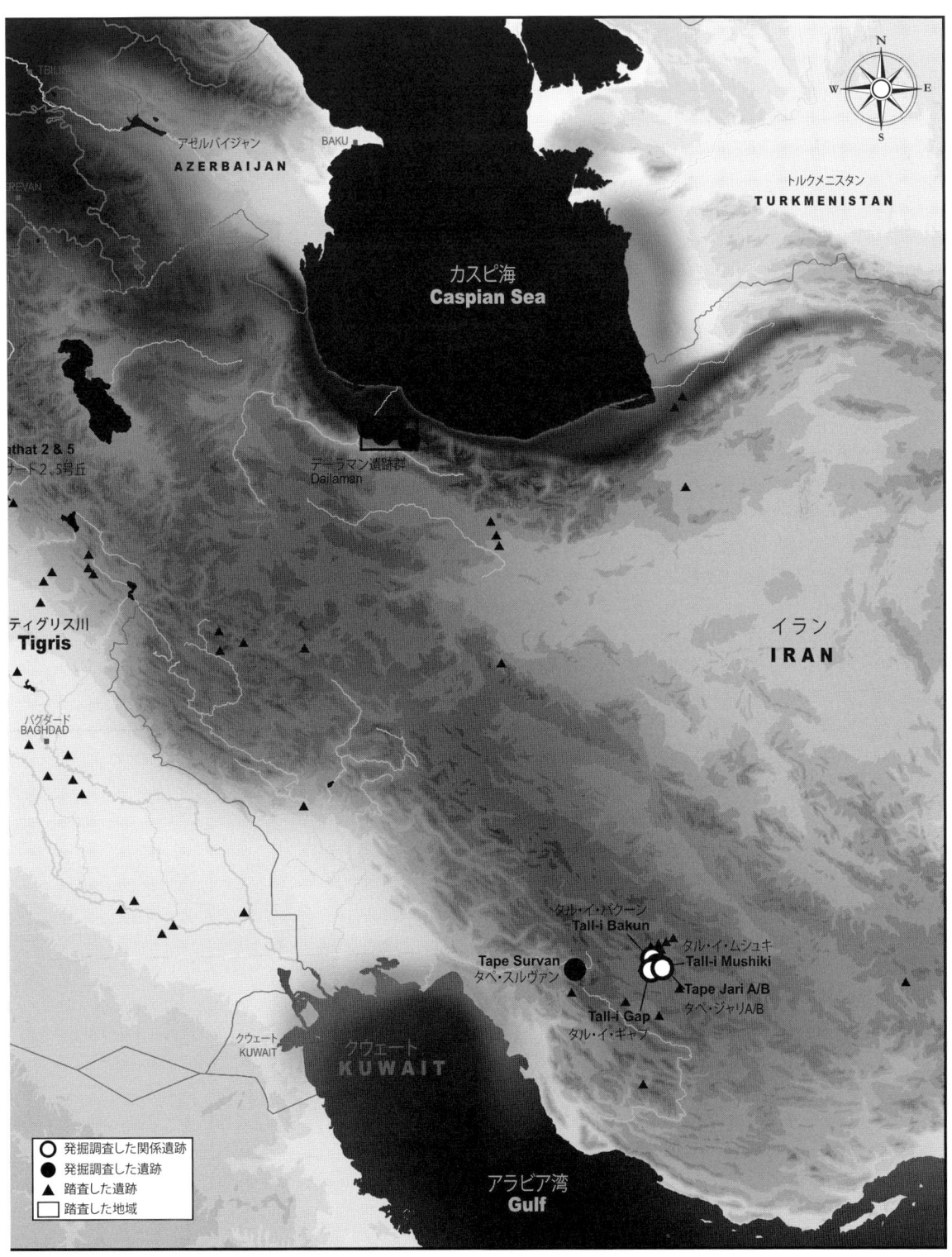

■東京大学による西アジア調査遺跡 1956-2006 年
　西アジアの内陸部には乾燥したシリア・アラビア砂漠がひろがっている。その北縁にいわゆる肥沃な三日月地帯が位置する。年間降雨量が 400mm 以上あり、灌漑しなくとも農業がいとなめる地域である。そこは最古の農村が展開した土地であり、東京大学の遺跡調査はこの地域に集中している。発掘されたのは全部で 20 数遺跡、踏査遺跡は数百にのぼる。今回の展示に関連する 12 の遺丘を白抜きで示した。

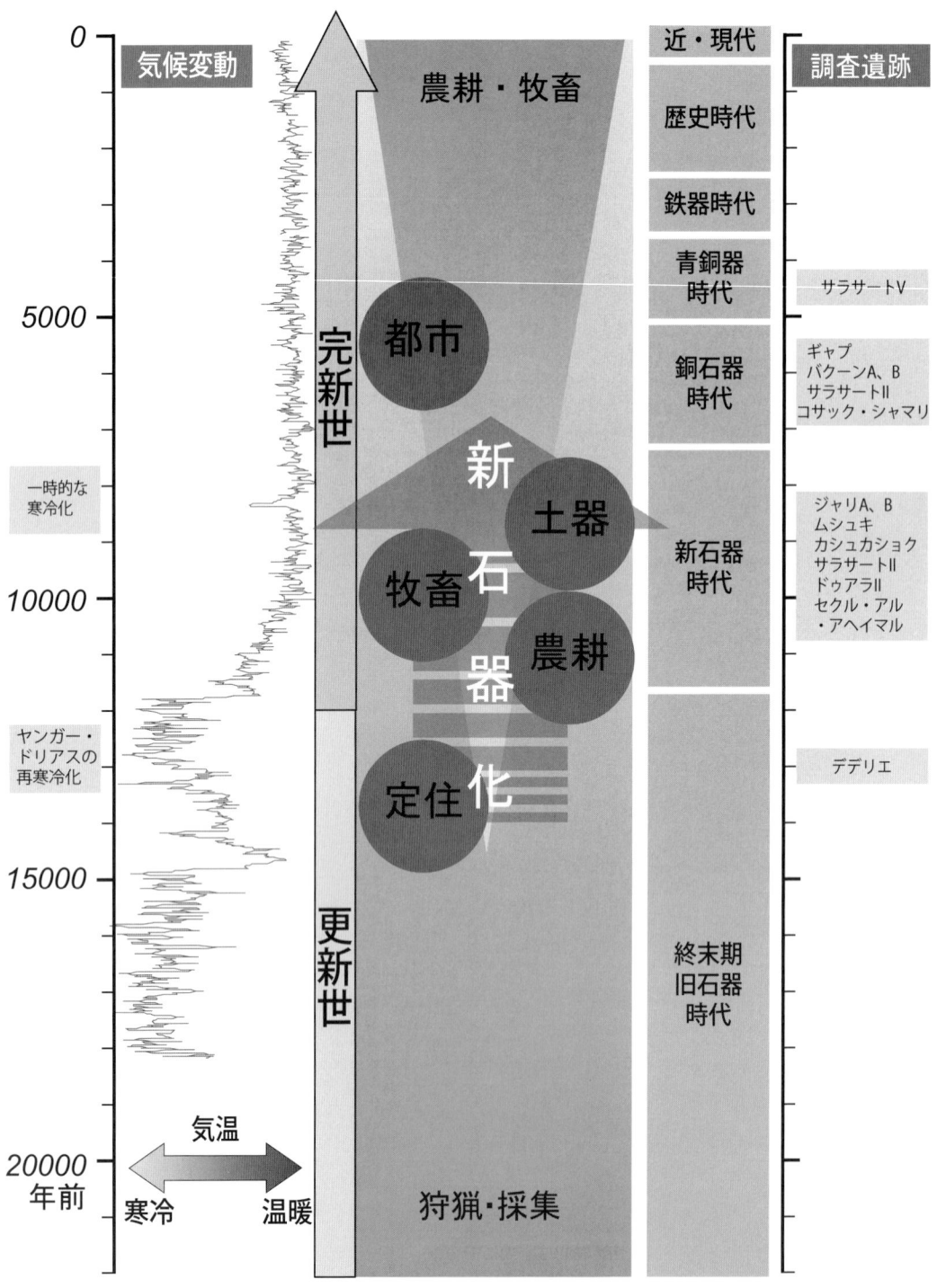

■新石器化と今回の展示に関係する主な東京大学調査遺跡
　農耕牧畜の開始、またその発展の過程を新石器化という。新石器化の素地と作ったのは1万4,000年前頃から顕著になった定住化である。植物栽培はその頃から始まっていた可能性もあるが、栽培化された植物が出るのは1万年を少しさかのぼる頃である。動物の家畜化はやや遅れて始まり、9,000年前頃以降になってようやく食糧資源として定着した。

遺丘と女神 —メソポタミア原始農村の黎明

はじめに ——————————————————— 林　良博
テル・サラサートから50年 —序にかえて ——————— 西秋良宏
口絵

- ■遺丘　034　テルの話 ————————————————— 近藤康久
　　　　042　【コラム】日干し煉瓦の建物

- ■環境　048　過去2万年間の気候変動の復元 ——————— 鹿島　薫
　　　　　　　　—シリア・トルコでの現地調査から
　　　　060　【コラム】気候温暖化と定住

- ■植物　064　西アジア先史時代の植物利用 ——————— 丹野研一
　　　　　　　　—デデリエ遺跡、セクル・アル・アヘイマル遺跡、
　　　　　　　　コサック・シャマリ遺跡を例に
　　　　074　【コラム】鎌刃と橇刃

- ■動物　080　西アジアにおける動物の家畜化とその発展　マルジャン・マシュクール
　　　　　　　　　　　　　　　　　　　　　　　　　　ジャン＝ドニ・ヴィーニュ
　　　　　　　　　　　　　　　　　　　　　　　　　　西秋良宏
　　　　094　羊毛のドメスティケーション ——————— 須藤寛史
　　　　　　　　—ウールの発達と紡錘車
　　　　103　【コラム】毛織物の圧痕

- ■モノ　110　パイロテクノロジーのはじまり ——————— 久米正吾
　　　　　　　　—先史西アジアの石灰・石膏プラスター工業
　　　　121　西アジアにおける土器の起源と展開 ————— マリー・ルミエール
　　　　135　「カンバス」としての土器 ————————— 小髙敬寛
　　　　　　　　—西アジア先史土器における彩文装飾
　　　　144　【コラム】土器工房
　　　　147　石と金属 ————————————————— 木内智康

- ■超自然界　154　人・祖先・動物 —————————————— マーク・フェルフーフェン
　　　　　　　　　—新石器時代の西アジアにおける儀礼
　　　　　　171　【コラム】現在も作られる土偶

展示標本目録　176
英文要旨　　　185

■凡例

1. 本書は東京大学総合研究博物館特別展示『遺丘と女神―メソポタミア原始農村の黎明』展（会期：2007年5月26日～9月2日、於：東京大学総合研究博物館、主催：東京大学総合研究博物館；会期：2007年9月14日～10月28日、於：岡山市立オリエント美術館、主催：岡山市立オリエント美術館・東京大学総合研究博物館・岡山放送株式会社）の参考図書として作成した。
2. 本展は東京大学創立130周年記念特別事業、東京大学西アジア遺跡調査50周年を記念して企画されたものである。
3. 各論文に付随しない写真のうち撮影者ないし提供者名を記していないものは東京大学総合研究博物館所蔵の写真である。
4. 各論文に付随しない記事で執筆者名を記していないものは西秋の執筆分である。
5. 展示会場写真は東京大学総合研究博物館で撮影した。

■『遺丘と女神』展会場入り口

■テル・セクル・アル・アヘイマル遠景
　2000年より東京大学総合研究博物館が発掘中の遺丘。東西300m、南北180m、高さは11mほどある。シリア東北部、ハッサケ市の近郊に位置する。手前を流れるのはユーフラテス川最大の支流であるハブール川。9,300年前から8,500年前頃の先土器・土器新石器移行期の集落が20以上かさなって堆積していることが確認された。メソポタミア最古級の土器が見つかっている。

■発掘当初の大形女性土偶
　テル・セクル・アル・アヘイマル遺跡で2004年に見つかった女性座像。9,000年前頃の先土器新石器時代B末期の作品である。非焼成のため非常にもろい状態で発掘された。シリア考古遺産庁との共同プロジェクトとして総合研究博物館でクリーニング、保存修復を実施した。

■大形女性土偶

　クリーニング、保存修復後の土偶。右足を欠いているが横座りをしているとみられる。多産と豊穣の象徴、すなわち女神あるいは地母神の一種であると考えられる。

　頭部をふくめた高さは約14cm、幅は10cm四方ほどある。同時代の女性土偶は高さ数センチ以内がふつうであり、破格に大きい。これに匹敵するサイズをもつ作品としてはトルコのチャタルホユック遺跡の焼成土偶がよく知られているが、本例はそれよりも500年ほど古い。また通常の女性土偶は胸や臀部を強調する一方、顔の表現を省略するなど定型的なものがほとんどであるのに対し、この土偶は頭髪や眉、耳まで表現されたリアルな頭部、全身をおおう赤と黒の二色彩文をもつなど、写実性、造形性がきわだつ異色の作品である。

　女性像は2万年以上前の旧石器時代にも作られていた。それらは立像がほとんどである。新石器時代でも初期の像は立像であり、座像が一般化するのは9,500年前頃以降である。公共建築やモニュメントが激減する時期に増加することから、儀礼が公共型から家内型に移行したことを示すとされている。また、それ以前の儀礼作品は長期的利用を示唆しているのに対し、多くの土偶は小形で造作が単純であるため利用も短期的であったとみられる。テル・セクル・アル・アヘイマルの本作品は儀礼の変質期に登場した。

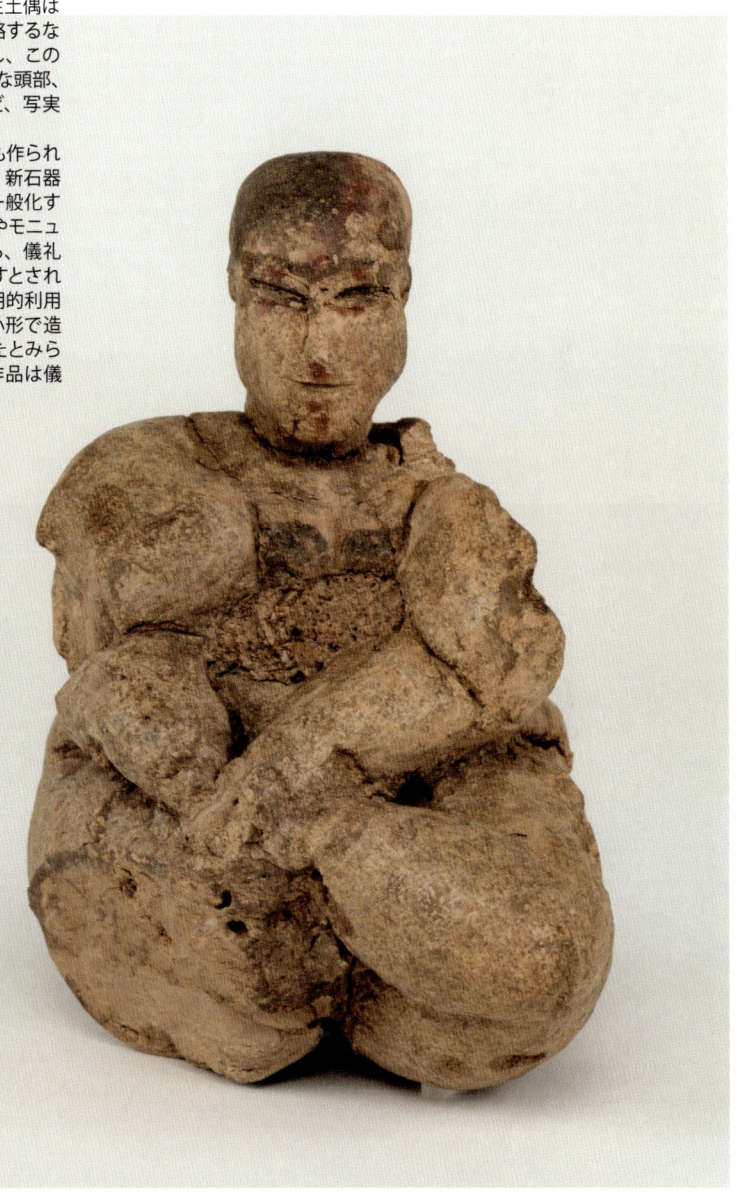

■大形女性土偶頭部

■クリーニング中の大形女性土偶頭部

■『遺丘と女神』展会場風景

■『遺丘と女神』展会場風景
　中央に遺丘モデルを配し、そのまわりに環境、動物、植物、モノ、超自然界に関する標本が展示されている。

■テル・セクル・アル・アヘイマルから北を望む
　夏季には茫漠とした荒野にみえる土地だが、
　雨季があける春先には一面緑の大地に変貌する。

■深さ約7mの発掘坑

■土層断面の調査

■ヒツジ大量消費場（約 9,200 年前）
　集落の周縁部には広場があり、1 歳ほどで殺されたヒツジの骨が累々と層をなしていた。定期的におこなわれた宴会の跡であったと考えられる。

■約 9,000 年前頃の建物

■石膏貼り床をもつ建物

■『遺丘と女神』展会場風景

■メソポタミア最古の土器群
テル・セクル・アル・アヘイマル遺跡出土。
8,900-8,600年前頃。上段が表面、下段は
裏面。鉱物が混和されている点に特徴がある
（本書ルミエール論文参照）

تل 遺丘

テルの話

近藤康久

　序に掲げた詩「テル・サラサートの丘に立ちて」は、東京大学イラン・イラク遺跡調査団の生みの親として知られる江上波夫が、テル・サラサートの情景(図1)を描写したものである(江上 1986：119-120)。理屈抜きに、名詩だと思う。テルとは何か、なぜ研究者はテルを発掘するのか、そのすべてが一行一行に凝縮されている。思い起こせば、東京大学の西アジア考古学調査のあゆみ(松谷 1997)は、テルに始まり、テルとともにあって、現在に至る。しかるに、「テル」という言葉の表すものが一体何であるかということは、日本で広く人口に膾炙しているとはいえないし、また研究者の間で日々顧みられることもない。そこで本稿では、この詩をてがかりにしつつ、最近の研究動向を俯瞰しながら、テルとは何か、研究者はどのようにテルにアプローチするのか、そしてなぜ人はテルに住むのかということについて、考え述べていきたいと思う。

村落の屍骸
テルとは何か

　「テル(タル)」は、アラビア語の名詞で、「人工の丘」を意味する。ペルシャ語・トルコ語圏の「テペ(タッペ・デペ)」、トルコ語の「ホユック(ヒュユク)」なども同義である。日本語では「遺丘」と訳される。「遺跡の丘」という意味である。テルは、その語源の地であるアラブ世界のイラク・シリアからエジプトにかけての一帯と、イラン高原およびトルコのアナトリア高原を中心に、西は東欧のハンガリーから、東は南アジアのインダス川流域まで、ユーラシアの中央部に広く分布する(Chapman 1997: 139)。

　テルの形状や大きさは、さまざまである。長径が数百メートルに達し、裾部から丘頂までの高さが数十メートルにおよぶような巨大なものから、沖積平野の中のごくわずかな高まり(微高地)としてかろうじて視認できるものもある。重要なのは、それらは人間が短期間の工事で築造した盛り土ではなく、人間の生活・居住の痕跡が長い時間をかけ「堆み重なって」作られたものだという事実である。ある期間の生活の痕跡がパックされた地層、すなわち文化層は、あたかもパイ生地を重ねるかのように上へ上へと堆み重なっていくから、原則的には地層累重の法則にしたがって、下の文化層ほど時期が古くなり、上へいくほど時期が新しくなる。たとえば、くだんのテル・サラサート遺跡の第二号丘では、下層で新石器時代のプロト・ハッスーナ期、上層で銅石器時代のウバイド・ウルク・ガウラ期に属する遺構・遺物が発見されている(Anastasio et al. 2004; 松谷 1997)。このように、テルにはさまざまな時代の「村落の屍骸」が堆み重なっている。

　テルは、基本的に泥と石でできている。南西アジア一帯は、一般に、木材に乏しい乾燥地帯なので、粘土と石が主要な建材として用いられるからである。建物の壁には、泥粘土を型枠に流し込み、天日で乾燥させて作る日干し煉瓦が使われることもあれば、粘土層を幾重にも突き固める、中国の版築に似た工法が用いられることもある。どちらも、今日テル近くの村に行けば目にすることができる。これらは、過去一万年近くにわたって息づく建築伝統である。

図1 テル・サラサート遺跡。1957年

発掘調査
テルを解剖する

このようなテルを対象とする発掘調査は、ストッカーにたまった新聞紙を整理するのに似ている。読み終わった新聞を順に積み上げていくと、下へいくほど日付が古く、上に行くほど日付が新しい「堆積」が形成される。ここで、一週間前の出来事を調べるには、上から順に新聞紙を取り除いていって、一週間前の日付が入った新聞紙を抜き出し、そこに書かれている記事を読むことになる。テルの発掘調査は、これを数千年の時間幅でおこなっていると思えばよい。遺跡発掘の場合は、土器などの形態変化に基づく時間的物差し（編年）と放射性炭素年代がさしずめ新聞の日付に相当する。

テルの発掘調査の手順には、定石がある。まず、基準点を設定して、遺丘全体に碁盤目状の座標系（グリッド）を定める。次に、地表面に落ちている遺物をサンプリングして、どの地点の地下にどのような時期の遺構・遺物が埋まっているか推測する。その結

図2

図3

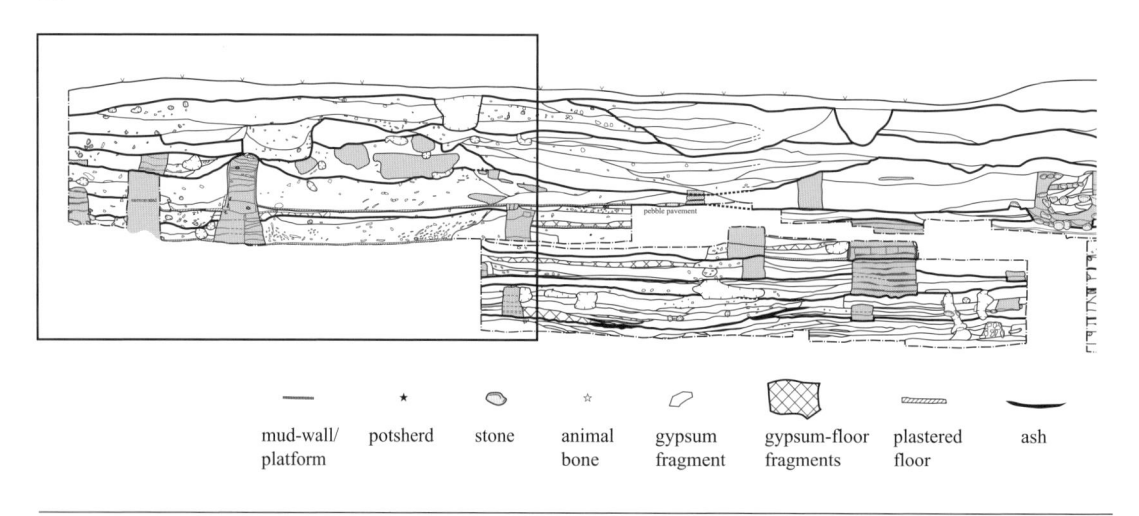

| mud-wall/ platform | potsherd | stone | animal bone | gypsum fragment | gypsum-floor fragments | plastered floor | ash |

図2 テル・サラサート遺跡発掘風景。1957年
図3 テルのセクション（土層断面）図の一例。テル・セクル・アル・アヘイマル遺跡
　　囲み枠は図4の拡大範囲を示す。

果を受けて発掘する場所を決める。発掘区には、グリッドに沿って、長方形のトレンチ（試掘坑）が設定される。トレンチの内部は、表土から順に注意深く取り除かれていく。建物の遺構や貯蔵穴・墓穴などに掘り当たったときは、特に慎重に掘り進め、遺構の全体像が把握できたところで図面を取り、写真を撮って記録に残す（図 2）。この作業は、精密な生体解剖にも似ている。これを、一枚一枚の文化層に対して繰り返していく。ここまでは、日本をはじめ世界各地の発掘調査に共通する考古学の基本だが、テルを相手にする場合は、時期の異なる文化層が幾重にも、そして分厚く堆積しているので、層位や遺構の上下（新旧）関係がきわめて複雑になる。そのため、堆積層や遺構ごとに一枚ずつ記録シートを作成して、その層位や遺構の特徴や新旧関係を記録しておくなどといった工夫が必要になる。

一シーズンの発掘が終わると、トレンチの内壁にはテルの垂直断面図（セクション図）が出来上がる。これを図面に写し取ると、層位や遺構の新旧関係をさらによく理解することができる。東京大学のチームが現在調査しているテル・セクル・アル・アヘイマル遺跡のセクション図（図 3）は、テルの形成過程を如実に物語る。ある時期に使用された建物が放棄され、天井や壁が崩れ落ちると、廃墟の内部に土砂や廃棄物がたまっていく。その後、上面が整地され、その上に新しい建物が作られる。図の一部を拡大すると、床面の張替えや壁の拡張を伴う住居のリフォームが頻繁に行われていた様子が見て取れる（図 4）。

テル現象（フェノミナン）
なぜ人々はテルに住まうか

エベレスト登頂で知られるイギリスの登山家ジョージ・マロリーは、ニューヨーク・タイムズ紙のインタビューで、「なぜエベレストに登るのか」という問いに、「そこに山があるから（Because it is there.）」と答えたという（ウィキペディア 2007）。

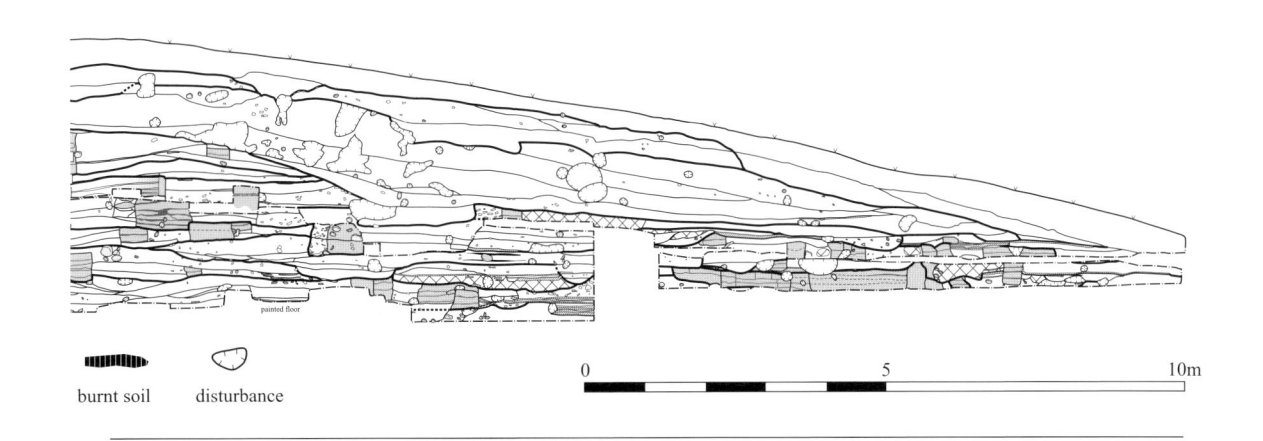

burnt soil   disturbance   0   5   10m

それでは、もし、研究者がタイムスリップして、新石器時代のテルの住人に「なぜテルに住むのか」と尋ねることができたとしたら、どのような答えが返ってくるのだろうか？

東京大学の西アジア調査がそうであるように、従来、テルの発掘調査は、「いつ」「誰が」「どのように」そこに住んでいたのか明らかにすることを目的として進められてきた。その結果、住居建築・食料加工・貯蔵・工芸・埋葬・儀礼など、テルの上で行われた活動が、高い精度で復元されるようになった（Verhoeven 1999, 2000）。しかし、当時の人々が「なぜ」テルに住んだのかということについては、議論が最近ようやく端緒に着いたばかりである（Bailey 1999; Chapman 1997; Hodder and Cessford 2004; Verhoeven in prep.）。

テルが形成される現象、すなわち「テル現象（フェノミナン）」（Verhoeven in prep.）は、上述した泥と石の建物の廃棄－再建サイクルと密接に関係する。先人の廃屋の上に再び建物を建てる行動は、機能的要因と認知的要因から説明できる（前掲）。まず、機能的に見れば、周辺に比べて少しでも高いところの方が、水はけがよく、眺望もよい。また、既存の建材や基礎を再利用するという観点からも、廃屋の直上に建てるのは合理的である。建築層の再構築に伴い、遺丘が高くなっていくと、そこが景観（ランドスケープ）の中の焦点、いうなればランドマークになる。そこに祖先の暮らした跡が埋

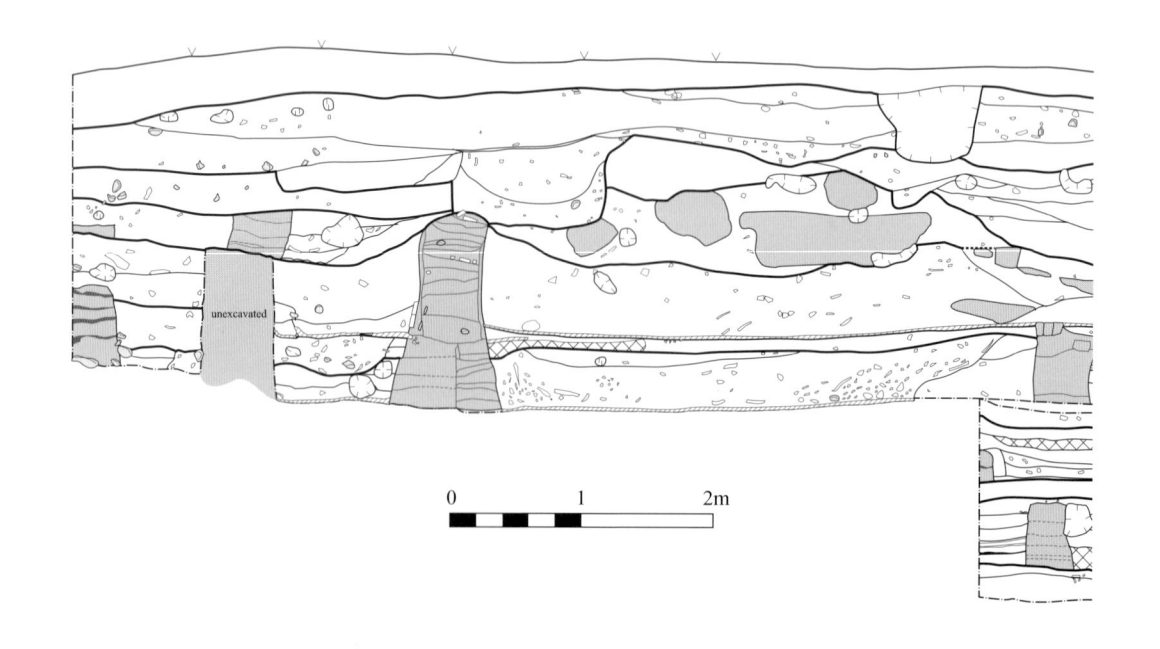

図4 セクション図に見える住居建て替えの痕跡
　　テル・セクル・アル・アヘイマル遺跡

もれているということが社会的記憶となって、遺丘そのものが祖先と関連づけられて認知されるようになる（Hodder and Cessford 2004）。さらに、農耕の発展とともに、テルは周辺の耕作地における農作業の拠点となり、エリートが統制する農耕システムの一装置になる（Bailey 1999）。こうして、テルは多重的な象徴性を獲得し、そこを居住の地として選択することが当時の人々にとって特別な意味をもつようになる。ゆえに、人々は繰り返しテルに居を構えるようになる。したがって、テルは人口を誘引する「磁石」（Verhoeven in prep.）の役割を果たしていた、というのが近年の議論の流れである。ただし、このようなテル現象をめぐる議論が一定の結論に到達するには、まだまだ時間がかかりそうである。しかし少なくとも、先史時代の人々は、テルに住む理由として、「そこにテルがあるから」という答えにとどまらない、何らかの意図を持っていたということは確かなように思う。

科学の魔杖？
新しい研究手法

これまで、テルの発掘調査はマンパワーに頼るところが大きかった。しかし、先端技術の導入により、調査方法も少しずつ変わりつつある。最後に、そのような新しい調査方法を紹介し、今後の研究展望を見通して、本稿の結びに代えたい。

図5 高精度GPSを用いたテル地形測量調査の様子
　　ウズベキスタン、ダブシエ遺跡（宇野隆夫氏提供）

図6

　従来、テルの地形測量には、相当な日数と労力がかかっていた。しかし、簡易レーザー測距計(Hayakawa et al. 2007)や高精度の全地球測位システム(GPS；Uno et al. in prep.；本稿図5)を用いることによって、簡便・迅速かつ高精度な測量調査をおこなうことができるようになった。また、電磁気探査(Kamei et al. 2002；本稿図6)など地球物理学的方法の開発によって、発掘にとりかかる前にあらかじめ埋蔵されている遺構の位置・形状を予測することができるようになった。これらのデータは、経緯度や標高などの空間情報を付与することによって、地理情報システム(GIS)上で統合的に管理し、解析し、図示することができる(図7)。発掘図面や写真、実測図その他の記録も同様である。発掘調査で生み出される大量かつ多様な情報がすべてデジタル化され、大規模データベースに一元管理されて、必要な情報

図7

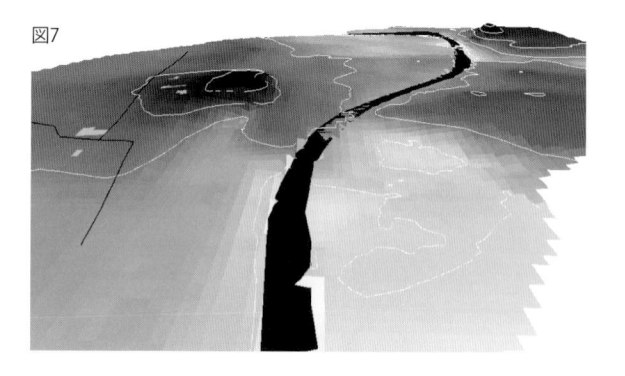

を必要な時に取り出して多角的に分析できるようになる日はそう遠くない。

　これらの先端技術は、得体の知れない「魔杖」ではなく、理論的・臨床的な基盤はきちんと確立している。ただし、万能の「魔杖」でもないので、実現できることには限度がある。しかし、これまでに練り上げられてきた考古学の理論と方法とともに、研究者がそれらの技術を通して得られるデータの特性や限界を正しく理解して分析に用いれば、テルから新しい知見を引き出すための扉を開くことができるだろう。

図6　磁気探査装置を用いた地下探査の様子
　　　エジプト、アル・ザヤーン神殿遺跡(東京工業大学亀井研究室提供)
図7　テル・セクル・アル・アヘイマル遺跡の3Dイメージング
　　　東京大学小口高研究室・早川裕一氏らによるデジタル地形測量成果(Hayakawa et al. 2007)に基づく。

謝辞

「なぜ人々はテルに住んだのか」という議論は、マーク・フェルフーフェン氏が本館でおこなったチュートリアルに触発されている。また、テルの新しい研究手法に関しては、宇野隆夫（国際日本文化研究センター）・山口欧志（中央大学）・阿児雄之（東京工業大学）・早川裕一（東京大学）の各氏からご教示をいただき、あわせて文献・写真等を提供していただいた。ここに記して感謝申し上げる。

引用文献

ウィキペディア (2007)「ジョージ・マロリー」フリー百科事典『ウィキペディア日本語版』http://ja.wikipedia.org/ (2007年1月16日アクセス)。

江上波夫(1986)『幻人詩抄　わが生い立ちの記』江上波夫著作集別巻、平凡社 (初出：江上波夫 [1975]『幻人詩抄』世界文化社)。

松谷敏雄 (1997)「西アジアにおける学術調査」西秋良宏（編）『精神のエクスペディション　東京大学創立百二十周年記念東京大学展　学問の過去・現在・未来　第二部』東京大学、102-110頁。

Anastasio, S., M. Lebeau and M. Sauvage (2004) *Atlas of preclassical Upper Mesopotamia*. Subartu 13. Turnhout: Brepols.

Bailey, D. W. (1999) What is a tell? Settlement in fifth millennium Bulgaria. In: J. Brück and M. Goodman (eds.), *Making places in the prehistoric world: Themes in settlement archaeology*. London: UCL press, pp.94-111.

Chapman, J. (1997) The origins of tells in eastern Hungary. In: P. Topping (ed.) *Neolithic landscapes*. Neolithic Studies Group Seminar Papers 2. Oxford: Oxbow Books, pp.139-164.

Hayakawa, Y. S., T. Oguchi, J. Komatsubara, K. Ito, K. Hori, Y. Nishiaki (2007) Rapid on-site topographic mapping with a handheld laser range finder for a geoarchaeological survey in Syria. *Geographical Research* 45: 95-104.

Hodder, I. and C. Cessford (2004) Dairy practice and social memory at Çatalhöyük. *American Antiquity* 69: 17-40.

Kamei, H., M. A. Atya, T. Abdallatif, M. Mori and P. Hemthavy (2002) Ground-penetrating radar and magnetic survey to the West of al-Zayyan Temple, Kharga Oasis, al-Wadi al-Jadeed (New Valley), Egypt. *Archaeological Prospection* 9: 93-104.

Uno, T., K. Uno, M. Nakatani, H. Yamaguchi and T. Kishida (in prep.) *Archaeological survey of Dabussya site 2005* (unpublished manuscript).

Verhoeven, M. (1999) *An archaeological ethnography of a Neolithic community: space, place and social relations in the burnt village at Tell Sabi Abyad, Syria*. Istanbul: Nederlands Historisch-Archaeologisch Instituut te Istanbul.

Verhoeven, M. (2000) Death, fire and abandonment: Ritual practice at Late Neolithic Tell Sabi Abyad, Syria. *Archaeological Dialogues* 7: 46-65.

Verhoeven, M. (in prep.) Outside the body, inside the mind: Interpreting Neolithic landscape of the Syrian Jezirah. In: Y. Nishiaki, K. Kashima and M. Verhoeven(eds.), *Neolithic Archaeology of Upper Mesopotamia and Beyond*.

日干し煉瓦の建物

降雨量が少ない北メソポタミア地域の伝統的農村では、日干し煉瓦で建物をつくるのがふつうである。乾燥に適しており農閑期でもある秋口には、泥煉瓦を作る光景を大平原の各所で見ることができる（図1）。

(1) 家を建てる場所の近くに泥取りの穴を掘る。

日干し煉瓦の製作は1万1,000年ほど前に始まった。当初は葉巻形をしたものが目立つが1万年くらい前までには長方形のものが一般的になる。さらにしばらくすると完全に定形化したらしい。東京大学が発掘したテル・コサック・シャマリ遺跡の7,000年ほど前の建物の煉瓦のサイズを調べたところ、長さは48-49cmのものがもっとも多く、幅には30cmと18-19cmの二種類あることがわかった（Nishiaki et al. 2001）。48-49cmというのは人間の腕の肘から中指までの長さ、30cmは肘から手首、18-19cmは親指から小指まで、あるいは手首から指先までの長さとおおよそ同じである。このような身体を用いた計量システムは古代メソポタミアや旧約聖書の時代をへて現代にまで受け継がれている。テル・コサック・シャマリ村で今も使われている煉瓦製作用木枠は、まさにそのような大きさであった（図1の4）。

図1 現代シリアの日干し煉瓦建築。(4) と (8) はユーフラテス川上流のテル・コサック・シャマリ村（1996年）、その他はハブール平原、カシュカショク村近郊で撮影（1987-1990年）

建物の中の構造も現代を彷彿とさせる姿が数千年も前からみられる。テル・セクル・アル・アヘイマルでは9,300年～8,500年前頃の村の様子を調べることができた（Nishiaki and Le Mière 2005）。泥壁の四角い部屋が基本で、地下室をもつこともあった。床には石膏がはられ、場所によってはゴザがしかれていた（図2）。出入り口には敷居があった。部屋の中にはパン焼き釜や炉、ベンチ（腰掛け）、穀物貯蔵用の桶なども作られていた。水場あたりには排水溝が設けられ、家の外へとつながっている。どれも泥作りで石膏の漆喰をはって仕上げられている。

　各部屋がやや小さいこと（一辺が1m～2.5m程度）をのぞけば、家の作りは現代の農村とほとんど違わない。現代の家の基本が9,000年前にはほぼ出そろっていたことがわかる。使わない排水溝がサソリやネズミ進入防止用の石でふさがれているなど（図2の3）、細部にわたって共通しているのはほほえましいとすら思える。

　日干し煉瓦は雨風に弱いからほおっておいても泥がはげ落ちる。毎年、雨季（冬）の前になると漆喰で修理されるが、おおよそ一世代、30年前後で建て替えがおこなわれる。テル・コサック・シャマリ遺跡、あるいは9,000年前頃のテル・セクル・アル・アヘイマル遺跡の建物について放射性炭素年代を求め、建物一つあたりの存続期間を割り出してみると、やはり、それぞれ30年前後であった（Nishiaki 2001; Nishiaki and Le Mière in press）。数千年間、同じようなペースで建築と建て替えが続いているのである。　　　　（西秋良宏）

(2) 切りワラを混ぜて水でこねる。

(3) 小さなタンカで泥を広場に運ぶ。

(4) 型枠にいれて煉瓦をつくる。

Nishiaki, Y. (2001) Radiocarbon dates and the absolute chronology of Tell Kosak Shamali. In: Y. Nishiaki and T. Matsutani (eds.), *Tell Kosak Shamali, Vol. 1*. Oxford: Oxbow Books, pp.153-157.

Nishiaki, Y., M. Tao, S. Kadowaki, M. Abe and H. Tano (2001) Excavations in Sector A of Tell Kosak Shamali: The stratigraphy and architectures." In: *Ibid.*, pp.49-113.

Nishiaki, Y. and M. Le Mière (2005) The oldest pottery Neolithic of Upper Mesopotamia: New evidence from Tell Seker al-Aheimar, the Upper Khabur, Northeast Syria. *Paléorient* 31(2): 55-68.

Nishiaki, Y. and M. Le Mière (in press) Stratigraphic contexts of the early Pottery Neolithic at Tell Seker al-Aheimar, the Upper Khabur, Northeast Syria. In: H.Kuehne (ed.) *Proceedings of the 4th International Congress of the Archaeology of the Ancient Near East*. Berlin: Free University.

(5) 1週間ほど乾かす。

(6) 目地土をはさみながら
煉瓦を積み上げる。

(7) 天井は材木を渡し、間を粗朶と
　　泥で埋めながらつくる。
(8) 壁に泥漆喰をぬる。

(1) 石膏床がはられた建物。馬蹄形の窯が備えられている。

(2) 石膏張りのベンチ

(3) 石でふさがれた排水溝

(4) 石と石膏でつくられた出入り口の敷居

図2 テル・セクル・アル・アヘイマル遺跡、9,000年前の家

طبيعة و مناخ
環境

過去2万年間の気候変動の復元
シリア・トルコでの現地調査から

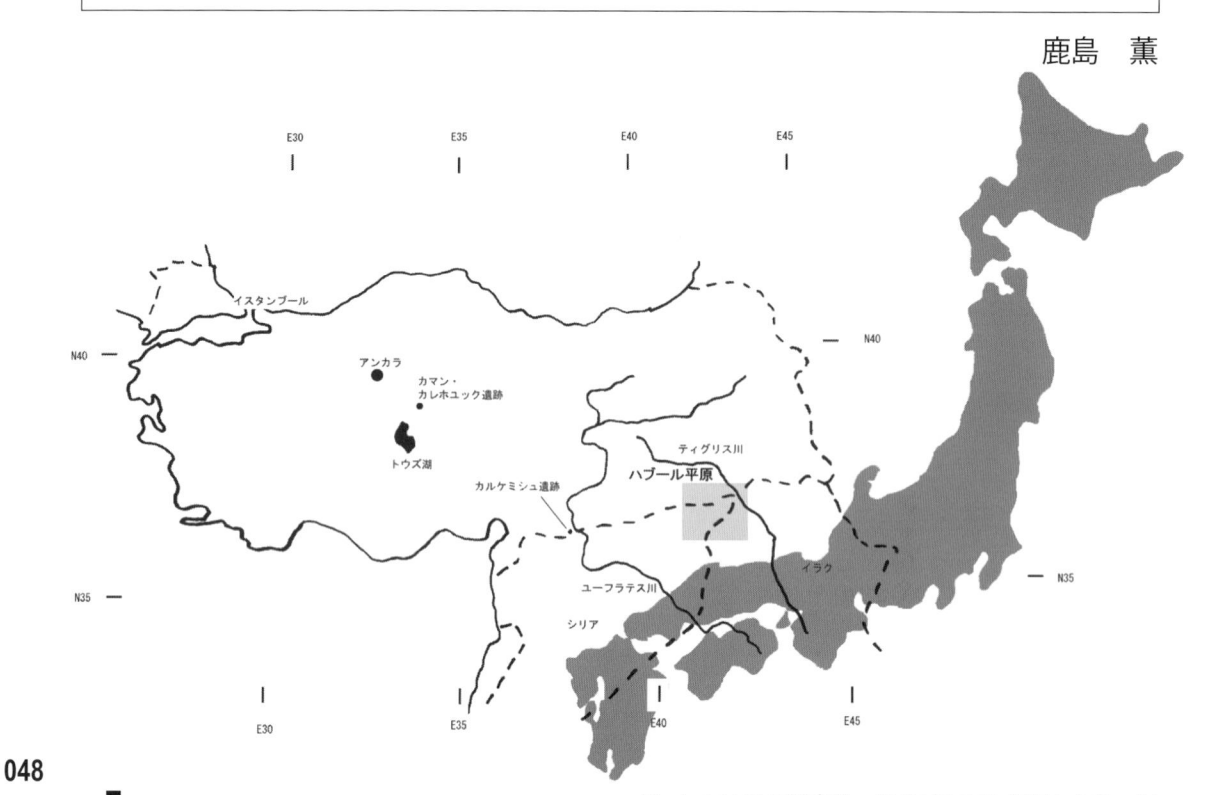

鹿島　薫

はじめに
なぜ、シリア・トルコで調査を進めているのか

　大学生の時から、環境の変動に興味を持ち、勉強を重ねてきた。大学院に進学し、博士論文のテーマを決めるとき、迷わず、過去2万年間をターゲットとした環境変動解明に関する研究に取り組むことにした。日本各地の湖沼や湿原に調査に行っては、泥だらけ、水まみれになりながら、土や水を取って帰ってくる生活の繰り返しに、家族や周囲の方は眉をひそめたものである。「せっかくいい大学にはいったのに…」と。

　しかし、博士論文を書き上げ、九州大学に勤めるようになったころから、環境の変動に関する世間の意識が大きく変わってきたことを実感するようになった。「地球の温暖化」や「エルニーニョ」という用語は、日本のどのような場所でも、シリアの田舎でも常識のひとつとして知られるようになってきている。しかし、その実態が正しく理解されているかという点については、「まだまだ」というレベルであろうと思う。

　初めてトルコに行ったのが1991年であるので、シリア・トルコでの調査は、2007年で18年目となる。毎年、数ヶ月日本を離れているので、妻にも職場でも、あきらめられかけている。なぜ、ここまでシリア・トルコでの調査を継続しているのだろうか。私の博士論文は、日本各地の湖沼・湿原で、過去2万年間に何回も気候や環境の急変動期が存在することを、後述する珪藻分析という手法を用いて明らかとしたものである。この変動が、地球規模のグローバルなものなのか、日本固有のものなのか、これを検証するために、九州大学に赴任後、迷わずシリア・トルコでの調査を始めた。

　ジェット気流という言葉を天気予報などで耳にされたことがあると思う。日本上空を通るこの強い西風は、日本の気候に大きな影響を与えている。地球儀をめぐらしてみると、シリア・トルコは日本とほぼ同緯度にあることに気付くだろう。そして、このジェット気流も両国の上空を通っており、日本における場合と同様に、その気候変化を左右している。これは言い換えると、日本における変動と、シリア・トルコにおける変動が強く関連しているといえる。それを、過去2万年間に遡って実証しようと、調査を始めたのであった（図1）。

図1　シリア・トルコの位置図と同緯度・同縮尺での日本列島
　　日本とほぼ同緯度に位置している。ジェット気流の移動などが気候に大きな影響を与えており、
　　日本における気候変動と同じセンスで、気候変動が発生していることが分かってきた。

地球環境の変動に関する基礎
様々なオーダーでの周期的な変動

氷河時代の発見

　地球の気候や環境は周期的に変動している。そのことが分かったのは、19世紀なかごろにおける氷河時代の発見であった。氷河時代はIce Ageの訳語である。同名のタイトルのアニメが最近、公開されているので、ご記憶にあるかも知れない。ヨーロッパや北アメリカが広域に氷河で覆われていた時代があり、このアニメでは、地球の温暖化に伴って、その氷河が溶けはじめ、氷河が崩壊する過程での出来事が描かれている。

　ここで大事なことは、この氷河に覆われた時代が1回だけではなかったことである。これらの地域では、何回も、氷河に覆われた時期（氷期）と、温暖で氷河が溶けた時期（間氷期）が繰り返していたことが明らかとなった。

　もうひとつ大事なことは、氷河に覆われていなかった地域でも、この氷河の変動に対応するかのように、大規模環境変動が生じていたことである。多雨期（Pluvial period）と呼ばれるが、北アフリカや中央アジアなど、現在乾燥域となっている地域で、過去に巨大な湖が出現・消滅し、森林が形成されていたのである。氷河の消長に代表される気温の変動のほか、降水量や蒸発散量の変化などによって、その地域の乾燥・湿潤傾向にも大きな変動が生じていたのである。この変化は、シリア・トルコにおいても顕著であったことが、我々の調査からも明らかとなっている。

ミランコヴィッチサイクルと
10万年・4万年・2万年周期の変動

　氷河時代の原因について、最近、ミランコヴィッチサイクルという考え方が一般的となりつつある。ユーゴスラビアの天文学者であったミランコヴィッチは、地球の公転軌道の離心率の変化、地軸の傾きの変化、地軸運動の歳差率の変化に注目し、高緯度地域の夏季の日射量の変動を計算した。そして日射量は、10万年、4万年、2万年という周期の異なる変動が組み合わさっていることを計算で明らかとした。

　ミランコヴィッチの研究は1920年ごろに発表されたものであったが、1970年代以降、海洋や湖沼の掘削調査で得られた新しい気候変動の調査結果と、彼のモデルが良く一致することが明らかとなった。そして地球では、約10万年周期の大きな気候変動（氷期と間氷期の変動）に加え、4万年や2万年周期の気候変動（亜氷期と亜間氷期の変動）が存在することが明らかとなった。

短期間で急激な気候変動の発見

　グリーンランドや南極で氷河のボーリング調査が始まると、ミランコヴィッチサイクルよりも短周期で、しかも規模の大きい変動が発見されるようになってきた。まず発見されたのは、ハインリッヒイベントである。これは氷河の大崩壊がもたらす変動で、この氷山のかけらは、海洋に広域に流れ出て、大気や海洋の循環を変え、一時的に急激な世界的寒冷をもたらすことが明らかとなった。このハインリッヒイベントは1回ではなく、少なくとも6回以上繰り返され、その周期は約8,000年から約1万年となる。

　1990年代に入ると、さらに短い周期の変動が確認されるようになってきた。ダンスガード・オシュガーサイクルと呼ばれるものであり、デンマーク人のダンスガードとスイス人のオシュガーが、氷河コアの酸素安定同位対比の変動から発見したものである。氷期にはその発生頻度が大きくなり、最も寒冷な時代である2万年前から4万年前にかけては、2万年間に10回の変動期が見られた。その平均的な周期は約2,000年となるが、最も急激な場合は200-300年で気候は急変した。それぞれの気候変動イベントでは7℃以上の

気温上下が生じることから、地球の気候変化のスピードは、それまでの氷期－間氷期モデルで考えられていたものより、はるかに大きいことが明らかとなった。このダンスガード・オシュガーサイクルの原因については、まだよく分かっていない。氷河の崩壊に加えて、火山噴火など様々な要因が関わっていると考えられている。

過去2万年間の気候変動
温暖化する地球、不安定な気候

2万年前から1万年前までの変動

最後の氷期は2万年前頃に、そのピークを越え、その後は、地球は温暖傾向に向かった。これは主に、ミランコヴィッチサイクルによる、高緯度地方への日射量の増加に対応している。しかし、2万年前以降、気候はゆるやかに変化したのではなく、オールデストドリアス期（約1万8,000年前ごろ）、オールダードリアス期（約1万5,000年前ごろ）、ヤンガードリアス期（約1万2,000年前ごろ）という、少なくとも3回の急激な寒冷イベントが存在した。これらのイベントを引き起こした原因については、さらに検討をする必要が残されているが、温暖化に伴う氷河の融解が大規模な氷河崩壊をもたらし、その結果地球規模で気候が大きく変動したとする可能性が高いと考えられる（前記のアニメはこの事実に基づいている）。

シリア・トルコでは、この時期の変動は、気温の変動に加えて、乾燥・湿潤の変動が大きいことが、我々のトルコ中部トゥズ湖やコンヤ盆地での研究で明らかとなった。これらの地域では、寒冷な気候であった氷期には、湿潤傾向にあった。そしてトゥズ湖では約1万8,000年前ごろには、現在よりも20-30 mも水位が高かったことが、湖でのボーリング調査から明らかとなった。その後、温暖化に伴って、乾燥化に転じ、湖水位は低下を始める。しかし、2回の急激な寒冷イベントに対応する約1万8,000年前ごろ、約1万5,000年前ごろと、約1万2,000年前ごろでは、その時期だけ湖水位は一時的に上昇しているのである。このことは、温暖化途中の3回の急激な寒冷イベントは、これらの地域で短期間の湿潤化をもたらしたことが分かってきた。これは、ミランコヴィッチサイクルとは異なる、より短周期の多雨期（Pluvial period）の発見であった。

新石器時代における変動

ヤンガードリアス期以降、地球はクライマティック・オプティマムと呼ばれる、温暖で安定的な気候が続いていたと思われてきた。そして、この温暖な気候が、新石器時代という新しい時代、農耕や土器製作という新しい文化技術を育んだと言われていた。しかし、新石器時代中にも大きな気候変動の生じていたことが、最近数年の研究で分かってきた。グリーンランドの氷河のボーリング調査から判明した8,200-8,500年前のこの変動は、その後の調査で、世界各地で一時的な寒冷化をもたらしたことが明らかとなった。この時代は、新石器時代の中ごろにあたり、先土器新石器時代から土器新石器時代へと移り変わる、文化の変換期にあたる。

この8,200-8,500年前ごろの寒冷期の原因については、まだ検討が続いている。氷床崩壊に伴う大量の氷山の流出が海水温分布を変えて、寒冷化をもたらしたと言われている。さらに、この寒冷化の始まりとボスポラス海峡形成との関連が考えられている。ボスポラス海峡は地中海と黒海をつなぐ海峡であるが、その形成がおよそ8,500年前であることが、最近のエーゲ海などにおける掘削調査で明らかとなってきた。これは地中海と黒海の水位差が引き起こした突発的な地形崩壊であり、海峡形成によって、黒海の水位は一気に上昇すると共に、黒海から低温で塩分の薄い海水が、地中海東部の海面を覆うようになった。この変動は大変大きく、世界の気候変動への影響も大きかったのではないかと推定される。

シリア・トルコにおける調査で、この時期の変動が

最も顕著に現れたのは、シリア北東部のハブール平原における調査であった。新石器時代以前の変動が顕著であったトゥズ湖などトルコ中部では、8,200-8,500年前ごろの大きな変動を確認することができなかった。このように地球規模の気候変動であるにもかかわらず、地域で実際に現れる環境変動には大きな差があることが分かった。なお、ハブール平原での調査については、後段で詳しく述べてゆきたい。

新石器時代以後における変動

　約2万年前から新石器時代まで続いた温暖化傾向は、今から7,000年前頃にそのピークを迎えた。それ以降、変動を繰り返しながら気温はゆっくりと低下してきたと考えられている。シリア・トルコにおける湖沼や湿原における調査では、6,500年前ごろ、4,500年前ごろ、2,200年前ごろ、そして1,000-900年前頃に気候の急変期を確認することができた。同時に行ったエジプト・カルーン湖における調査結果でも、ほぼ同じ時期に急変期が確認され、これらの変動が広域なものであることが確認された。

　ここで面白いことに、トルコにおける変動とエジプトにおける変動とは、時期は一致するものの、乾湿の変動は逆相関となっている。つまり、トルコが乾燥化する時に、エジプトでは湿潤化する傾向が見られる。このような変化は、雨をもたらす前線帯の移動で説明されるが、その詳細については、さらに検討をする必要がある。また、このような地域性は、遺跡の分布や人々の移動などについても、強い影響を与えてきただろうことが推測された。

ハブール平原での調査から
ハブール平原の自然

緑の三角地帯

　ハブール平原はシリア北東に位置する。平原の南側を、ジャバル・アブドル・アジズとジャバル・シンジャールという山脈に区切られ、また北はアナトリア高原に面しているため、三角形状の盆地をなしている（図2）。ここには、東京大学によって発掘が進められているテル・セクル・アル・アヘイマル遺跡をはじめとして、多くの遺跡が分布していることで知られている。平原の西の縁をハブール川が流れ、それに面してテル・セクル・アル・アヘイマル遺跡が立地している。また、ジャバル・シンジャールに接した小さな湖（ハートニエ湖）があり、ここは山地から流れる地下水によって、乾季でも湖水が枯れることはない。この湖で我々は古環境復元のためのボーリング調査を行った。

　ハブール平原の自然を特徴する言葉として、「緑の三角地帯」という表現を用いた。これを実感したのは、現地調査の前に衛星画像を用いて予察的な読図を行ったときだった。アメリカ合衆国地質調査所のホームページから、Earth Explorer というページに入ることができる (http://edcsns17.cr.usgs.gov/EarthExplorer/)。そこでは簡単な登録をすることによってランドサット画像を無料で閲覧することができる。約3ヵ月ごとの画像が公開されているので、季節を選んでその変動を見てゆくと、春季にはハブール平原では、一面の耕地によって、緑の大地となっている。これはハブール平原の南側には乾燥地が広がり、緑はユーフラテス川やハブール川などの河道に沿った場所に限られていることと対照的であった。

　ハブール平原には、ハブール川のほか、周囲の山脈からの多数の小河川が分布している。これらの河川は、常に水を湛えているわけではないが、雨季や融雪期における流水や地下水によって、大地を涵養している。

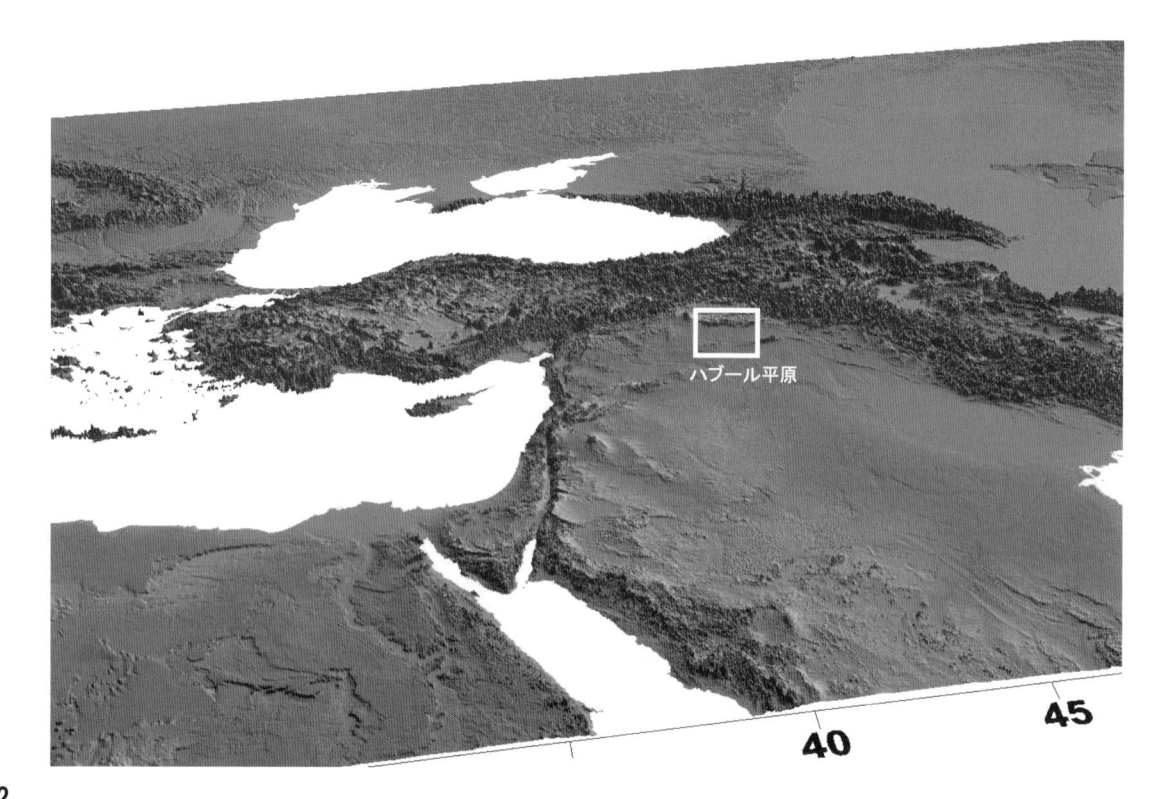

もちろん現在の耕地は、近代的な灌漑システムによって支えられているものであるが、平原に立地した多くの遺跡の存在は、灌漑システム以前にも多くの人々をこの水は養ってきたことを示している。この場合、わずかな気候の変動は、人々の生活に大きな影響を与えたことが推定できる。この平原では、水環境の変動に直面しながら、人々は生活してきたのである。

テル・セクル・アル・アヘイマル遺跡
川に面した遺跡

テル・セクル・アル・アヘイマル遺跡はハブール川に面した遺跡である。遺跡の周囲は、川の水を利用した灌漑施設が整備され、遺跡も綿畑に囲まれた豊かな場所に位置している。はじめてこの遺跡を訪れたとき、大きな間違いをしてしまった。現在のハブール川は水量も小さく、水質悪化と水の塩性化がはなはだしい。このため、遺跡の立地の最も基本となる飲用水の起源をハブール川にもとめずに考察を進めていたのである。

しかし、聞き取りの結果、ハブール川の水量が急激に低下したのは最近のことであり、20-30年前までは水量もはるかに大きく、河川水は飲用に使われていたことが分かった。「トルコ人が上流で水を全部取ってしまったため」ということであったが、もちろんこれだけではなく、近年の地球温暖化に伴う、アナトリア高原における冬季の降雪量の減少が強く関わっている。

ユーフラテス川やハブール川のような大きな河に面して遺跡が立地することは、雨季や融雪期に洪水の被害を直接受けることを示している。テル・セクル・アル・アヘイマル遺跡もハブール川に面した側面は明らかに河川による侵食を受けた痕跡が見られる。この遺跡は、湿潤化して河川の水量が極端に増加した時も、また乾燥化して河川の水量が減少した時にも、地形的には立地に適してはいない。むしろ湿潤化の過程で、または乾燥化の過程で、水量がほどよい量となる一時期に繁栄したのではないかと考えている。もちろんこの仮説は、今後、考古学者と議論を重ねていかなければいけない点である。

図2　シリア・トルコおよびハブール平原の地形
　　　アメリカ地質調査所のホームページからダウンロードした標高地図データをもとに作成した。
　　　ハブール平原の高原域の南縁に位置している。平原の南側は細長い二つの山脈によって区切られており、
　　　盆地状の地形となっている。

ハートニエ湖
塩湖から環境変動を読み取る

ハートニエ湖は、東西1.5km、南北3.5kmの小さい湖である。ただ、氷期には東西4km、南北10kmの大きさであったことが、湖周辺に分布する湖岸段丘の分布から確認されている。このように現在は湖域が小さくなっているため、湖水の塩分は9パーミルに達している。これは海水の約4分の1の塩分濃度である。夏季は乾季のため水位はさらに低下し、湖底はひろく干上がっている。この時期は湖の中心付近まで徒歩で移動することができる（図3、図4a, b）。

この湖で新石器時代以降の湖水の変動を復元するためのボーリング調査を2004年に行った。まず、湖水位変動を復元するための方法について述べてみたい。ボーリングのために湖中央まで移動するが、湖底は軟泥からなることが多いので、足を取られぬよう慎重に移動する。ボーリング機材は、軽量でしかも操作が簡単なように特別に工夫したものである（図5a, b）。

湖底の泥は、そのままでは環境変化をとらえることができないため、次のような分析を行った。

① 炭素14法による年代測定（図6）
湖底に堆積した有機物、植物遺骸について、その堆積年代を測定するもの。本研究では、ニュージーランドのワイカト大学に測定を依頼して行っている。

② 微化石群集による堆積環境の復元（図7、図8a, b）
湖の堆積物には、珪藻、貝形虫、種子、花粉など顕微鏡サイズの化石が多く含まれている。これを用いて、過去の湖水の塩分や水位などを復元することができる。

調査結果を総合すると、以下のような古環境変動史が明らかとなった。ハートニエ湖では、氷期に広大な湖が形成されていた（古ハートニエ湖）。2万年前以降の温暖化の開始に伴って、この湖はその後いったん消失するが、約1万年前頃から再び湖が形成されるようになった（新ハートニエ湖）。当時は、水深の小さい塩性湖沼であったが、8,500年前頃から水位上昇と湖水の塩分低下が急激に進んだ。この水位上昇は6,500年前頃まで継続していた。その後、再び水位は低下し、湖水の塩分は上昇した（図9）。

ここで重要なことは、湖が二度形成されていることである。同様の現象は、トルコ中部などのいくつかの湖で確認されている。もうひとつの点は、8,500年前ごろ、つまり新石器時代の途中で気候が急激に湿潤化している点である。これは、これまでに述べた地球規模の気候の急変期に対応するものと考えられ、この地域では気温変動に加えて乾湿変動が大きかったことを示している。さらに、トルコ中部が湿潤化する6,500年前頃には、この地域では対照的に乾燥化が始まっている。

さいごに
新しい地球環境観

地球環境の変動に関する学説は、1990年代後半から2000年代にかけて大きく変わってきた。その中でも特に、ヤンガードリアス期以降の、考古学的時代区分では新石器時代とその後の時代についての気候変動観が一番大きく変わった。気候は安定的なものではなく、短いときには数十年で急激に変化することが分かってきた。

ハブール平原、そしてシリア・トルコでは、この急激な気候変動の時代に、人々は自然と直面しながら営々と文化を築いてきた。「自然環境と人間生活の関わり」という古くから言われてきた命題について、新しい地球環境観に基づきながら、さらに調査を重ねてゆきたいと考えている。

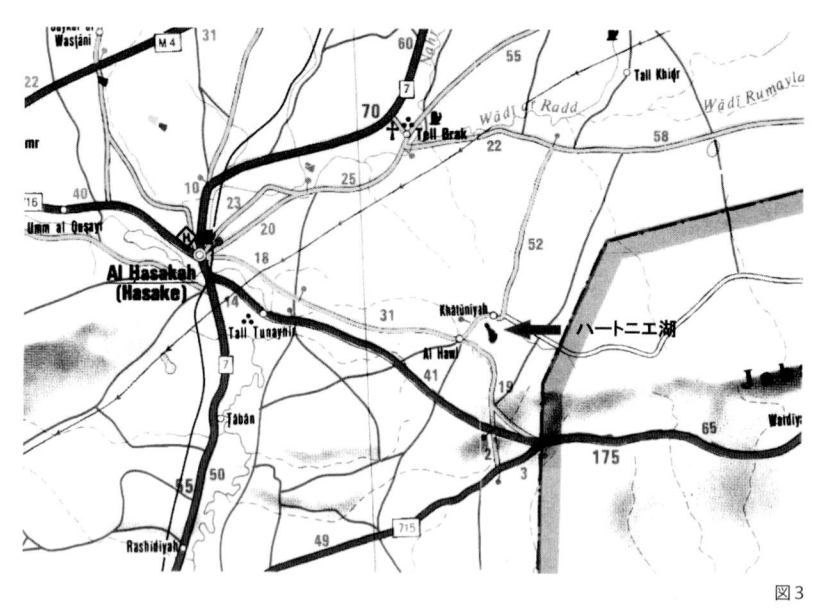

図3 図4a, b シリア北東部ハートニエ湖の位置と風景
　　夏季は湖水位が低下しており、干上がった湖底には塩が析出している。

図5 a, b ハートニエ湖におけるボーリング調査風景
　すべて人力による、炎天下における調査であったため、大変であった。
　しかし、良い成果はその疲労も吹き飛ばすものであった。

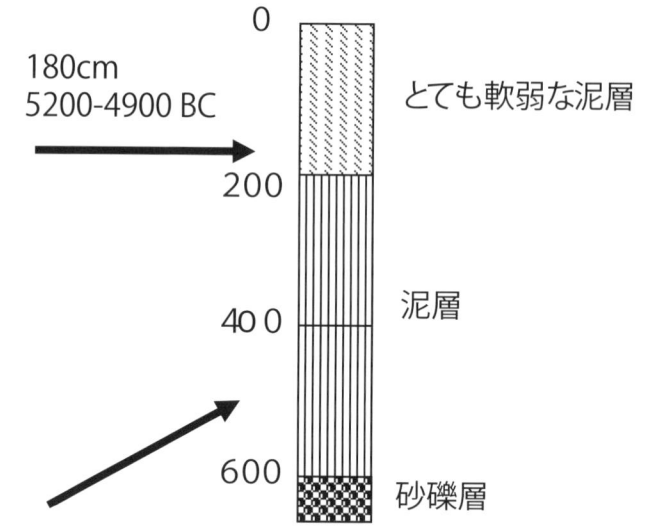

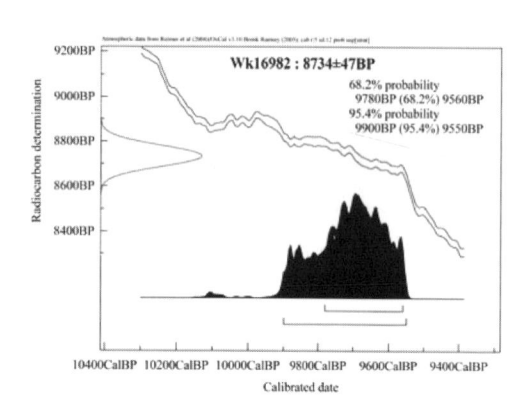

図6 ボーリングコア柱状図とその堆積年代
　　ハートニエ湖では、6mで湖底泥層の基底に達した。
　　炭素14年代測定はニュージーランド・ワイカト大学に依頼し、測定結果は暦年補正をほどこした。

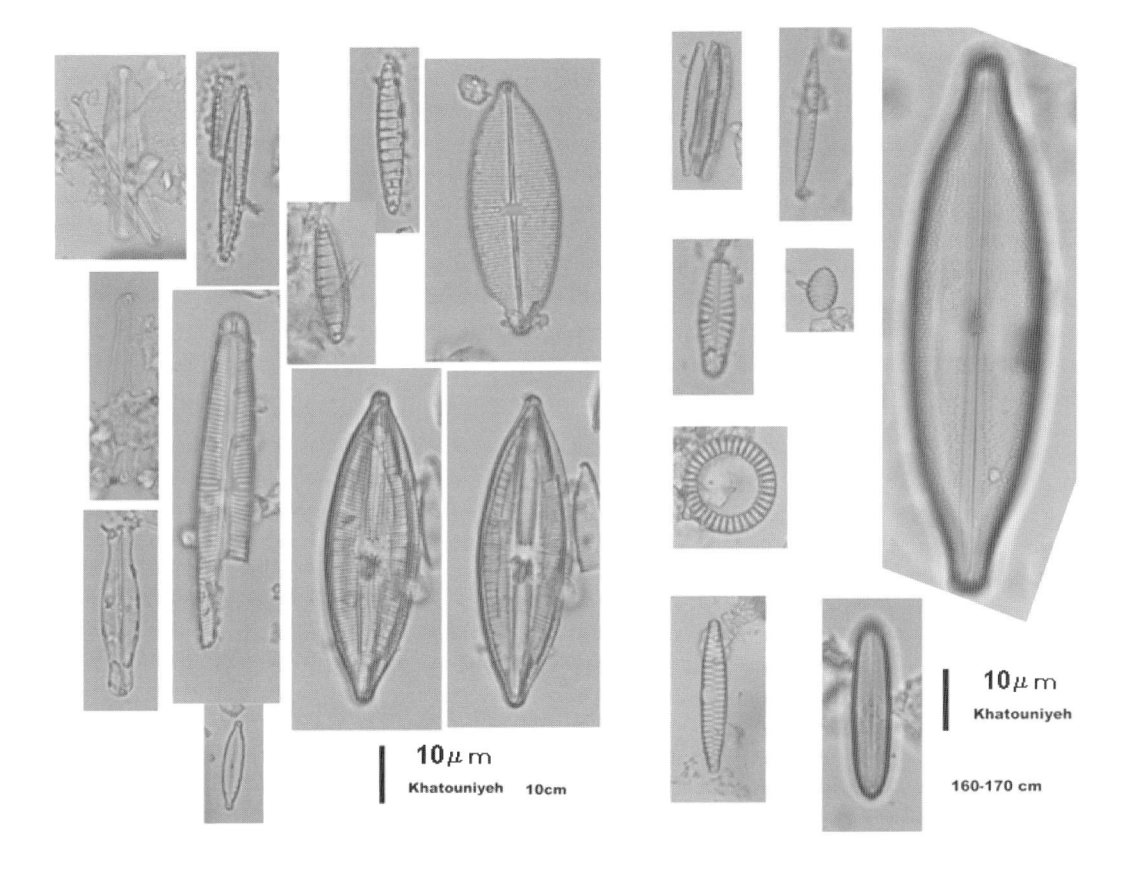

図7 ハートニエ湖ボーリングコアから得られた珪藻化石
　　珪藻化石は淡水から塩水まで産出し、その産出特性から過去の湖水の塩分を推定することができる。

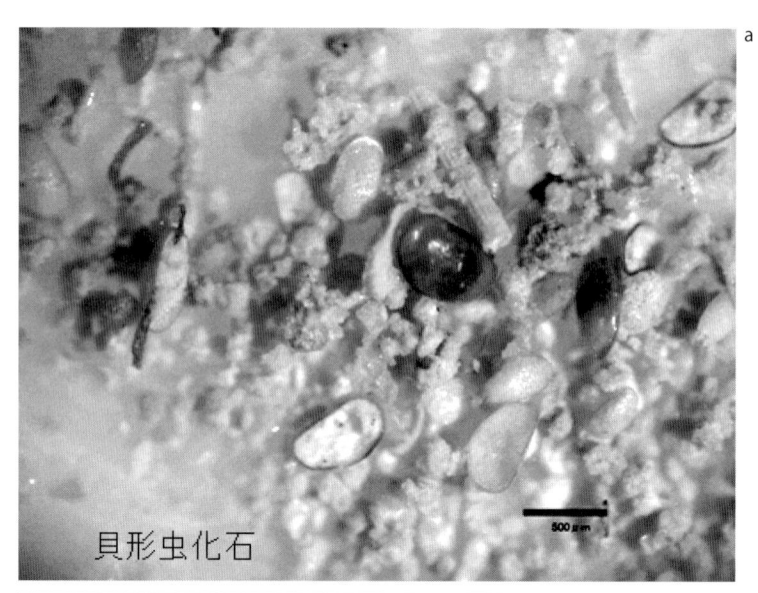

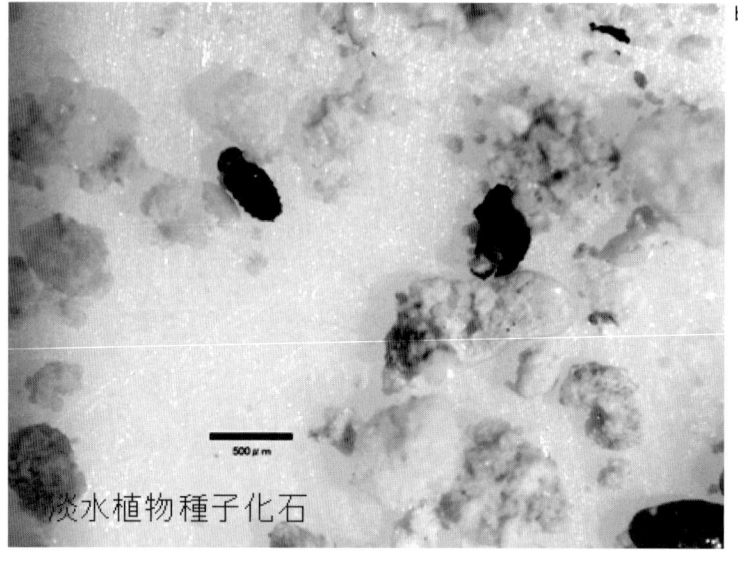

図8a, b ハートニエ湖ボーリングコアから得られた貝形虫化石と植物種子化石
　今回の分析では、貝形虫化石は主に塩水環境の指標として、植物種子化石は主に淡水環境の指標として用いた。

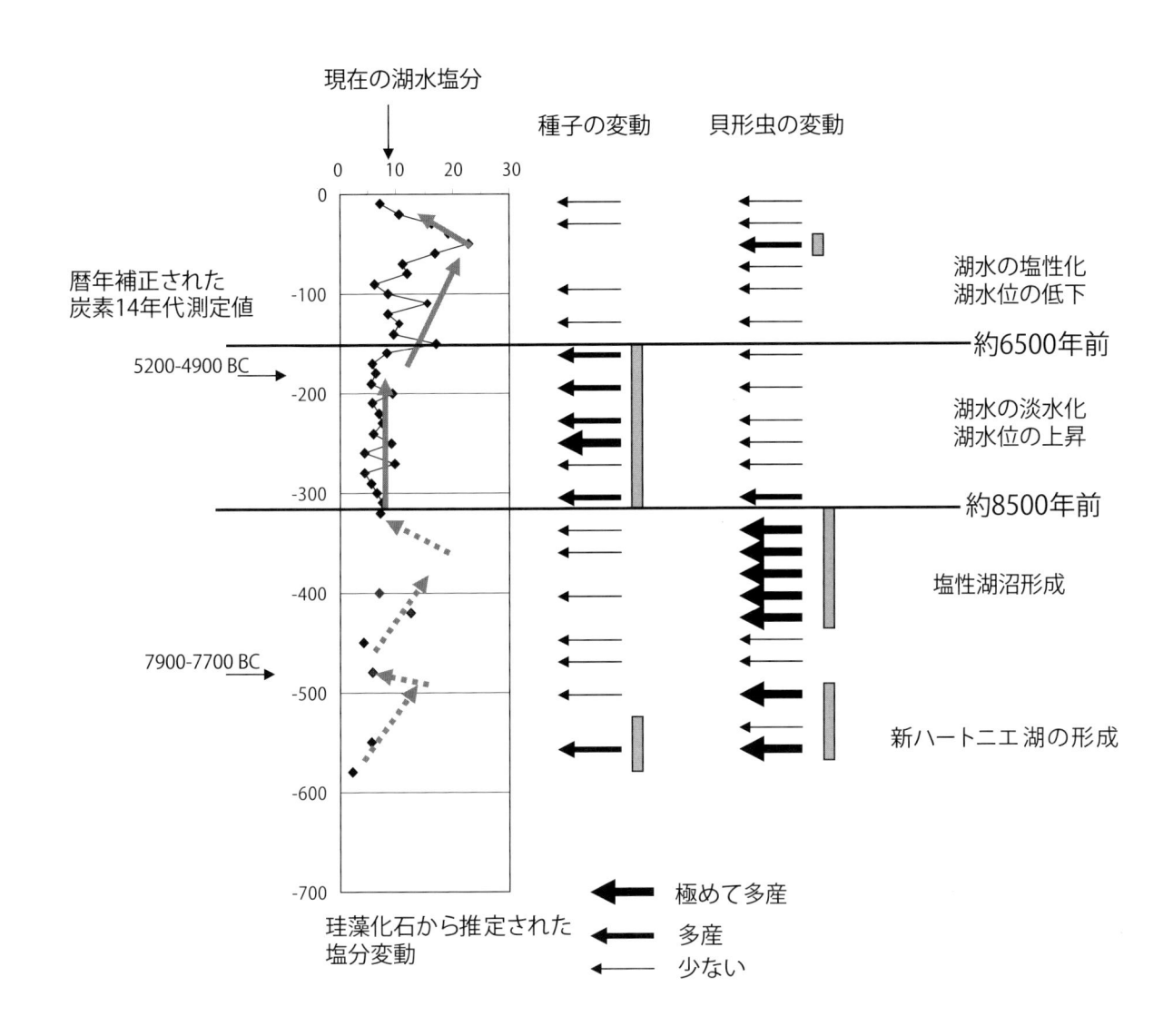

図9 ハートニエ湖における化石群集の変動と推定された湖水の塩分変動
　　それぞれの化石の産出状況から、ハートニエ湖における過去の環境変動を推定した。

気候温暖化と定住

　1万4,500年前頃以降、地球規模で急速な温暖化が始まった。この温暖化は、西アジア旧石器時代の狩猟採集民の生活を大きく変えた。資源豊かな環境がうまれ、人々は定住生活をするようになった。ピスタチオやナッツといった木の実、ムギ類など穀物がさかんに利用され、一方で、カメや魚をふくむ小動物にまで狩猟の手が伸び始めた。こうした定住的な狩猟採集民をナトゥーフ人とよぶ。気候の温暖化は南部から始まったため、ナトゥーフ文化の集落は現在のパレスチナ地方に多い。その後、前線の北上とともにこの生活様式も北上し、シリアにもひろがった。

　我々は一カ所で長く生活するなら家作りにかなりの投資をするし、短期間しか住まないのなら家にはあまりこだわらない。古代人も同じだったらしい。定住を始めたナトゥーフ人は、竪穴住居をつくり始めた。これは西アジアで最初の本格的土木工事である。

　西北シリア、デデリエ洞窟でもナトゥーフ文化の竪穴住居が見つかっている（西秋ほか 2006）。1万3,000年前頃のものである。デデリエの住居が注目されるのは、火災を受けていたため、その建材が炭化して残っていた点である。当時の家の仕組みがわかる

図1　デデリエ洞窟。この洞窟にはネアンデルタール人も住んでいた。

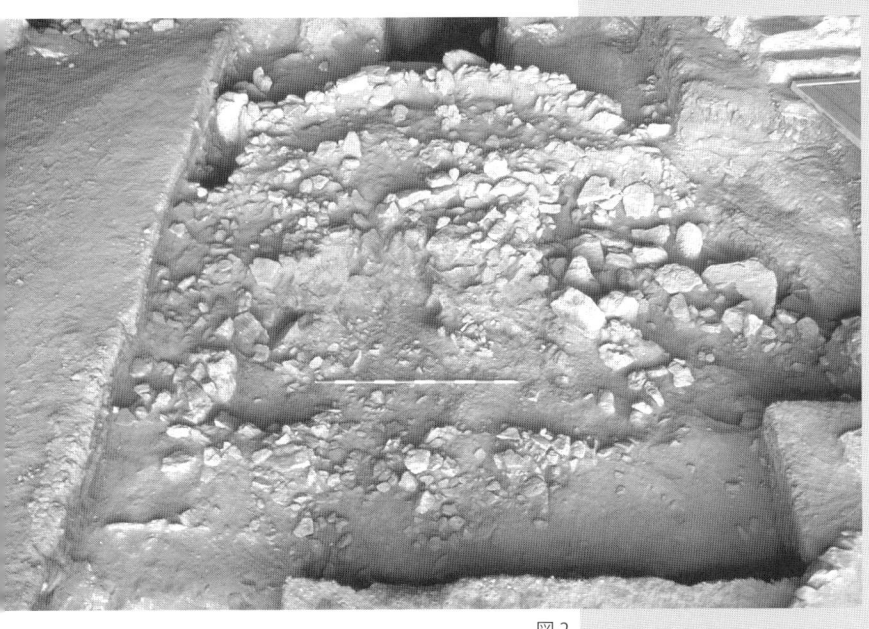

稀有な遺跡の一つである。4m × 2.5mほどの範囲の地面を深さ70cmほど掘りくぼめ、内側に石灰岩をつみあげてあった。壁の内側には木材が横にはりめぐらされ、床には木材が部屋の中央に向かって放射状に何本か落ちていた。木材でくみ上げた屋根が作られていたのである。床にはオーロックスやシカなど森林性の野生動物の骨、あるいはピスタチオ・アーモンドといった木の実やコムギなどの植物質の食料残滓がちらばっていた。収穫用の鎌刃・磨り石なども出土している。

このような生活様式は農耕村落形成直前の段階ともいえるが、そのまま農耕村落がうまれたわけではない。その後、ヤンガードリアス期とよばれる寒の戻りがあり、ナトゥーフ人たちの生活も大きな影響を与えた。5〜7℃も気温が下がったとされている。シリアでは、このころ遺跡の数が大きく減少している。遊動民に戻った人たちがいた可能性すら指摘されている。デデリエ洞窟からは人がいなくなってしまった。

再び定住村落が西アジアに広く展開するようになるのは、1万1,500年前頃、気候が再び温暖化に転じてからのことである。最古の植物栽培の証拠が現れ、新石器時代の幕が開く。デデリエのような竪穴住居もはやらなくなり、温暖化とともに住居は地上化し、壁は泥作りとなる。遺丘が形成されるようになるのはこの時以降である。

(西秋良宏)

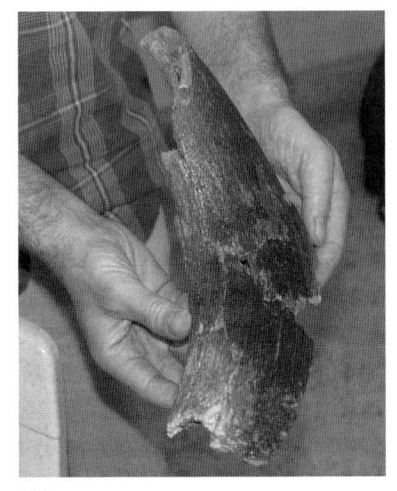

Nishiaki, Y., S. Muhesen, and T. Akazawa (2006) The Natufian occupations at the Dederiyeh cave, Afrin, northwest Syria. Abstracts of *The Fifth International Congress on the Archaeology of the Ancient Near East*, Madrid, April 3-7, 2006.

西秋良宏・仲田大人・青木美千子・須藤寛史・近藤修・米田穣・赤澤威 (2006)「シリア、デデリエ洞窟における2005年度発掘調査」『高知工科大学紀要』3号、135-153頁。

図2 デデリエ洞窟のナトゥーフ期住居。4つの石組み遺構がかさなっている。手前が一番新しい。
図3 巨大なオーロックスの角
図4 内壁に残る炭化材

نباتات 植物

西アジア先史時代の植物利用
デデリエ遺跡、セクル・アル・アヘイマル遺跡、コサック・シャマリ遺跡を例に

丹野研一

　東京大学の西アジア調査では、旧石器時代から青銅器時代にいたる、先史学の各時代を押さえた発掘が行われた。これらの発掘が世界の考古学に多大な学術貢献をはたしてきたことはいうまでもないが、植物学的な観点においては、世界最古の農耕をうみだした新石器時代、およびその前後をおさえた貴重な調査であったといえる。その時代の連続性のために、東京大学の保有している植物資料は、農耕社会の起源と展開を明らかにするための絶好の資料である。

　本稿では、農耕がはじまる前のデデリエ遺跡（ナトゥーフ時代）、農耕が起源し発展した時代のセクル・アル・アヘイマル遺跡（新石器時代 L-PPNB および PN 期）、農耕が定着したとされる時代のコサック・シャマリ遺跡（銅石器時代）の3つの遺跡について、植物の出土概況を述べる。そしてこれに基づいて西アジアの先史時代における植物利用について概説し、また初期農耕の研究でもっとも重点を置かれてきたムギ類の栽培化について、最近の研究例を概説したい。

　デデリエ遺跡とセクル遺跡は、現在筆者が植物同定を進めているところなので、本稿は調査結果の概要を紹介するものである。コサック・シャマリ遺跡についてはウィルコックス（Willcox 2003）とペシン（Pessin 2003）が報告書を出しているのでこれに準拠するが、筆者が新たに調べた結果を加えて話を進める。これらの現在進行中の研究については、今後研究が進んだときに新たな解釈ができる可能性はもちろんある。しかしともかく本稿では3遺跡の現時点での出土結果をよりどころに、西アジアの植物利用が時代とともにどのように変化してきたのかを概観してみたい。なおこれら3遺跡の植物の出土状況は、筆者が大雑把にみたところでは、これまで報告されている対応地域・時代の出土状況と大きな矛盾はない。

デデリエ遺跡
ナトゥーフ時代、北西シリア・アフリン地域

　デデリエ遺跡は5万年前ころのムステリアン層と1万3,000年前頃のナトゥーフ層からなる遺跡であるが、ここでは後者について述べる。

　デデリエ遺跡は洞窟遺跡であり、北西シリア・アフリン渓谷のワジの崖にある。崖の上の現代の植生は、岩がちの痩せた土層にカシの木などがまばらに生えている、とても貧弱なものである。木々は草食獣によって食害されており、膝の高さほどにしか育っていない（図1）。この崖を下る斜面はやはり植被がまばらではあるが、カシ類のほかに、野生のピスタチオやイチヂク、サンザシなどの食用に適する樹種が点在する。デデリエ洞窟からアフリン渓谷には容易に下ることができるが、現在この渓谷ではコムギ、ビート、ジャガイモ、綿花などのさまざまな作物や、ザクロなど特産の果樹などがさかんに植えられており、耕地化が著しい。このように山上は家畜の過放牧による食害がひどく、また渓谷内は徹底的に耕地化されており、本来の植生環境をうかがいしることはきわめて難しい。

　デデリエ遺跡の出土植物を調べることによって、過去の環境復元をすることには意義がある。デデリエは農耕・牧畜が開始されるよりも前の時代に属するので、人間による環境へのインパクトがまだ非常に小さかった。そのためこの遺跡の出土植物を調べることによって、本来の自然に非常にちかい姿の植生を復元しうるデータを取ることができるであろう。西アジアでは、とくに新石器時代後半から青銅器時代にかけて、森林伐採が各地で進んだとみられており（Miller 1998; Asouti and Austin 2005; Deckers 2005）、現代においても本来の植生またはそれに近い姿が残されている地域はきわめて限定的である。

　デデリエ遺跡のナトゥーフ層からは、ピスタチオの殻の破片が大量に出土した（図2a, b）。ピスタチオは野

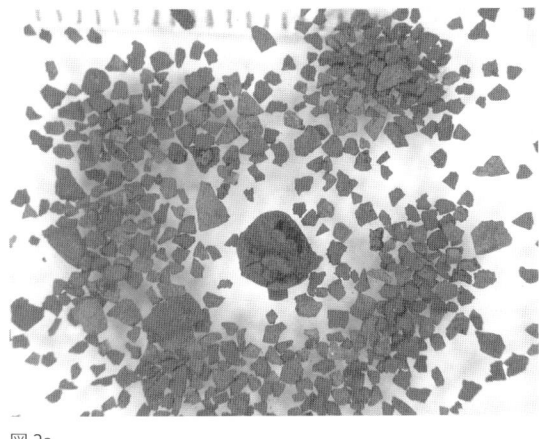

図1 デデリエ洞窟付近の植生。今は木があまり育っていないが、ナトゥーフ時代にはもっと生えていたようである。
図2 ピスタチオの仲間。(a) デデリエ遺跡の炭化したピスタチオ種子と破片
　　(b) デデリエ洞窟周辺に生える野生のピスタチオ（*Pistacia terebinthus*）

生種の *Pistacia terebinthus* とみられる小さなものが多いが、やや稀に大きくて殻の厚い *P. atlantica* とみられるものも含まれていた。これらは現代の日本で流通している *P. vera* とは別種の植物で、ナッツとしての味はそれほど変わらないものの、実が小さくて殻が固いので、我々現代人にとっては非常に食べにくい。アーモンド（*Amygdalus sp.*）の殻やエノキ属植物（*Celtis sp.*）の種子なども多く出土した。ピスタチオやアーモンドなどのナッツ類は、脂肪を多く含んでおり、またエノキ類は甘い。この脂肪と甘味のために、とりわけ嗜好されていたものと思われる。

木の実のほかには、少量であるけれどもアインコルンコムギ、オオムギ、*Stipa* 属植物などのイネ科植物の種子がみられた。また同じく少量のレンズマメと Trifolieae 連に属する多様なマメ類が出土している。さらにこれらイネ科・マメ科植物よりも若干多い数のシソ科 *Ziziphora capitata* 或いはこれに近い植物の種子がみつかっている。この植物は芳香があり、新石器初頭までの遺跡でよく出土するが、どのように利用されていたのか実際のところは不明である。

デデリエ遺跡ではナトゥーフ時代の焼けた家屋が見つかっている。この家屋には背後の壁を支えるために材木が使われていた。この材の一部を採取し、樹種を調べたところ、それはカエデ科の木（*Acer sp.*）であった（サンプル番号K25-L8）。この木はこの地域特有のマキーと呼ばれる疎林に比較的ふつうに見ることができるが、デデリエ周囲では、食害にあったマット状の木ばかりなので筆者はまだ見ていない。

このように農耕がはじまる前のデデリエ遺跡では、木の実など木本植物資源を有効に利用していた。大量のピスタチオは ZAD2 遺跡（Edwards et al. 2004）などでも知られるが、デデリエではそれよりもはるかに多くなりそうなので、特記すべきことかもしれない。西アジアでは農耕が開始・展開されるにしたがい、ムギ作に偏重してゆく傾向があるが、デデリエの時代にはまだムギに偏っておらず、多様な植物を利用していた。このような多様な植物利用はイラクのムレファート M'lefaat 遺跡（PPNA）（Savard et al. 2003）や北シリアのテル・カラメル Tell Qaramel 遺跡（PPNA、George Willcox 私信）でもみられている。これまでムレファートやカラメルの「多様な」植物は、うがった見方では本当に利用されていた植物ではなくて遺跡周囲の雑草を反映しているのではと考えられる状況であったが、洞窟遺跡であるデデリエで同様な植物が出土している事実は、これらの植物が目的を持って利用されていたということを示唆している。

周囲の植生という観点では、デデリエ遺跡ではカエデの材木が使われ、ピスタチオやアーモンド、エノキが食用されていたことから、木本資源をよく利用していたことがわかる。また筆者が水洗選別（ウォーターフローテーション）によって資料を回収していた際に、リスの骨（Lionel Gourichon 博士による同定）が一片みつかった。これらのことを総合すると、かつてのデデリエ周辺は森だったのではないかと考えられる。ただし、リスがいるような森とはいっても日本のような深い森林ではなく、日当たりを好むシソ科やアインコルンコムギ、マメ類などが生えていた疎林（マキー）に近いような森だったと思われる。今後、樹種同定を行い、この点については解明してゆきたい。

デデリエ遺跡は、人間が環境におおきなインパクトを与えはじめた新石器時代よりも前の時代であるので、農耕がどれほど環境に付加を与えたのかについての比較データとなりうる。ナトゥーフ時代の生業を明らかにすることも学術的に非常に重要ではあるが、われわれ人類がいかに環境を破壊してきたかを知るためにも、デデリエ遺跡はたいへん貴重な資料を提供する。

セクル・アル・アヘイマル遺跡
新石器時代 L-PPNB 期および PN 期、
北東シリア・ハブール河流域

　セクル遺跡は、北東シリアのハブール河流域において、はじめて定住されたフロンティア的な性格の遺跡だとみられている。この遺跡では、得られる炭化物の量はそれほど多くないけれども、オオムギとやや稀にエンマーコムギやレンズマメなどがみつかっている。その他の野生植物や雑草などもある程度みられるものの、デデリエのような多様な植物は、この遺跡ではみられない。

　ムギ類は小穂軸の脱落痕を観察することで、栽培型・野生型を識別することが可能である。これを調べたところ、少なくともオオムギについては栽培種が存在することがわかった(図3a, b)。コムギについては、小穂軸の出土数が非常に少なく、現時点では栽培・野生の判別はできない。

　現代のこの地域の年間降水量は 300 ～ 250mm であり、オオムギの天水農耕はぎりぎり可能であるが、コムギ栽培は困難である。過去にこの地域の降水量がどれほどあったのか知ることは難しいが、セクル遺跡の北東でトルコ国境に位置するテル・モザーン Tell Mozan 遺跡では、今は樹木はみられないけれども、青銅器時代には落葉性カシの疎林帯に属していたようである(Deckers and Riehl 2004)。野生コムギはカシの疎林帯によく生えるので、もし新石器時代のセクル付近にまでカシ林があったならば、野生コムギもそこにあったかもしれない。また、コムギ栽培もできたかもしれない。炭化材分析による植生復元が今後行われるべきであるが、低倍率顕微鏡でみるかぎり、炭化材の多くは小枝であるので、カシ林はなかったのではないかというのが筆者の現時点での印象である。

　セクル遺跡では、デデリエ遺跡のような多様な植物利用はみられておらず、むしろどこかの農村からオオムギ、エンマーコムギ、レンズマメといった作物のセットがそのまま持ち込まれたようにみえる。この地域は、いわゆるメソポタミア都市国家の時代あるいは現代では、オオムギの大穀倉地である。しかしそれを反映するような大量の出土は、セクル遺跡からは今のところみられていない。むしろその貧弱な出土状況や、おそらく足りなかった降水量のもとでエンマーコムギを作ろうとする試みは、フロンティアでの農耕の困難さを物語るかのようである。そしてその逆境の中でオオムギ栽培に活路を見出した点は、のちにメソポタミア都市国家の穀倉地として君臨するこの地域の原初の姿として、たいへん興味深い。

図3 セクル遺跡から出土したオオムギ。(a) 栽培型の小穂軸。(b) 炭化種子

コサック・シャマリ遺跡
銅石器時代、北シリア・ユーフラテス河中流域

コサック・シャマリ遺跡については、ウィルコックス（Willcox 2003）が種子などを、ペシン（Pessin 2003）が炭化木材を報告している。それによると大量のエンマーコムギとアインコルンコムギが出土しており、そのほかにはオオムギと、ごくわずかにエンドウマメなどのマメ類がみつかっている。炭化材には胡揚（Populus euphratica）やヤナギ類などが多く含まれており、ユーフラテス河沿いの樹種が利用されていたことがわかる。

この遺跡からは栽培・野生を識別するコムギ小穂軸が多数得られている。これら小穂軸は、この遺跡が新石器時代のあとの銅石器時代に属することもあって、当初はすべてが栽培型だろうとみられていた。しかしその後、筆者らによって判別された小穂軸には、一割ほど野生型が混じることがわかった（Tanno and Willcox 2006a）（図4）。したがってこの時代になっても、栽培種のなかに多少なりとも野生種が混在し、遺伝的には多様な状態でムギ農耕が行なわれていたことが示唆されている。

またコサック・シャマリ遺跡から出土したコムギの小穂軸には、ひとつの小穂のなかに少なくとも2つ以上の小花が発達する形態のものが若干含まれていた（図5）。この形態はエンマーコムギの範疇におさまるものであり特別なものではないけれども、コサック・シャマ

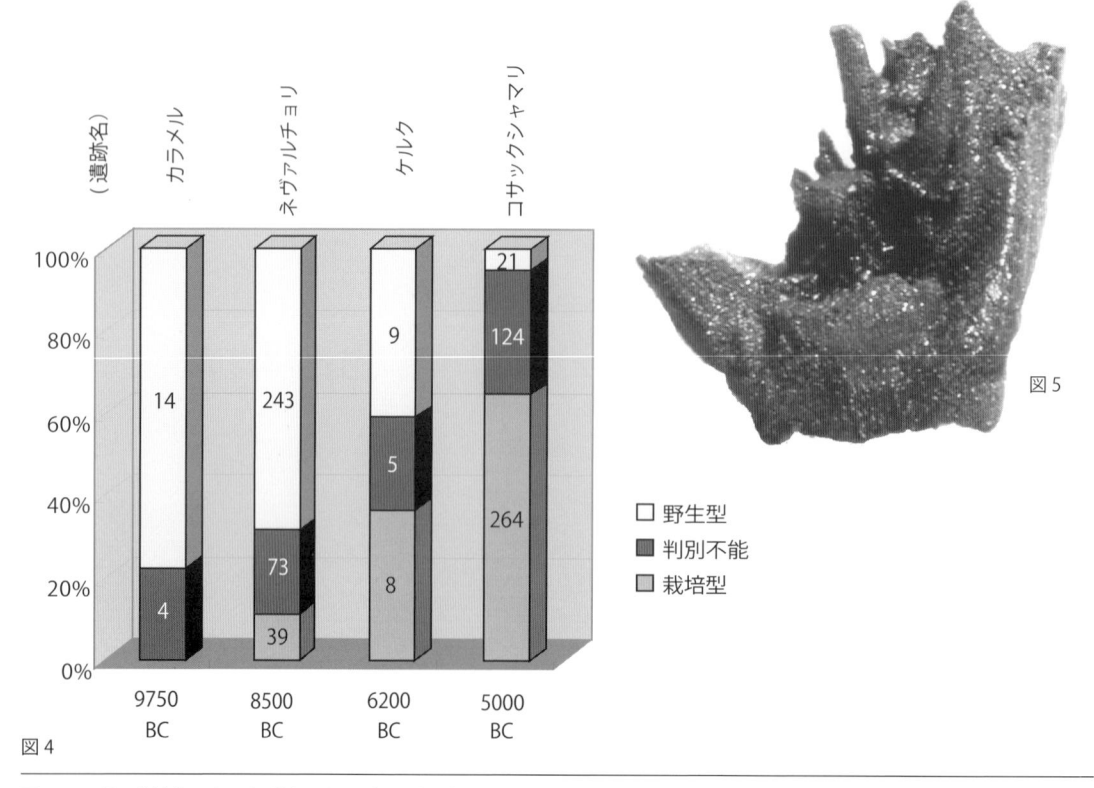

図4 コムギの栽培化はゆっくり進行した。グラフ中の数は小穂軸の実数。Tanno and Willcox (2006a) より。
図5 コサック・シャマリ遺跡の炭化したコムギ小穂軸。複数の小花がついている。

リ遺跡より前の新石器時代の出土サンプルでは、筆者はまだこのように小花が発達したタイプを見ていない。コサック・シャマリ遺跡での保存状態がとても良好なためにこれが見られたとも考えられるが、かつてのコサック・シャマリ遺跡での脱穀方法が、新石器時代とは異なる方法で行われたという可能性もある。なお小穂がさらに発達する種類に、リベットコムギなどがあるが、これとは穂軸の形態が異なるようである。なぜコサック・シャマリ遺跡からこの穂軸（図5）がみつかったのかは現時点では不明だが、この問題についてはこれ以上議論できないので、今後の類例の蓄積が待たれる。

　コサック・シャマリ遺跡ではコムギが大量に作られており、コムギに大きく依存した農耕が営まれていた。コムギやオオムギなどのムギ類に大きく依存した農耕は、つづく青銅器時代に引き継がれた。青銅器・鉄器時代にはブドウ、オリーブ、ナツメヤシなどの果樹栽培が加わり、ムギ農耕に果樹栽培、家畜飼育といった農耕・牧畜の定番スタイルが成立した。このスタイルはその後数千年を経て、現代も営まれている。

ムギの栽培化（ドメスティケーション）

　新石器時代を通して多くの遺跡から、アインコルンコムギ、エンマーコムギ、オオムギがみつかっている。これらのムギが栽培化されたのは、ネズビット（Nesbitt 2002）の総説によると、新石器時代 E-PPNB 期だとみられている。およそ 8,500 B.C.（補正年代）頃のことである。

　遺跡出土のムギ類について野生種と栽培種を区別する際は、成熟した穂にみられる脱落性・非脱落性という性質によって判断する。これは穂が熟したときに種子を含んだ小穂という部位が、バラバラに散って次の世代を残すもの（これを小穂の脱落性という）を野生型、熟しても穂がバラバラにならず、人間によって収穫されて播かれないと次の世代を残せないもの（小穂の非脱落性）を栽培型とよんでいる（図6）。野生種がもっている脱落させる遺伝子に、突然変異が起こって小穂が脱落しなくなったものが栽培種である。厳密にいうと、この突然変異の最初の一個体が生じたときが栽培起源であり、その場所が栽培起源地である。したがって栽培起源地は一箇所（突然変異が複数ある場合は複数）に限定されるはずだが、実際には一万年ほども前のたったひとつの突然変異体が生じた時と場所を特定するのはきわめて難しい。そのため、これまでは漠然と「ムギは西アジアで栽培起源した」といわれていたものを、よりピンポイントで起源を特定しようとして、研究が年々エスカレートしている。野生種から栽

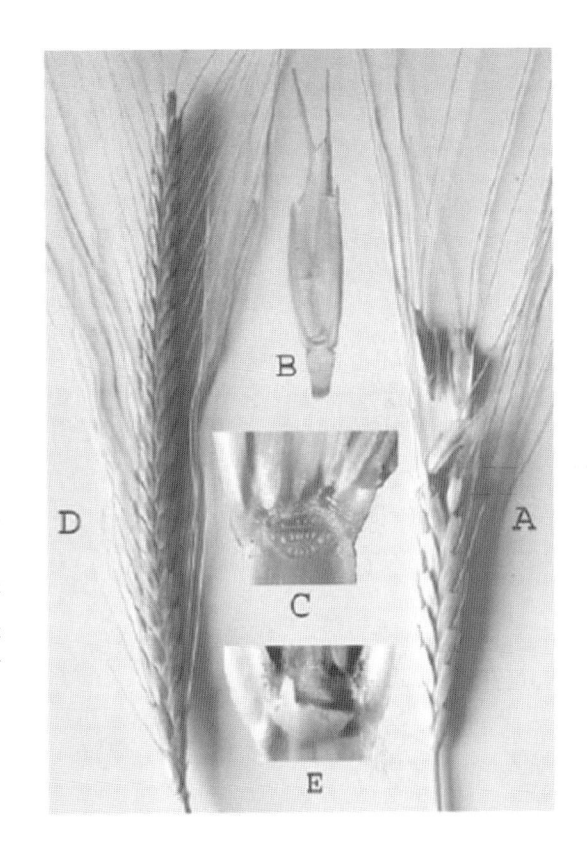

図6　コムギの野生種と栽培種の違い。アインコルンコムギの野生種(A)。
　　　穂は小穂（しょうすい）という単位でバラバラになり、種子散布される(B)。
　　　野生種の小穂には、なめらかな離層がみられる(C)。栽培種の穂は熟しても固着しているので(D)、
　　　脱穀を受けたときに、人為的な傷痕が小穂にのこる(E)。Tanno and Willcox (2006a) より。

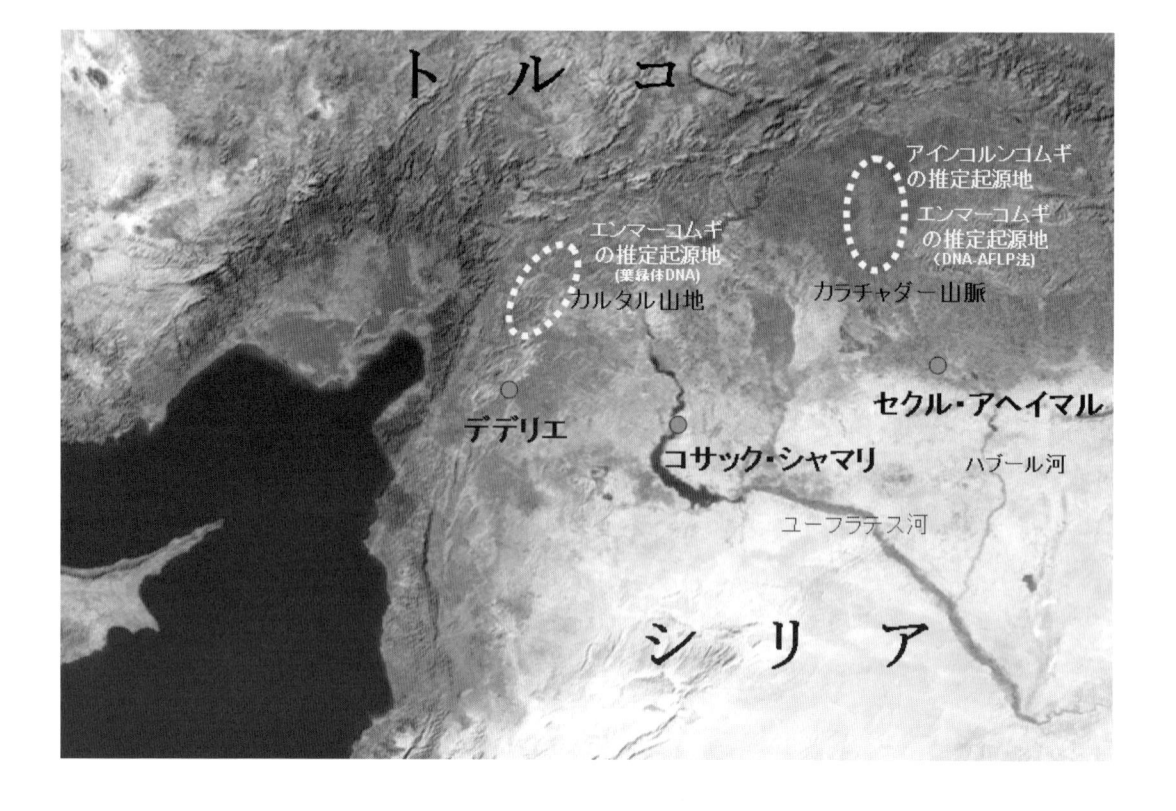

図7 アインコルンコムギとエンマーコムギの推定される栽培起源地

培種が成立する過程や変化そのものを栽培化（ドメスティケーション）といっている。

栽培起源地

　アインコルンコムギ、エンマーコムギ、オオムギといったムギ類がどこで栽培化されたかというと、「西アジア」或いは「肥沃な三日月地帯」であるといえば確かにそのとおりである。しかしその中のピンポイントのどこなのかというと、様々な研究がなされており、見解は一致していない。

　考古植物の研究によると、コムギについては、北レヴァントにアインコルンコムギが、南レヴァントにはエンマーコムギが多く出土する傾向がある(Zohary and Hopf 2000; Willcox 2005)。この傾向はアインコルンコムギの野生種が北に分布しており、南にはエンマーコムギの野生種が分布しているから、と説明されることが多いが、実際には両地域とも両野生種が生えているので、何らかの他の原因があると考えられる。ナトゥーフ時代後期にライムギが(Moore et al. 2000)、新石器時代中期にはマカロニコムギが利用されていたという報告もある (van Zeist and Bakker-Heeres 1985)。

　近年のDNA分析の結果では、アインコルンコムギもエンマーコムギも、北レヴァントに栽培起源地があるとみられるデータが示された。アインコルンコムギの栽培起源地はトルコ東南部カラチャダー山脈といわれ(Heun et al. 1997)、エンマーコムギは同じくカラチャダー山脈か(Ozkan et al. 2005)もしくは西へ約100ｋmほどのカルタル山地といわれている(Mori et al. 2003)(図7)。つまりアインコルンコムギについては、考古発掘による結果とDNA分析の結果はともに北レヴァントであるということでほぼ一致する。しかしエンマーコムギについては、考古発掘では南レヴァントに出土が多く、DNA分析では北レヴァントが起源地とみられており、両者の研究結果は現在のところ合致していない。この矛盾の理由は多数考えられる。まず第一に考古学側では、発掘件数がまだ少ないということがあげられる。一方、DNA分析の側には、分析に扱ったコムギが現代の西アジアに生えているムギなので、そのムギの分布が過去の分布と同じである保証がないことがあげられる。もし考古植物の結果とDNA分析の結果を矛盾としてとらえず、得られた成果をともかく結び付けるとするならば、北レヴァントで起源したエン

マーコムギが、きわめてスピーディーに南に伝わったという説も成り立つ。でもその場合は南東アナトリアのチャヨヌ E-PPNB 期などにあったエンマーコムギが、南シリアのアスワド E-PPNB 期に存在していたことになり、驚くべきスピードであったということになる（なおアスワドのサンプルは、従来は PPNA とされていたが Willcox による C14 の再分析の結果によって E-PPNB と判明した）。またこのスピーディーな伝播という考え方に無理があるというならば、南と北で独立的に栽培起源したのちに、南のエンマーコムギが絶滅し、北のものだけが現代の系譜につながったという考え方もできる。このように様々なストーリーが組み立てられてしまう現状なので、この点についてもやはり今後の研究の蓄積を待たなければならない。

　オオムギは南北レヴァントからザグロス山麓地域まで、ほぼどの地域でも出土が確認されている。そのためオオムギについては、考古学の知見からは栽培起源地を一箇所にしぼることはできず、同時に複数箇所で栽培化がなされたとしても不思議でない状況である（Willcox 2005）。また古典遺伝学の交配実験からは、少なくとも 2 回は野生種からの栽培化が独立的になされた強い証拠がある（Takahashi 1955）。しかし DNA 分析では、アインコルンと同じ方法（AFLP 法）がとられたところ、オオムギの栽培化は南レヴァントの単一起源であると結論された（Badr et al. 2000）。この結果は、古典遺伝学の結果と明らかに異なるので、疑問の声が上がった。この DNA 研究でとられた進化統計の手法は、その後コンピューター・シミュレーションによって再検討された。その結果、仮に 2 つの起源地を想定した初期値データを入力した場合でも、ひとたび雑種が形成されたときには解析結果は単一起源になってしまうという大きな問題が指摘された（Allaby and Brown 2003, 2004; Salamini et al. 2004）。その後この問題を避けるために、葉緑体 DNA が調べられた。葉緑体 DNA は母性遺伝するので、交雑による影響が起こらない。分析の結果、オオムギの栽培化は複数回の独立起源がありそうだとの結論が出された（Molina-Cano et al. 2005）。このようにオオムギについては、起源地がどこであるのかについての決定的な結論はまだ得られてはいないものの、複数の栽培起源があることが明らかにされた。

ムギはどれくらいの期間をかけて、栽培化されたのだろうか？

　ムギはどれくらいの期間をかけて、栽培化されたのだろうか？コンピューター・シミュレーションによると、もし石鎌で刈り取って、よい条件の土地に毎年種子が播かれていたならば、計算条件にもよるがおよそ 200 年という短い期間で、野生種から栽培種へと急速に置換されうるという研究がある（Hillman and Davies 1990）。栽培種は、穂が熟したときに種子が脱粒しないので、収穫しやすい。このような穂がひとたび現れると、その収穫のしやすさのためにすぐに野生種から栽培種に置き換わっただろう、というのがその解釈である。

　それに対して丹野とウィルコックス（Tanno and Willcox 2006a）は、実際に遺跡から出土するコムギの小穂軸を調べた。農耕開始期とその前後の 4 遺跡を調べた結果、新石器時代前半に出現した栽培型コムギは、3 千年以上の長い年月をかけてゆっくりと野生型コムギと入れ替わったことが示された（図 4）。栽培種と野生種が長い間、混在した状態で栽培されていたということは、育種の初期の在り方としてはとても合理的といえる。

　というのも、もし突然変異で生じた栽培型コムギだけが畑いっぱいに栽培されたとしたら、その低い多様性のために、ひとたび病気にかかったときに全滅してしまうおそれがあるからである。現代は農薬をつかって病気の蔓延をふせいでいるわけであるが、それでも遺伝的多様性が低いことで知られるヒヨコマメな

どでは、*Ascochyta*という病原菌によって、たったの数日で一面の畑が全滅してしまうことがある(Abbo et al. 2003)。このマメは、その野生種がトルコの一部にしか生えていない希少種であったために、野生種の有用形質が栽培種に導入されることはほとんどなかったらしい(Ladizinsky 1998)。なお現代の世界各地の発展途上国の畑でも、さまざまな作物が遺伝的に雑駁な状態で植えられ、病虫害の蔓延による収穫皆無は経験的に避けられている。おそらく初期のコムギ栽培でも、野生種とのあいだにさまざまな自然雑種をつくって多様性を確保し、病虫害による壊滅の被害を避けていたのではないかと想像される。

西アジアの植物利用の概要

　西アジアの初期農耕はムギ作を中心として、マメ類などを組み合わせて営まれた。初期農耕の時代によく作られていた作物には、アインコルンコムギ、エンマーコムギ、オオムギ、レンズマメ、エンドウマメ、ヒヨコマメ、ビターベッチ、アマなどがあげられる。とくにこれら8種は、初期農耕時代の遺跡から出土することが多いという理由で、ファウンダー・クロップ(創始者作物)とよばれている(Zohary 1996)。なお丹野とウィルコックス(Tanno and Willcox 2006b)は、新石器時代初期のソラマメの出土状況を概説し、ソラマメもファウンダー・クロップといえることを指摘している。アマはゾハリー(Zohary 1996)によってファウンダー・クロップに入れられているが、新石器時代初期の遺跡からは実際のところあまり出土していない。

　このようなセットともいえる固定化された植物種の利用は、新石器時代になってから始まったことであり、それ以前には見ることができない。農耕開始より前のデデリエ遺跡では、このような植物種にかたよることなく、さまざまな野生の植物を利用していた。とくに森林資源はまだ潤沢にあったこともあり、木の実はとりわけ好まれていたようである。

　ムギ栽培は新石器時代をとおして重要性を増してゆき、新石器時代中・後期のセクル遺跡のような、新天地での農耕活動には欠かせないものとなっていた。更に続く銅石器時代のコサック・シャマリ遺跡や、都市国家の林立した青銅器・鉄器時代には、多くの農耕遺跡で大量のムギ類が出土しており、ムギへの依存はきわめて高かったといえる。このようなムギを主体とした農耕は、青銅器時代以降にオリーブ、ブドウ、ナツメヤシなどの果樹栽培も加わって、ムギと果樹を二大柱とした農耕となった。

　ムギと果樹を主軸とした農耕は、現代の西アジアにしっかりと受け継がれているのみならず、世界各地の半乾燥温帯地域に深く根付くことになった。とくにコムギ(パンコムギ)は世界の生産量第一位の穀類として、大規模農業の基幹をなしている。ムギ作農耕は、その歴史をたどると新石器時代のあいだにほぼその土台が築き上げられていた。この事実は驚くべきことであり、そのようなムギ作農耕を育て上げた西アジアの先史人たちは、一言で言って、エライ。

謝辞

　デデリエ遺跡では赤澤威・高知工科大学教授に、セクル遺跡およびコサック遺跡では西秋良宏・東京大学総合研究博物館教授にサンプルの提供および現地調査など多大なお世話をいただいた。また植物同定の基礎をフランスCNRSのGeorge Willcox博士にご指導いただいた。その他多くの発掘メンバーにご協力いただいたことをここに感謝いたします。本植物研究の一部は科研費(若手スタート18820056、特定領域124)、地球研プロジェクト(sato-contribution 9)交付金によって行われた。

引用文献

Abbo, S., J. Berger and N. C. Turner (2003) Evolution of cultivated chickpea: four bottlenecks limit diversity and constrain adaptation. *Functional Plant Biology* 30: 1081-1087.

Allaby, G. and T. A. Brown (2003) AFLP data and the origins of domesticated crops. *Genome* 46: 448-453.

Allaby, G. and T. A. Brown (2004) Reply to the comment by SALAMINI et al. on AFLP data and the origins of domesticated crops. *Genome* 47: 621-622.

Asouti, E. and P. Austin (2005) Reconstructing woodland vegetation and its exploitation by past societies, based on the analysis and interpretation of archaeological wood charcoal macro-remains. *Environmental Archaeology* 10: 1-18.

Badr, A., K. Muller, R. Schafer-Pregl, H. El Rabey, S. Effgen, H. H. Ibrahim, C. Pozzi, W. Rohde and F. Salamini (2000) On the origin and domestication history of barley. *Molecular Biology and Evolution* 17: 499-510.

Deckers, K. (2005) Anthracological research at the archaeological site of Emar on the middle Euphrates, Syria. *Paléorient* 31(2): 153-168.

Deckers, K. and S. Riehl (2004) The development of economy and environment from the Bronze age to the Early Iron age in northern Syria and the Levant. A case-study from the Upper Khabur region. *Antiquity* 78: 764 (on the website).

Edwards, P. C., J. Meadows, G. Sayej and M. Westaway (2004) From the PPNA to the PPNB: new views from the southern Levant after excavations at Zahrat adh-Dhra' 2 in Jordan. *Paléorient* 30(2): 21-60.

Heun, M., R. Schafer-Pregl, D. Klawan, R. Castagna, M. Accerbi, B. Borghi and F. Salamini (1997) Site of einkorn wheat domestication identified by DNA finger printing. *Science* 278: 1312-1314.

Hillman, G. C. and M. S. Davies (1990) Measured domestication rates in wild wheats and barley under primitive cultivation, and their archaeological implications. *Journal of World Prehistory* 4: 157-222.

Ladizinsky, D. (1998) *Plant evolution under domestication.* Dordrecht: Kluwer Academic Publishers.

Miller, N. F. (1998) The macrobotanical evidence for vegetation in the Near East, c. 18000/16000 BC to 4000 BC. *Paléorient* 23(2): 197-207.

Molina-Cano, J. L., J. R. Russell, M. A. Moralejo, J. L. Escacena Arias and W. Powell (2005) Chloroplast DNA microsatellite analysis supports a polyphyletic origin for barley. *Theoretical and Applied Genetics* 110(4): 613-619.

Moore, A. M. T., G. C. Hillman and A. J. Legge (2000) *Village on the Euphrates: from foraging to farming at Abu Hureyra.* New York: Oxford University Press.

Mori, N., T. Ishii, T. Ishido, S. Hirosawa, H. Watatani, T. Kawahara, M. Nesbitt, G. Belay, S. Takumi, Y. Ogihara and C. Nakamura (2003) Origin of domesticated emmer and common wheat inferred from chloroplast DNA fingerprinting. 10th International Wheat Genetics Symposium, 1-6 September 2003, Paestum, Italy, pp.25-28.

Nesbitt, M. (2002) When and where did domesticated cereals first occur in southwest Asia? In: R. T. J. Cappers and S. Bottema (eds.), *The dawn of the farming in the Near East.* SENEPSE 6. Berlin: ex oriente, pp.113-132.

Nishiaki, Y. and T. Matsutani (eds.) (2003) *Tell Kosak Shamali, Vol. 2: the archaeological investigations on the Upper Euphrates, Syria. Chalcolithic technology and subsistence.* Tokyo: University Museum of the University of Tokyo/ Oxford: Oxbow Books.

Ozkan, H., A. Brandolini, C. Pozzi, S. Effgen, J. Wunder and F. Salamini (2005) A reconsideration of the domestication geography of tetraploid wheats. *Theoretical and Applied Genetics* 110: 1052-1060.

Pessin, H. (2003) Charcoal analysis from Tell Kosak Shamali. In: Y. Nishiaki and T. Matsutani (eds.), p.271.

Salamini, F., M. Heun, A. Brandolini, H. Özkan and J. Wunder (2004) Comment on "AFLP data and the origins of domesticated crops". *Genome* 47(3): 615-620.

Savard, M., M. Nesbitt and R. Gale (2003) Archaeobotanical evidence for early Neolithic diet and subsistence at M'lefaat(Iraq). *Paléorient* 29(1): 93-106.

Takahashi, R. (1955) The origin and evolution of cultivated barley. In: M. Demerec (ed.), *Advances in Genetics* 7. New York: Academic Press, pp.227-266.

Tanno, K. and G. Willcox (2006a) How fast was wild wheat domesticated? *Science* 311: 1886.

Tanno, K. and G. Willcox (2006b) The origins of cultivation of *Cicer arietinum* L. and *Vicia faba* L.: early finds from Tell el-Kerkh, northwest Syria, late 10th millennium BP. *Vegetation History and Archaeobotany* 15: 197-204.

Willcox, G. (2003) Chalcolithic carbonised cereals from Ubaid burnt storage structures at Kosak Shamali. In: Y. Nishiaki and T. Matsutani (eds.), pp.267-270.

Willcox, G. (2005) The distribution, natural habitats and availability of wild cereals in relation to their domestication in the Near East: multiple events, multiple centres.*Vegetation History and Archaeobotany* 14: 534-541.

van Zeist, W. and J. A. H. Bakker-Heeres (1985) Archaeological studies in the Levant 1. Neolithic sites in the Damascus basin: Aswad, Ghoraifé, Ramad. *Palaeohistoria* 24: 165-256.

Zohary, D. (1996) The mode of domestication of the foundercrops of southwest Asian agriculture. In: D. R. Harris(ed.) *The origins and spread of agriculture and pastoralism in Eurasia.* London: UCL Press, pp.142-152.

Zohary, D. and M. Hopf (2000) *Domestication of plants in the Old World: the origin and spread of cultivated plants in West Asia, Europe, and the Nile valley.* 3rd ed. Oxford: Oxford University Press.

鎌刃と橇刃

　ムギ類を刈り取るための道具として使われたのは石鎌である。木や骨で作られた柄は、腐ってしまうためふつう遺跡では見つからない。しかし、ムギ類に含まれるケイ酸分の作用で刃の部分に独特な光沢が残されるため石器できた鎌刃を同定することができる。確実な鎌刃が現れるのはナトゥーフ文化期、1万4,000年前以降である。野生ムギ類の利用は2万年前くらいには既に始まっていたことがわかっているのに鎌刃の存在ははっきりしない。当初の収穫は素手でおこなわれていた可能性がある。

　鎌刃にされたのは幅1-2cm、長さ数センチの石片である。これをカミソリの刃のようにいくつもならべ、木や骨で作った柄に装着された。柄が見つかることは稀だが、その例外的な発見例がテル・コサック・シャマリの鎌である (図1)。7,000年ほど前の石を積んでたてた建物の壁の隙間から見つかった (Nishiaki 2003)。当時の人が保管したまま、放置してしまったのだろう。この例では動物の骨を柄にして、石器を天然のアスファルトでくっつけていた。材料こそ違うものの、西アジアでは現在でも同じ形をした鎌が使われている (図2)。

　鎌刃には独特な光沢が残されていることを先に述べたが、それとまぎらわしいのが橇刃（そりば）に残された光沢である (図3)。西アジアから東欧、地中海西部地方の伝統的農村では、木の板の裏側に多数の石器をとりつけた橇（脱穀橇）を作り、それをウシなどに引かせて脱穀したりムギワラを粉砕したり作業が最近までおこなわれていた (図4-6)。穀物光沢をもつ石器という点では鎌刃も橇刃も同じであるから、見分けるのは容易ではない。また、装着の際の接着剤として天然アスファルトを用いる点も同じである。橇刃が注目されるようになったのは最近のことであり、実際、多くの遺跡で橇刃が鎌刃と誤認されてきた可能性が高い (藤井1986)。

　しかしながら、近年の実験使用痕分析の進展によって、鎌刃と橇刃を識別できるようになってきた。橇として用いられると石器が地面に接触するうえ圧力も高いため、鎌刃よりもはるかに粗い使

図1　テル・コサック・シャマリ遺跡出土の鎌（約7,000年前）

用痕が残されるのである（図7-8、Chabot 2002）。そうした検査の結果によれば、橇刃の登場は、遅くとも5,000年前とされている。南メソポタミアのように板材が得られないところでは丸太を何本か縛り付けアスファルトで固定して作られたことが、4,000年前頃の楔形文書から知られている。装着用石器の製作はかつても今も専門職人の仕事であった。石器時代の技術が現代に生き延びた一例である。

（西秋良宏）

図2 鎌をもつイラク農民
　　指にはめているのはムギの穂をたぐり寄せるための鉄爪。1950年代撮影

図3

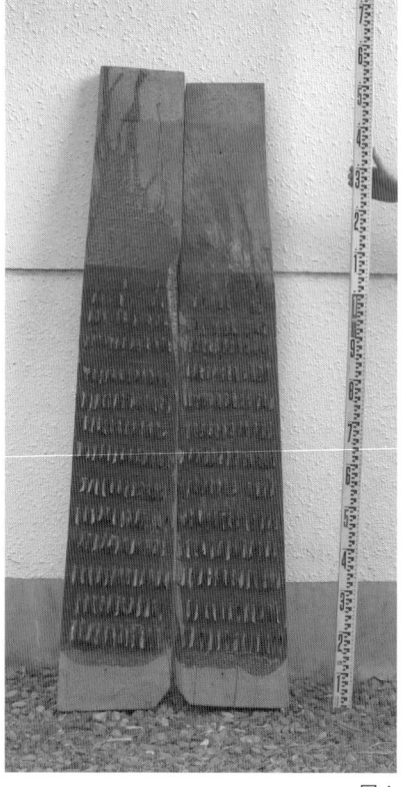

図4

図5

Chabot, J. (2002) *Tell Atij, Tell Gudea: Industrie lithique*. Quebec: Celat.
Nishiaki, Y. (2003) Chronological developments of the Chalcolithic flaked stone industries at Tell Kosak Shamali. In: Y. Nishiaki and T. Matsutani (eds.) *Tell Kosak Shamali, Vol. 2*. pp.15-111. Oxford: Oxbow Books.
藤井純夫 (1986)「橇刃 (threshing sledge blade) の同定基準について」『岡山市立オリエント美術館研究紀要』5号、1-34頁。

図3 橇刃（約5,000年前）。左はイラク、テル・サラサート5号丘出土、右3点はシリア、ハブール平原の採集品
図4 脱穀橇の裏側。現代トルコ。東海大学所蔵
図5 シリア、スエイダ博物館の脱穀橇展示

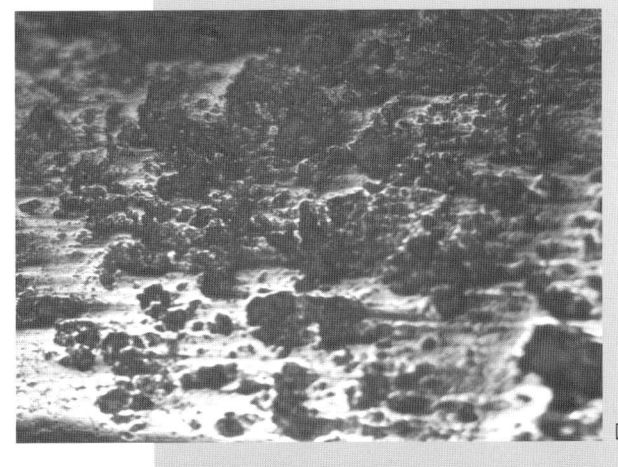

図6 イラク、テル・アファル近郊での脱穀橇使用風景。1950年代撮影
図7 テル・コサック・シャマリの鎌刃の使用痕（7,000年前）
図8 テル・サラサートの橇刃の使用痕（5,000年前）。J. シャボット撮影

078

حيوانات 動物

西アジアにおける動物の家畜化とその発展

マルジャン・マシュクール、ジャン＝ドニ・ヴィーニュ、西秋良宏

はじめに

　人類の生活が採集狩猟から食料生産へと移行しはじめたのは1万1,000年前頃のことである。このできごとは、完新世におこった人類史の変化のなかでも最重要のものの一つであり、「新石器革命」とも呼ばれる。しかし、これを「革命」と言うのはふさわしくない。現在では、この変化はゆっくりと進行し、時期や地域によって不規則なものだったことが明らかにされている。また、そのメカニズムは複雑で、多くの要因が関連しあっていたことも判明している。

　この章では、「新石器化」がすすんだ過程を、西アジアにおける動物の家畜化という点から概観する。まず、ここ20〜30年程の間に、西アジアで収集されてきた豊富な動物考古学データに基づく最近の研究状況について整理する。ついで、1950-1960年代に東京大学の研究者たちが発掘した南西イラン、マルヴ・ダシュト平原の動物遺存体について明らかになった最新の成果を報告する。この成果は、イラン高原における食料生産経済開始期の複雑な様相について、新たな知見を加えるものである。

西アジアにおける有蹄類の家畜化

家畜化の起源地

　ヒツジ、ヤギ、ウシ、ブタという有蹄類の家畜化は、肉食動物（イヌやネコ）の家畜化よりも遅れて始まったが、食糧供給に大きな変化をもたらした点で、より重要である。有蹄類が最初に家畜化された時期と場所については、過去数十年間、新たな説が繰り返し提示されてきた。前8千年紀のイランとする説からはじまり、前7千年紀のイスラエルとする説、前8千年紀のシリアとする説、前9千年紀の南東アナトリア（トルコ）とする説まである（Harris 1996；Vigne et al. 2005な

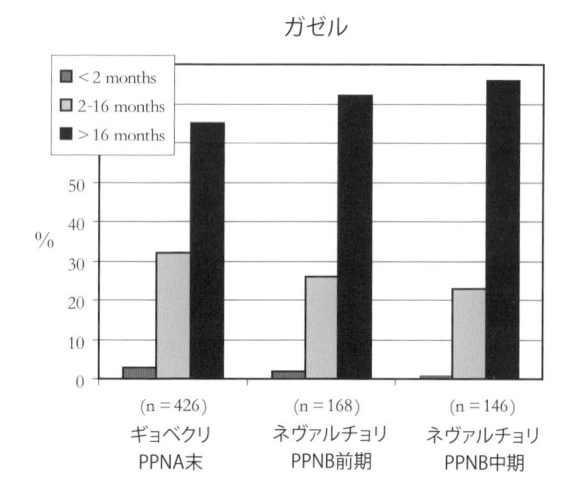

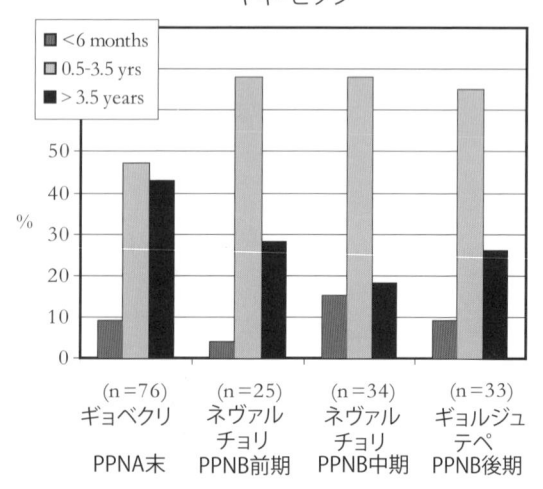

図1　ガゼル及びヤギ・ヒツジの死亡年齢構成の時期別変化

ど)。現在では、ほとんどの考古学者が、最初の家畜化は前9千年紀半ば(PPNB前期)に、南東アナトリアのタウルス山脈南麓で始まったと考えている。たとえば、トルコのネバル・チョリ遺跡のPPNB前期(前8,500年)層では、ヒツジ(*Ovis orientalis*)とヤギ(*Capra aegagrus*)の小型化が顕著になると同時に、幼獣個体の比率が増加することが明らかとなっている(Peters et al. 2005)。同時期のガゼルには形態変化は全く認められていないから、それは家畜化の結果であると考えられる(図1・2)。また、ほぼ同時期の北シリア、ジャーデ遺跡でも、性的二形がやや小さくなったことがわかっている(Helmer et al. 2005)(図3)。この現象も、家畜化開始に関する確実性の高い指標とされているものである。一方、ブタの家畜化はもっと漸移的に進行したようである(Erwinck et al. 2002)。

家畜は、その起源地である南東アナトリアから急速に広がっていった。ヒツジとヤギがユーフラテス川中流域に出現するのは前8千年紀の初頭(PPNB中期)のことである。テル・ハルーラやテル・アブ・フレイラ(Peters et al. 1999)などの遺跡でその存在が確認されている。ユーフラテス中流域はヒツジやヤギの野生種が本来いなかった地域であるから、よそから持ち込まれたことは明らかである。また、さらに遠方へ持ち込まれたこともわかっている。ダマスカス周辺地域(テル・アスワド、Helmer in press)はもとより、海を越えてキプロス島(シルロカンボス、Vigne et al. 2000, 2003, in prep.)にまで至った。PPNB後期末(前7,000年頃)に入ると、家畜は地中海沿岸からザグロス山脈まで、あるいはタウルス山脈からネゲヴ地方に至るあらゆる地域でみられるようになる。

ただし、こうした見方とは別に、家畜化の中心地が複数存在したという説もある。例えば、ヤギの家畜化の中心地としてザグロス山脈西部(Zeder 2005)が、ウシに関してインダス川下流域(Meadow 1989)が想定されている。しかし、そうした地域における家畜出現

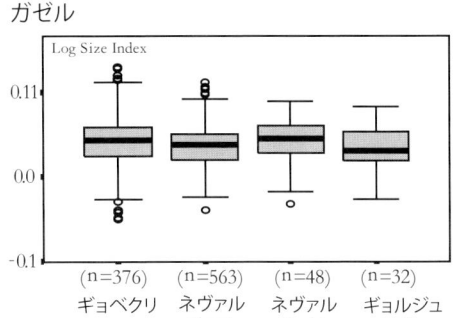

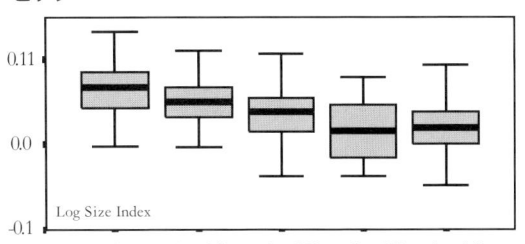

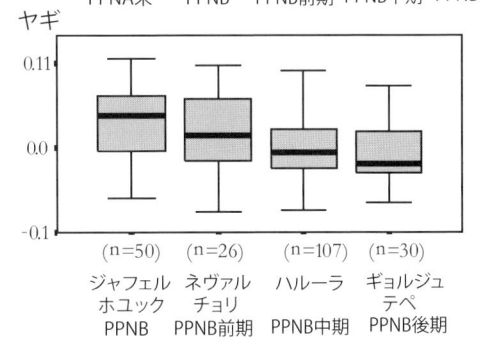

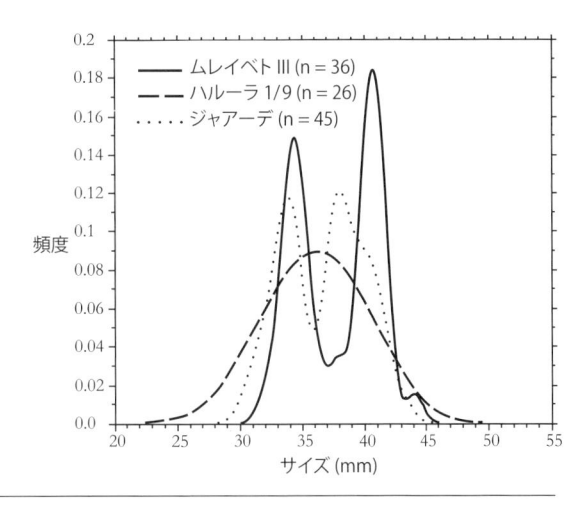

図2 ガゼル及びヤギ・ヒツジのサイズの時期別変化
図3 前足第2指骨の近位端最大幅分析から認められる性的二形

図4 家畜化の開始とその展開

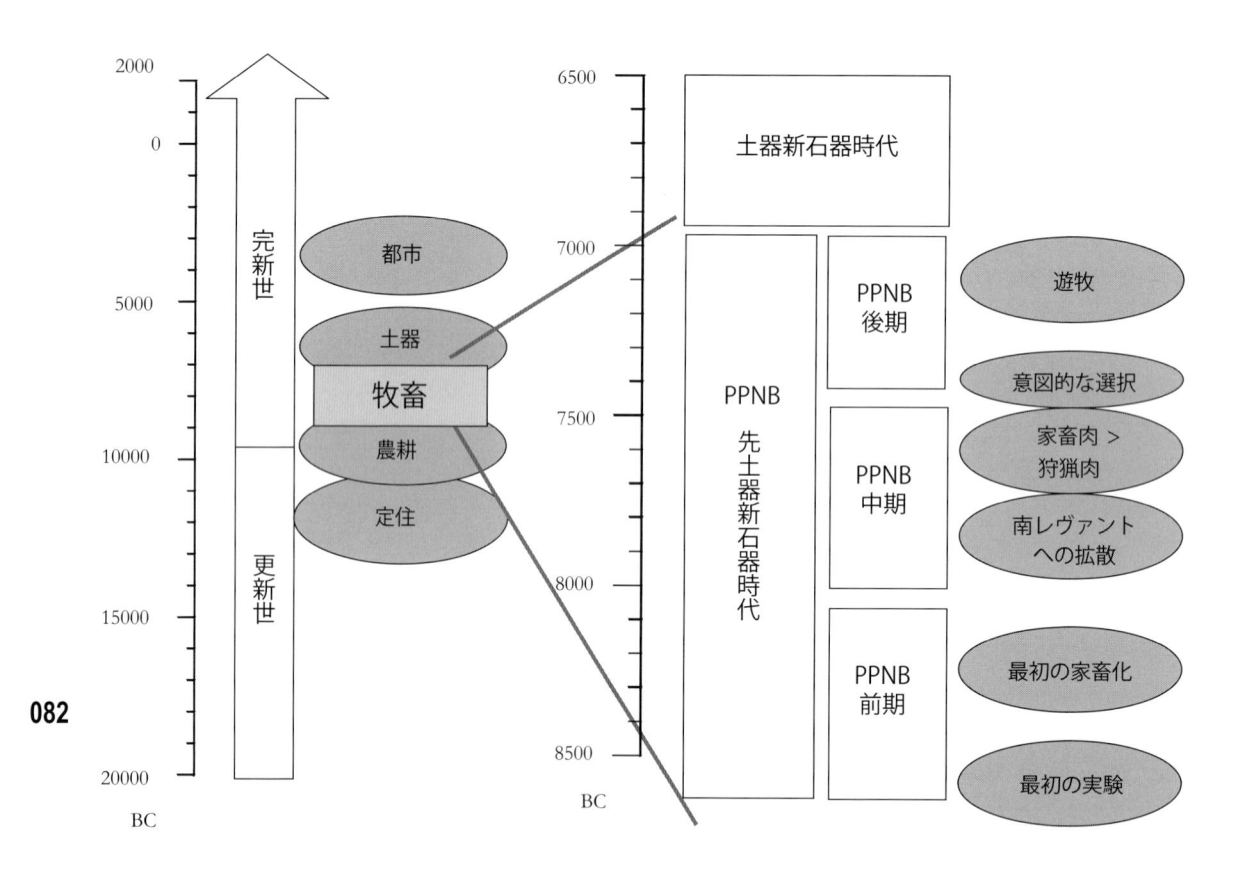

年代はやや新しく、それぞれ前8千年紀前半と前7千年紀という年代が得られている。家畜化の開始という点では、やはり、南東アナトリアが初現と考えておいてよいだろう。

新石器化過程は、定住や植物栽培、動物家畜化などがからみあった現象であるが、動物の家畜化はその中ではかなり遅い段階で始まった(図4)。部分的に定住が始まったナトゥーフ期からは3,000年、さらに、原初的な穀物栽培の出現よりも1,000年から1,500年ほど遅れて始まった。つまり、動物の家畜化というのは、土器出現以前の新石器化現象のなかでは、最後の重大な技術経済的変化とみることができる(図4)。

家畜化の進展過程

家畜化はどんな経緯で進んだのだろうか。その背景として一つ考えられるのは、旧石器時代末以降顕著になった有蹄類の管理的狩猟である。T. レッグ(Legge 1972)らは、ナトゥーフ後期やPPNAにおけるレヴァント地方では、かなり専門化した管理的狩猟が営まれていたことを指摘している。この狩猟では動物の小型化が全く起こっていないので、家畜化とは無関係であったと考えられることが多い。しかし、近年、キプロス(Vigne 2000)やイラン(Zeder 2005)での事例研究から、有蹄類の家畜化は必ずしも小型化を伴わないということも指摘されている。また、こうした特殊な狩猟形態が実質的な家畜化とは別物であるとしても、ナ

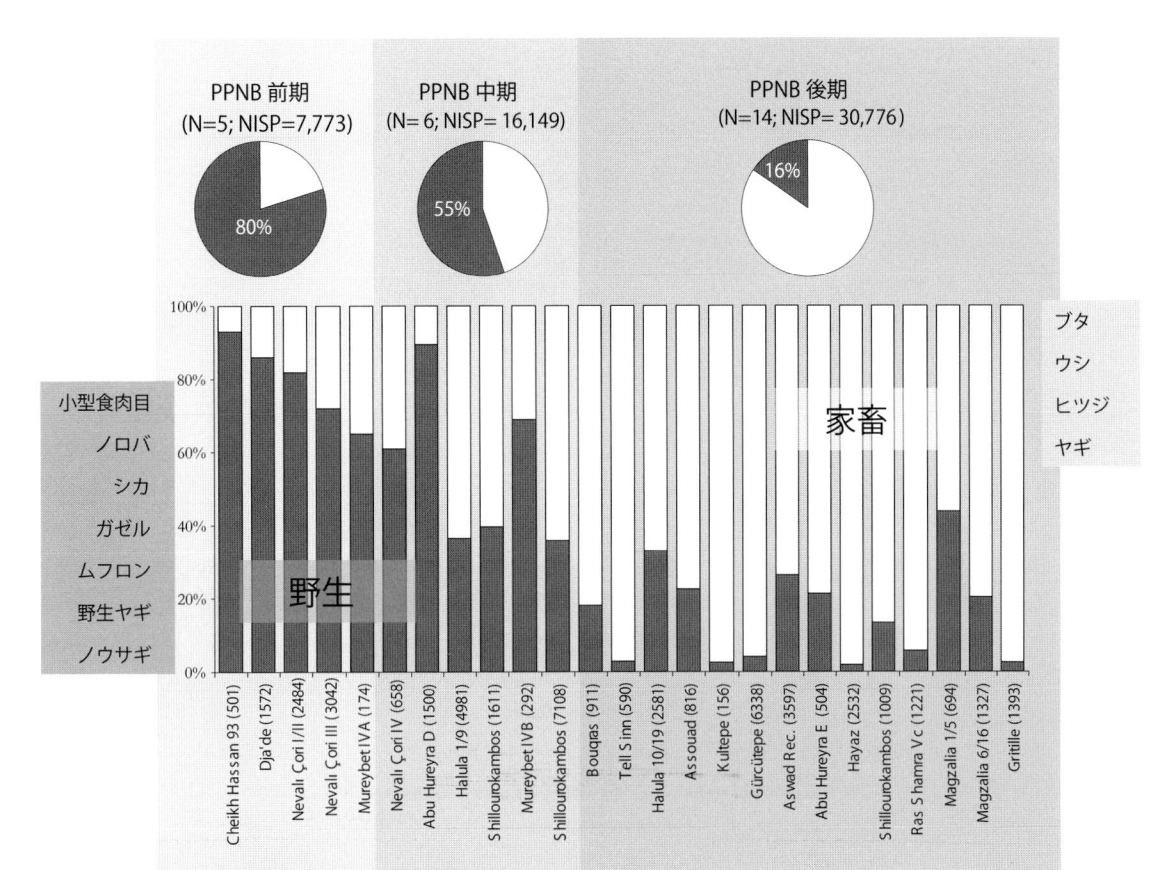

トゥーフ後期に行われたこの初期的な動物管理は当時の食生活に大きな影響を与えたことは事実であり、家畜化前夜の状況として見過ごすわけにはいかない。

ついで、PPNB前期（前8,700～前8,500年頃）になって家畜化が始まる。しかし、この時期の家畜化は後の時代のように本格的なものではなかった。一般に、脊椎動物が馴化されると、行動と個体発生にかかわる生理的変化が自動的に起こると言われている（Arbuckle 2005）。最初期の家畜化によって起こった形態変化のほとんどは、人類が意図的にひきおこしたものとは考えがたい。意図的な選別によって形態的（そして、おそらく行動的）特徴を変化させるような実質的な動物管理が行われていた証拠があらわれるのは、PPNB中期からPPNB後期への移行期以降になってのことである（Zohary et al. 1998）。

したがって、PPNB前期の家畜化は、PPNB後期（前7,500～前7,300年頃）に西アジアで始まった本格的な動物管理とは別物であると考えるのがよい。乾燥地帯に遊牧民が出現するほどにまで本格化したPPNB後期の家畜化に対し（Stordeur 2000）、PPNB前期の家畜化は食生活に強い影響力はもっていなかったようにみえる。実際、北レヴァントのPPNB遺跡で、ゴミとして捨てられた動物骨について野生種と家畜種の比率を調べてみると、PPNB中期末かPPNB後期初頭までは野生動物のほうが多数を占めることがわかる（図5、Helmer and Vigne in press）。このことは、最

図5　先土器新石器時代B期（PPNB）動物骨にみられる野生種・家畜種の割合

初期の家畜は、食料資源としては大きな意味を持つものではなかったことを意味する。

同時に、最初期の家畜化は、より多くの肉を得たかったために始まったわけではないということも意味することになる。では、何を目的として家畜化が始まったのかを知るには、野生種からは得られないけれども家畜種からは得られるものは何か、ということを調べればよい。そこで、近年注目されている仮説(Vigne 2004, 2006, Helmer and Vigne in prep.)は、それが乳ではなかったかというものである。

もしこれが正しいとしたら、PPNB前期の家畜化は豊富な肉資源の供給という点ではなく、乳や乳製品を新たに利用できるようにしたという点で、人類の食生活に大きな変化をもたらしたと捉えることができる。しかし、初期の家畜化は、単に食料、あるいは獣糞(肥料、建築、燃料に利用される)、毛、さらには運搬・牽引(主にウシ)など経済的・実用的動機だけを考慮して理解できるものではない。動物を所有することがもつ社会的・儀礼的意味についても考えに入れる必要がある。この点は、真剣に考察されなければならない。なぜなら、この時期の社会は、階層化した組織が形成される途上に位置づけられるからである(Stordeur in Guilaine ed. 2001)。こうした組織が形成される過程で、重要かつ社会的であった動物の象徴体系が発展し(Helmer et al. 2004; Peters and Schmidt 2004)、さらに人々の世界観や宗教観も変化したと考えられる(Cauvin 2000)。いずれにせよ、食生活という観点に戻れば、家畜化の初期段階における乳の開発というテーマは今後の研究において中心的な課題となろう。

南西イランにおける家畜の出現

マルヴ・ダシュト平原の新石器時代研究

さて、家畜が西アジア各地に本格的に拡散していくのはPPNB後期以降である。その頃の事情を、起源地とされる南東アナトリアからは1,000km以上も離れているイラン南西部における事例研究でながめてみよう。

イラン、イラクにまたがるザグロス山麓で動植物のドメスティケーション起源調査を初めておこなったのはR.ブレイドウッド(Braidwood 1952, 1961)である。それは、1960年代以降、西アジアで一連の先駆的な調査が始まるきっかけとなった(例えばHole 1987, 1996)。

ここでとりあげるマルヴ・ダシュト平原は、イラン南西部、ザグロス山脈側縁にある。この平原の主要な先史遺跡は、1950-60年代に、江上波夫を団長とする東京大学の調査団により調査された(図6)。ルイス・ファンデン=ベルヘ(Vanden Berghe 1952)による踏査の後、日本隊は6遺跡で発掘調査を実施した。タル・イ・ギャプ、バクーンA・B、ジャリA・B、タル・イ・ムシュキである。いずれもペルセポリスの南東約10kmの所に位置する。

この平原における新石器文化の展開に関しては、タル・イ・ムシュキとジャリBから豊富な情報が得られている(Fukai et al. 1973; Egami et al. 1977; Hori and Maeda 1984; Maeda 1986; Nishiaki 2003)。この2遺跡での調査は、ファールス州の新石器文化を初めて明らかにしたものだったため、その土器編年はたびたび見直しの対象となった。ジャリBがムシュキよりも古いと考えられたこともあったし(Vanden Berghe 1952)、この順が逆になることもあった(Egami 1967)。しかし、こうした編年に関する議論では完全に放射性炭素年代が欠如していた。当時、タル・イ・ムシュキだけは年代が提示されていたが、示された3つの年代はいずれ

も信頼に足るとは言い難いものであった。

　2004年、バクーンA・B、ジャリA・B、タル・イ・ムシュキにおいて、試掘による再調査が実施された(Alizadeh et al. 2004)。この調査における土器分析では、以前とは異なる編年案が提示されることになった(Alizadeh 2004: 91)。加えて、各国の調査団によるマルヴ・ダシュトの新石器時代に関する調査が再開したため、かつての東京大学の発掘調査の成果が、再び活発な議論の対象となり始めた（例えば Abdi et al. 2003; Alden et al. 2004; Alizadeh 2004; Alizadeh et al. 2004; Bernbeck 2005; Potts and Roustaei 2006）。

　このような状況の中、2000年以降、江上が発掘した考古標本の再検証が東京大学総合研究博物館で始まった(Nishiaki 2003, 2005; Mashkour 2005)。また、2003年には、日仏共同研究も開始された[1]。この共同研究により、東京大学総合研究博物館に所蔵されていたムシュキ、ジャリA・Bから出土した膨大な動物骨を研究する機会が得られた。ここでは、ムシュキとジャリBの動物遺存体に焦点を合わせ、新石器時代のマルヴ・ダシュト平原における動物資源利用の概要を、部分的とはいえ示してみたい。

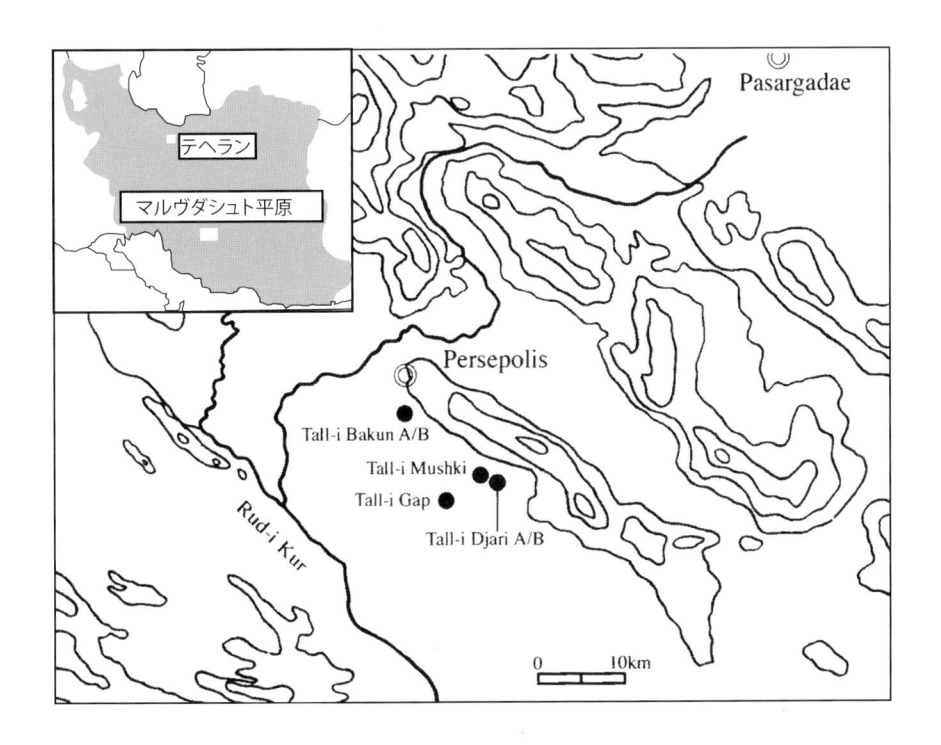

[1]　日仏交流促進事業(SAKURA)及びフランス研究担当省・外務省との共同研究（CHORUS）による。SAKURAとCHORUSは日本学術振興会（JSPS）とフランス国立科学研究センター（CNRS）による助成プログラムである。日本側代表は西秋良宏、フランス側代表はジャン＝ドニ・ヴィーニュ。

図6　東京大学調査団により発掘調査されたマルヴ・ダシュト平原の先史遺跡

新たに判明したムシュキとジャリBの層序及び年代

これまで3度にわたる標本調査期間中[2]、フランス側[3]はマルヴ・ダシュトの諸遺跡から出土したすべての動物骨の分析を行った。その際、ムシュキを中心に、ジャリB、ジャリAの一部に関しても対象とした。しかし、上述したように、編年が未確定のままであったため、放射性炭素年代測定も研究プログラムの一部とした（8標本）。年代測定はまずムシュキとジャリB出土標本を対象とした（表1、Mashkour with Bailon in press）。

ムシュキからは2つの年代が得られたが、1点は矛盾したものであった。いずれもコラーゲンを含む動物骨から得られたものである。この年代の矛盾は、コラーゲンの保存状態によるものかもしれない。一方、ジャリBの6つの年代はすべて整合性のあるものが得られた。また最近、年代測定用にムシュキの動物骨からいくつかのサンプルを抽出した。コラーゲンに拠らず、アパタイトから年代を測定するためである。同時に、東京大学側では炭化物による7つの年代測定を行った。その結果、骨から得られた年代と炭化物による年代は矛盾せず、ムシュキについてはおよそ6,400-6,200 BCという年代が得られた（Nishiaki 2007）。また、ジャリBはムシュキよりもやや新しく、複数の層位から抽出されたサンプルにより6,200-5,700 BCの間に相当する年代が得られた。また、古い発掘記録の再分析によって、ジャリ文化の標識遺跡であるジャリBの完全な層序が、発掘から半世紀近くを経てついに明らかとなっている（Nishiaki and Mashkour 2006）。

今後、様々な標本（土器、石器、動物遺存体）の総合的研究によって、マルヴ・ダシュト平原における初期農耕村落の展開が、よりよく理解されるようになるのは間違いない。

生業経済の急激な変化 ―ムシュキとジャリB

これから紹介する成果は、ムシュキ（同定標本数約1,800点）、ジャリB（約700点）、ジャリA（約200点）、バクーンA（約370点）で江上隊とアリザデ隊が発掘した動物遺存体を総合的に研究した結果得られたものである。なかでもムシュキとジャリBに重点が置かれている（図7）。また、近隣のラムジェルド平原にある先史遺跡、トーレ・バシィ（約360点）から得られた成果も、簡単ではあるが比較対象に含める（Abdi et al. 2003; Bernbeck et al. 2003; Pollock et al. in press）。トーレ・バシィは、前6〜5千年紀に位置付けられ、ジャリBと時期的に重なる部分があり、かつムシュキと共通する要素もみられる遺跡である。

Lab AA Number	LAB. Number	Sample No.	C14 AGE BP
AA56409	Z2585A	MS2	7,347 ± 71
AA56410	Z2586A	JB1	7,173 ± 71
AA56411	Z2587A	JB2	7,259 ± 74
AA56412	Z2588A	JB3	6,939 ± 72
AA56413	Z2589A	JB4	6,937 ± 80
AA56415	Z2591A	JB6	7,127 ± 69

MS=ムシュキ　　　JB=ジャリB

---

[2] 2003年1月〜3月、2005年12月、2007年3月〜4月。
[3] ジャン=ドニ・ヴィーニュ及びマルジャン・マシュクール（フランス側代表）、ウィリアム・レイノルド（ダートマス大学）、セリーナ・ベミリ、アザデ・モハセブ、ステファニー・ブレハル、ベラ・エイスマン（UMR 5197-CNRS）、ルブナ・オマル（京都大学）。

表1 動物骨標本から得られた放射性炭素年代

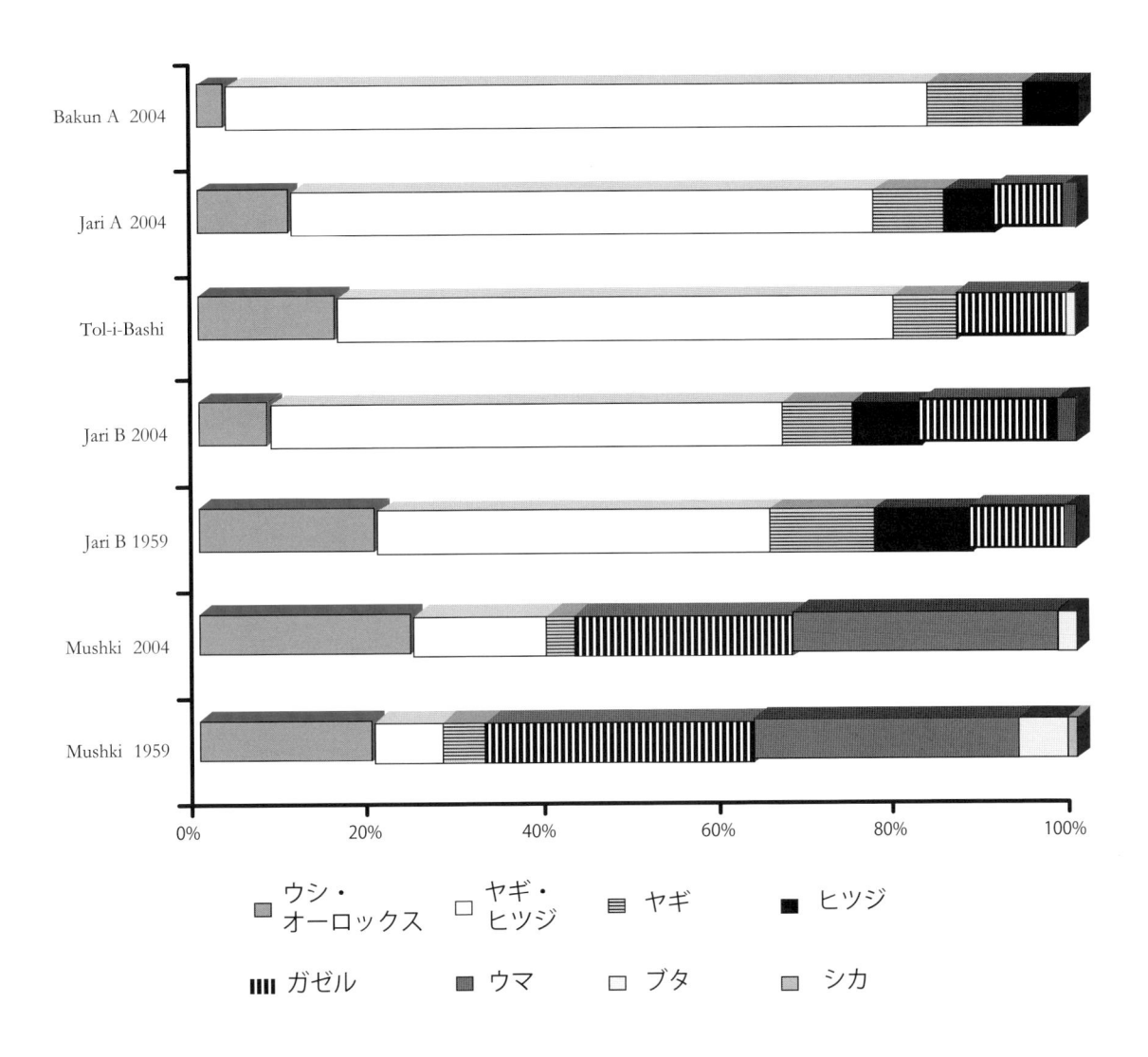

図7 マルヴ・ダシュト平原の先史遺跡における生業経済の変化

オーロックス／ウシ

ウシは上記の遺跡全てにおいて確認された。特にムシュキには大型のものが含まれる。第一指骨と第二指骨という足指の末端部分からみると、オーロックス（*Bos primigenius*）であったと判断できる。同時に、家畜化が進行していたと判断し得る痕跡もわずかながら確認された。ムシュキと比較して、ジャリB、ジャリA、及びバクーンAでは、ウシが大幅に減少する。ジャリBとジャリAを比較すると僅かに増加傾向が認められるが、これは両者のサンプル数の違いによるものと思われる。

ウマ

ウマもムシュキに多く見られる。かつて、S. ペイン（Payne 1991）は形態学に基づいた同定により、オナガー（*Equus hemionus onager*）の存在を指摘していた。しかし、小型の個体も確認されたことから、ヒュドゥルンティヌス（*Equus hydruntinus*）も存在するのではないかとの疑義も残った。ペインは特異形態の歯冠がそのような印象を与えるにすぎないと考えたが、ウマ科動物が2種類いたことは歯の遺存体のみならず頭蓋骨以外の部位においても視認し得るものである。2007年に行った動物遺存体に関する我々の最新の調査において、タル・イ・ムシュキのウマ科遺存体を再検証した。また、本当に2つの異なった種が存在するのか、あるいはオナガーの種の中での変異に過ぎないのかということを解明するための再分析も行っている。いずれにせよ、社会経済的観点からいえば、他の遺跡と比べてムシュキに多くのウマ科が存在したということは重要なことである。その割合は動物遺存体全体の25%にのぼり、ムシュキの住人にとってこの動物が重要な狩猟獣であったことを示している。

ヤギ・ヒツジ

家畜化されたヒツジやヤギの存在は、一般的に牧畜生業の指標とされている。この点については、たいへん興味深い現象がみられる。ムシュキにおいては、形態から判断して、ヤギの存在を示唆する野生種の角芯が存在する。また、体幹体肢骨のなかには大型の標本があるが、それが野生種なのか家畜化されたオスなのかは断定できない。一方、より小型のものはあきらかに家畜である。更に興味深いのは、ジャリBとジャリA、特にバクーンAと比較した場合、ムシュキではヤギの骨が低い頻度でしか存在しないという点である。このことは、ヤギはジャリB期以降に増加したことを示している。また、ヒツジがはっきりと確認できるのもジャリBにおいてである。さらにジャリAとジャリBではヒツジとヤギの比率はほぼ等しいが、後の時代であるバクーンではこの比率が1：3になる。この変遷は注意深く観察する必要がある。というのも、これは経済的変化とも考え得るし、ヤギは一般に乾燥地帯に適応しやすいという点からすれば環境変化ともとらえうるからである。この現象を確実に理解するためには、さらに多くの遺跡を調査する必要がある。

ガゼル

先史時代の西アジアにおいては、ガゼルは野生のウマ科動物（ロバ）と一緒に見つかることが多い。マルヴ・ダシュトにおいても、同様である。ガゼルはムシュキ期には多いが、ジャリBからジャリAにかけて減少する。そして、バクーンAでは確認できなくなる。

マルヴ・ダシュト平原の約5つの先史時代遺跡にかんする予備研究では、狩猟経済から牧畜経済へと向かう明瞭な傾向が、動物相の変化を伴いつつ示された。つまり、前6,200年頃、狩猟動物が急激に減少し、それが家畜動物（ウシとヤギ、あるいはヤギとヒツジ）にとってかわられる。同時に、興味深いのは、一番古いムシュキにおいてはヒツジの骨がほとんど存在しないということである。この知見は、ザグロス南部、

ひいてはイラン高原における主要種の家畜化に関する理解を新たに進展させるものと思われる。

これらのことからは、興味深い疑問が浮かび上がってくる。それは、経済面でのこのような劇的変化が、それまで継続していた文化や経済の伝統を実質的には放棄することなくして、どのように起こったのかということである。家畜に頼ったジャリAやジャリB、バクーンAの人々は、基本的に狩猟民であったムシュキの人々とどんな関係にあったのであろうか？他の考古遺物（たとえば土器や円筒形土製品）に関しては、バシィ（Bernbeck and Pollock 私信）のような、より新しい遺跡とムシュキとの間に継続性が認められる。こうした人々に根本的な経済活動である狩猟を大きく変化させ、その代わりに牧畜や農耕を選択させた要因はいったい何だったのだろうか？

ジャリB以降にみられる農耕経済の漸移的変化もまた、特筆に価する点である。ジャリBやジャリAでは主な食肉供給源はヒツジとヤギで、ウシもまた食料供給に貢献していたと考えられる。また、ムシュキ期以降、漸移的な衰退傾向にあったとはいえ、ガゼルの狩猟も依然経済活動の一環であったようだ。一方、バクーン期にまで時代が下ると、主要食肉資源は完全にヒツジとヤギで、ウシは存在するものの少数である。こうした極度に特化した生業経済は、バクーン期の諸遺跡全体の脈絡の中で追求されるべきだろう。こうした遺跡のあり方は、サムナー（Sumner 1972）が提唱したような「遺跡機能の分化」(*special function site*) を示唆しているのだろうか？

おわりに

この日仏共同研究プログラムでは、マルヴ・ダシュト平原から出土した動物遺存体やその他の遺物を研究し、当該地域における新石器化過程を明らかにすることを目的としてきた。現時点での我々の理解では、この現象は中央ザグロスよりもはるかに遅れて、前7千年紀末におこったということになる。

しかし、依然として多くの疑問が残されている。まず、ムシュキの層位には建築遺構が存在しないものが含まれていることは重要である。ムシュキの人々は、遊動型の居住システムを営んでいたということなのだろうか？彼らの生業は何だったのだろう？完全な狩猟民だったのだろうか、それとも家畜と野生動物のどちらとも利用していたのだろうか？これとは全く別な観点からの説明もあるだろう。つまり、ムシュキの人々は狩猟採集民の生き残りであって、近隣の定住民との交換を営んでいたのかも知れない（西秋 2006）。

これまでの研究によって、ムシュキとジャリBという相前後する二つの新石器時代遺跡における生業活動パターンの推移を、後続する南西イランの銅石器時代や青銅器時代の遺跡とも比較しつつ、通時的に推察できるようになった。南西イランでは新たな調査が現在進行中とはいうものの、東京大学のかつての発掘調査は最大規模のものであって、そこで得られた動物骨やその他の標本は、なお大きな学術的価値をもっている。これら新旧のデータを総合的に分析することによって、当該地域の先史経済と居住パターンに関する理解はより深まるものと思われる。

（有松　唯訳）

謝辞

本研究は日本学術振興会（JSPS）とフランス国立科学研究センター（CNRS）によるSAKURA/CHORUSプログラム及び文部科学省の助成をうけて実施された。

引用文献

西秋良宏 (2006)「ムシュキとジャリ ―イラン南西部、マルヴダシュト平原の新石器化に関する諸問題―」藤本強(編)『生業の考古学』同成社、292-345 頁。

堀 晄・前田昭代 (1984)「マルヴ・ダシュト平原の先史文化」『オリエント』27 巻 1 号、54-75 頁。

前田昭代 (1986)「ジャリ B 出土の彩文土器 ―その分類と変遷―」『古代オリエント博物館紀要』8 号、45-86 頁。

Adbi, K., S. Pollock and R. Bernbeck (2003) Fars archaeology project 2003. *Iran* 41: 339-44.

Alizadeh, A. (2004) Recent archaeological investigations on the Persepolis plain. *Oriental Institute News & Notes* 183 (Fall): 1-7.

Alizadeh, A., M. Zeidi, A. Askari, L. Niakan and A. Atabaki (2004) Excavations at Tall-e Bakun A and B, Jari A and B, and Mushki: reconstruction of the prehistoric environments in Marv Dasht. *Oriental Institute Annual Report* 2003-2004: 94-106.

Arbuckle, B. S. (2005) Experimental animal domestication and its application to the study of animal exploitation in prehistory. In: J.-D. Vigne, D. Helmer and J. Peters (eds.), pp.18-33.

Balasse, M., H. Bocherens, A. Tresset, A. Mariotti, and J.-D. Vigne (1997) Émergence de la production laitière au Néolithique? Contribution de l'analyse isotopique d'ossements de bovins archéologiques. *Compte Rendu de l'Académie des Sciences. Série 2. Sciences de la terre et des planètes* 325: 1005-1010.

Balasse, M. and A. Tresset (2002) Early weaning of Neolithic domestic cattle (Bercy, France) revealed by intra-tooth variation in nitrogen isotope ratios. *Journal of Archaeological Science* 29: 853-859.

Balasse, M., A. Tresset and H. Ambrose (2006) Stable isotope evidence ($\delta^{13}C$, $\delta^{18}O$) for winter feeding on seaweed by Neolithic sheep of Scotland. *Journal of Zoology* 270(1): 170-176.

Balasse, M., A. Tresset, H. Bocherens, A. Mariotti, and J.-D. Vigne (2000) Un abattage "post-lactation" sur des bovins domestiques néolithiques. Etude isotopique des restes osseux du site de Bercy (Paris, France). *Journal of Mountain Ecology 5/Anthropozoologica* 31: 39-48.

Balasse, M., A. Tresset, K. Dobney and S. Ambrose (2005) Investigating seaweed grazing from tooth ena ratio: an exploratory study on the North Ronaldsay sheep (Orkney, Scotland). *Journal of Zoology* 266: 283-291.

Bernbeck, R, S. Pollock and K. Abdi (2003) Reconsidering the Neolithic at Toll-e Bashi (Iran). *Near Eastern Archaeology* 66 (1-2): 76-78.

Bocquet-Appel, J.-P. (2002) Paleoanthropological traces of Neolithic demographic transition. *Current Anthropology* 43: 637-650.

Bocquet-Appel, J.-P and S. Naji (2006) Testing the hypothesis of a worldwide Neolithic demographic transition. Corroboration from American cemeteries (with comments). *Current Anthropology* 47: 341-365.

Bollongino R., C. J. Edwards, J. Burger, K. W. Altand D. G. Bradley (2005) Early history of European domestic cattle as revealed by ancient DNA. *Biology Letters* 2(1): 155-159.

Braidwood, R. J. (1952) *The Near East and the foundations for civilization: an essay in appraisal of the general evidence.* Oregon: Oregon State System of Higher Education.

Braidwood, R. J. (1961) The Iranian prehistoric project, 1959-60. *Iranica Antiqua* 1: 3-7.

Cauvin, J. (2000) *The birth of the gods and the beginnings of agriculture.* Cambridge: Cambridge University Press.

Copley, M. S., R. Berstan, S. N. Dudd, G. Docherty, A. J. Mukherjee, V. Straker, S. Payne and R. P. Evershed (2003) Direct chemical evidence for widespread dairying in prehistoric Britain. *Proceedings of National Academy of Sciences* 100(4): 1524-1529.

Craig, O. E., J. Chapman, C. Heron, L. H. Willis, L. Bartosiewocz, G. Taylor, A. Whittle and M. Collins (2005) Did the first farmers of central and eastern Europe produce dairy foods? *Antiquity* 79: 882-894.

Cucchi, T. and J.-D. Vigne (2006) Origin and diffusion of the house mouse in the Mediterranean. *Human Evolution* 21(2): 95-106.

Davis, S. J. M. (1987) *The archaeology of animals.* London: B. T. Batsford.

Dudd, S. N. and R. P. Evershed (1998) Direct demonstration of milk as an element of archaeological economies. *Science* 282: 1478-1481.

Edwards, C. J., D. E. MacHugh, K. M. Dobney, L. Martin, L. N. Russel, L. K. Horwitz, S. K. McIntosh, K. C. MacDonald, D. Helmer, A, Tresset, J.-D. Vigne and D. G. Bradley (2003) Ancient DNA analysis of 101 cattle remains: limits and prospects. *Journal of Archaeological Science* 31: 695-710.

Egami, N. (1967) Excavations at two prehistoric sites, Tape Djari A and B in the Marv Dasht Basin. In: U. Pope (ed.), *Survey of Persian art, from prehistoric times to the present.* Shiraz: Asia Institute of Pahlavi University, pp.2936-2939.

Egami, N., S. Masuda and T. Gotoh (1977) Tal-i-Jarri A: a preliminary report of the excavation in Marv Dasht, 1961 and 1971. *Orient* 13: 1-14.

Ervynck, A., K, Dobney, H, Hongo and R. H. Meadow (2002) Born free? New evidence for the status of *Sus scrofa* at Neolithic Çayönü Tepesi (southeastern Anatolia, Turkey). *Paléorient* 27(2): 47-73.

Fernández, H., S. Hughes, J.-D. Vigne, D. Helmer, G. Hodgins, C. Miquel, C. Hanni, G. Luikart and P. Taberlet (2006) Divergent mtDNA lineages of goat in an early

Neolithic site, far from the initial domestication areas. *Proceedings of National Academy of Sciences* 103(42): 15375-15379.

Fukai, S., K. Horiuchi and T. Matsutani (1973) *Marv-Dasht III. The excavation at Tal-i-Mushki, 1965*. The Tokyo University Iraq-Iran Archaeological Expedition, Report 14. Tokyo: The Institute of Oriental Culture, The University of Tokyo.

Greenfield, H. J. (1988) The origin of milk and wool production in the Old World: a zooarchaeological perspective from the Central Balkans. *Current Anthropology* 29(4): 573-593.

Greenfield, H. J. (2005) A reconsideration of the secondary products revolution in south-eastern Europe: on the origins and use of domestic animal milk, wool, and traction in the central Balkans. In: J. Mulville and A. Outram (eds), *The zooarchaeology of fats, oils, milk and dairying*. Oxford: Oxbow Books, pp.14-31.

Guilaine, J. (2003) *De la vague à la tombe. La conquête Néolithique de la Méditerranée (8000-2000 avant J.-C.)* Paris: Seuil.

Guilaine, J. (ed.) (2001) *Communautés villageoises du VIIIe au IIIe millénaire du Proche-orient à l'Atlantique (8000-2000 avant J.-C.)*. Paris: Errance.

Harris, D. R. (ed.) (1996) *The origins and spread of agriculture and pastoralism in Eurasia*. Washington D.C.: Smithsonian Institution Press.

Helmer, D. and J.-D. Vigne (2004) La gestion des cheptels de caprinés au Néolithique dans le Midi de la France. In: P. Bodu and C. Constantin (eds.), *Congrès Préhistorique Français, Nanterre*, 24-26 Nov. 2000. Paris: Société Préhistorique Française Éditions, pp.397-407.

Helmer D. and J, -D. Vigne (in press) Are the 'secondary products' all secondary, especially for the birth of old world bovid domestication? *Anthropozoologica*.

Helmer, D., L. Gourichon, H. Monchot, J. Peters and M. Sana Segui (2005) Identifying early domestic cattle from Pre-Pottery Neolithic sites on the Middle Euphrates using sexual dimorphism. In: J.-D. Vigne, J. Peters and D. Helmer (eds.), pp.86-95.

Helmer, D., L. Gourichon and D. Stordeur (2004) A l'aube de la domestication animale. Imaginaire et symbolisme animal dans les premières sociétés néolithiques du nord du Proche-orient. *Anthropozoologica* 39(1): 143-164.

Hole, F. (1987) Settlement and society in the village period. In: F. Hole (ed.), *The archaeology of western Iran: settlement and society from prehistory to the Islamic conquest*. Washington D.C./London: Smithsonian Institution Press, pp.79-105.

Hole, F. (1996) The context of caprine domestication in the Zagros region. In: D. R. Harris (ed.), pp.263-281.

Larson G., K. Dobney, A. U. Albarella, M. Fang, E. Matisoo-Smith, J. Robins, S. Lowden, H. Finlayson, T. Brand, E. Willerslev, P. Rowley-Conwy, L. Andersson and A. Cooper (2005) Worldwide phylogeography of wild boar reveals multiple centers of pig domestication. *Science* 307: 1618-1621.

Legge, A.J. (1972) Prehistoric exploitation of the gazelle in Palestine. In: E. S. Higgs (ed.), *Papers in economic prehistory*. Cambridge: Cambridge University Press, pp.119-124.

Lesur, J., J. Gasco, A. Tresset and J.-D. Vigne (2001) Un approvisionnement chasséen caussenard exclusivement fondé sur la chasse ? La faune de Roucadour (Lot). *Préhistoire du Sud-Ouest* 8: 71-90.

Lichardus, J. and M. Lichardus-Itten (1985) *La protohistoire de l'Europe. Le Néolithique et le Chalcolithique*. Paris: Presses Universitaires de France (Nouvelle Clio).

Mashkour, M. (2005) New archaeozoological research in Iran: programs, projects and comments on the Neolithic fauna from the Marv Dasht plain. Paper presented at the CHORUS Seminar on *Marv Dasht revisited: the Neolithic archaeology of southwest Iran*. 20 December, Tokyo: The University Museum, The University of Tokyo.

Mashkour, M. with S. Bailon (in press). Animal remains from Tol-e-Bashi (Ramjerd plain, Fars), a Late Neolithic / Chalcolithic settlement in south-west Iran. In: S. Pollock, R. Bernbeck and K. Abdi (eds). *Excavation at Tol-e-Bashi (2003), Fars-Iran*.

Mashkour, M. with A. Mohaseb and K. Debue (2006) Towards a specialized subsistence economy in the Marvdasht plain: preliminary zooarchaeological analysis of Mushki, Jari B, Jari A and Bakun A and B. In: A. Alizadeh with contributions of M. Kimiaie, M. Mashkour and N. Miller, *The Origins of State Organizations in Prehistoric Highland Fars: excavations at Tall-e Bakun*. Oriental Institute Publications 128. Chicago: The Oriental Institute of the University of Chicago, pp.101-105.

Mashkour, M., A. Mohaseb, J.-D. Vigne and Y. Nishiaki (2006) The Neolithic settlement in the Marvdasht plain, southwest Iran. Paper presented at *Archaeozoology of SouthWest Asia and adjacent areas (ASWA) conference*, 28 june-1 July, Lyon, France.

Meadow, R. H. (1989) Osteological evidence for the process of animal domestication. In : J. Clutton-brock (ed.), *The walking larder: patterns of domestication, pastoralism and predation*. One World Archaeology 2. London: Unwin Hyman, pp.80-90.

Nishiaki, Y. (2003) *Catalogue of the archaeological materials in the department of archaeology of western Asia, part 6: prehistoric pottery from the Marv Dast plain, Iran*.

The University Museum, The University of Tokyo Material Reports 51. Tokyo: The University Museum, The University of Tokyo.
Nishiaki, Y. (2005) Jari B and Mushki: problems on the Neolithic chronology of the Marv Dasht plain. Paper presented at the CHORUS Seminar on *Marv Dasht revisited: the Neolithic archaeology of southwest Iran.* 20 December, Tokyo, The University Museum, The University of Tokyo.
Nishiaki, Y. (2007) Chronology of the Neolithic sites excavated by the University of Tokyo mission in Marv Dasht plain, Southwest Iran. Paper presented at *the Iranian Metallurgy Workshop,* Nottingham: Nottingham University, September 19-20, 2007.
Nishiaki, Y. and M. Mashkour (2006) The stratigraphy of the Neolithic site of Jari B, Marv Dasht, Southwest Iran. *Orient Express* 2006/3: 77-81.
Payne, S. (1991) Early Holocene equids from Tal-i-Mushki (Iran) and Can Hassan III (Turkey). In: R. H. Meadow and H.-P. Uerpmann (eds.), *Equids in the ancient world, vol. II.* Wiesbaden: Dr. Ludwig Reichert Verlag, pp.132-177.
Peters, J., D. Helmer, A. Von den Driesch and M. Saña Segui (1999) Early animal husbandry in the Northern Levant. *Paléorient* 25(2): 27-47.
Peters, J. and K. Schmidt (2004) Animal and the symbolic world of Pre-Pottery Neolithic Göbekli Tepe, southeastern Turkey: preliminary assessment. *Anthropozoologica* 39(1): 179-218.
Peters, J., A. Von den Driesch and D. Helmer (2005) The upper Euphrates-Tigris basin: cradle of agropastoralism? In: J.-D. Vigne, J. Peters and D. Helmer (eds.), pp.96-124.
Potts, D. and K. Roustaie (2006) *The Mamasani archaeological project, stage one: a report on the first two seasons of the ICAR-University of Sydney expedition to the Mamasani district, Fars province, Iran.* Tehran: Iranian Center for Archaeological Research.
Roustaei, K. and D. T. Potts (2004) Gozareshi mokhtesar-e pazhuheshhaye meydani hey'at-e moshtarak-e pazhuheshkadehye bastanshenasi va daneshgah-e Sidney. *Gozaresh-e Bastanshenassi* 2: 9-26.
Ruas, M. -P. and J.-D. Vigne (2005) Agriculture et élevage par monts et par vaux : quelle lecture archéologique. *Anthropozoologica* 40(1): 274.
Savolainen, P., Y. Zhang, J. Luo, J. Lundeberg and T. Leitner (2002) Genetic evidence for an East Asian origin of domestic dogs. *Science* 298: 1610-1613.
Sherratt, A. (1981) Plough and pastoralism: aspects of the secondary products revolution. In: I. Hodder, G. Isaac and N. Hammond (eds.), *Pattern of the past: studies in honour of David Clarke.* Cambridge: Cambridge University Press, pp.261-305.
Sherratt, A. (1983) The secondary exploitation of animals in the old world. *World Archaeology* 15(1): 90-104.
Stordeur, D. (2000) *El Kowm 2. Une île dans le désert. La fin du Néolithique précéramique dans la steppe syrienne.* Paris: CNRS éditions.
Stuiver, M. and P. J. Reimer (1993) Radiocarbon calibration programme rev. 3.0.3. *Radiocarbon* 35: 215-230.
Sumner, W. M. (1972) *Cultural development in the Kur river basin, Iran: an archaeological analysis of settlement patterns.* PhD Thesis, Philadelphia.
Troy, C. S., D. E. MacHugh, J. F. Bailey, D. A. Magee, R. T. Loftus, P. Cunningham, A. T. Chamberlain, B. C. Sykes and D. G. Bradley (2001) Genetic evidence for Near-Eastern origins of European cattle. *Nature* 410: 1088-1091.
Vanden Berghe, L. (1952) Archaeologische opzoekingen in der Marv Dasht Vlakte (Iran). *Jaarberichte Ex Oriente Lux* 12: 211-220.
Vigne, J.-D. (1993) Domestication ou appropriation pour la chasse: histoire d'un choix socio-culturel depuis le Néolithique. L'exemple des cerfs (Cervus). In: J. Desse and F. Audoin-Rouzeau (eds.) *Exploitation des animaux sauvages à travers le temps (Actes des XIIIe rencontres internationales d'archéologie et d' histoire d'Antibes, 15-17 October).* Antibes: APDCA éditions, pp.201-220.
Vigne, J.-D. (1998) Faciès culturels et sous-système technique de l'acquisition des ressources animales. Application au Néolithique ancien méditerranéen. In: A. D'Anna and D. Binder (eds), *Production et identité culturelle. Actualité de la recherche (Actes 2e Rencontres méridionales de Préhistoire récente, Arles, 8-9 November, 1996).* Antibes: APDCA, pp.27-45.
Vigne, J.-D. (2000) Les débuts néolithiques de l' élevage des ongulés au Proche Orient et en Méditerranée: acquis récents et questions. In: J. Guilaine (ed.), *Premiers paysans du monde. Naissance des agricultures.* Paris: Errance, pp.143-168.
Vigne, J.-D. (2003) L'exploitation des animaux à Torre Sabea. Nouvelles analyses sur les débuts de l'élevage en Méditerranée centrale et occidentale. In: J. Guilaine and G. Cremonesi (eds.), *Torre Sabea, un établissement du Néolithique ancien en Salento.* Collection de l'Ecole Française de Rome 315. Rome: Ecole Française, pp.325-359.
Vigne, J.-D. (2004) *Les débuts de l'élevage.* Paris: Le Pommier/ Cité des sciences et de l'industrie.
Vigne, J.-D. (2005) L'humérus de chien magdalénien de Erralla (Gipuzkoa, Espagne) et la domestication tardiglaciaire du loup en Europe. *Munibe (Antropologia Arkeologia)* 57(1): 279-287.
Vigne, J.-D. (2006) Maîtrise et usages de l'élevage et des

animaux domestiques au Néolithique: quelques illustrations au Proche-Orient et en Europe. In: J. Guilaine, *Populations néolithiques et environnements*. Paris: Errance, pp.87-114.

Vigne, J.-D., I. Carrére and J. Guilaine (2003) Unstable status of early domestic ungulates in the Near East : the example of Shillourokambos (Cyprus, IXth-VIIIth millennia cal. B.C.). In: J. Guilaine et A. Le Brun (eds.), *Le Néolithique de Chypre (Actes du colloque international, Nicosie, 17-19 may 2001)*. Bulletin de Correspondance Hellénique, supplément 43. Athens: Ecole Francaise d'Athenes, pp.239-251.

Vigne, J.-D., I. Carrére, J.-F. Saliége, A. Person, H.Bocherens, J. Guilaine and F. Briois (2000) Predomestic cattle, sheep, goat and pig during the late 9th and the 8th millenniun cal. BC on Cyprus: preliminary results of Shillourokambos (Perkklisha, Limassol). In: M. Mashkour, A.M. Choyke, H. Buitenhuis, and F. Poplin (eds.), *Archaeozoology of the Near East IV: proceedings of the 4th international symposium on the Archaeozoology of SouthWestern Asia and adjacent areas (ASWA), Paris, June 1998*. Groningen: Archaeological Research and Consultancy (Publicaties 32), pp.52-75.

Vigne, J.-D. and T. Cucchi (2005) Premières navigations au Proche-Orient : les informations indirectes de Chypre. *Paléorient* 31(1): 186-194.

Vigne, J.-D. and J. Guilaine (2004) Les premiers animaux de compagnie 8500 ans avant notre ère ?... ou comment j'ai mangé mon chat, mon chien et mon renard. *Anthropozoologica* 39(1): 249-273.

Vigne, J.-D., J. Guilaine, K. Debue, L. Haye and P. Gérard (2004) Early taming of the cat in Cyprus. *Science* 304: 259.

Vigne, J.-D. and D. Helmer (1999) Nouvelles analyses sur les débuts de l'élevage dans le Centre et l'Ouest méditerranéens. In: *Le Néolithique du Nord-Ouest Méditerranéen (Actes XXIVe Congres Préhistorique Français, Carcassonne, 26-30 September 1994)*, pp.129-146.

Vigne, J.-D., D. Helmer and J. Peters (eds.) (2005) *First steps of animal domestication: new archaeozoological approaches*. Oxford: Oxbow Books.

Zeder, M. (2005) A view from the Zagros: new perspectives on livestock domestication in the fertile crescent. In: J.-D. Vigne, J. Peters and D. Helmer, (eds.) (2005) pp.125-146.

Zohary, D, E. Tchernov and L. Kolska Horwitz (1998) The role of unconscious selection in the domestication of sheep and goat. *Journal of Zoology* 245: 129-135.

羊毛のドメスティケーション
ウールの発達と紡錘車

須藤寛史

はじめに

　現代人の生活において、繊維はもはやなくてはならない原料となっている。衣料、インテリアや縄、網など身近に目に付くものはいうまでもないが、先端技術を駆使した化学繊維は、航空・宇宙材料、電子製品、プラスチック製品、土木・建築の補強材といった産業用資材、さらにはIT技術にも利用されるなど、その用途を広げている（本宮ほか2002）。

　繊維の利用は先史時代にまでさかのぼることができる。ところが西アジアのみならず、各地の先史時代の繊維利用を探ることは、考古学においてもっとも困難な作業のひとつである。まず、繊維および繊維製品そのものが発見されることは非常にまれだ。また繊維製品の生産・加工に使われる道具はしばしば、あたりに転がっている石ころや木片を場当たり的に利用することも多く、仮に発掘で採集されたとしても繊維利用に関係するものなのか判断が難しいものが多い。またそれと気がつかずに記録されないものはさらに多いだろう。とはいえ、考古学者も黙って手をこまねいているばかりではない。限られた資料をさまざまな角度から研究し、繊維利用の歴史に迫ろうとしている。本稿では繊維、特に羊毛がどのように人類に身近な資源となったのか、すなわちドメスティケーションされたのか、その過程を探っていこう。

繊維利用の起源
紡績糸のはじまり

　紐の利用は後期旧石器時代には知られていたようだ。それはこの時期に出現する茎部のある尖頭器、小さな穴の開いた針やビーズなどから推測できる。紐で柄に縛りつけたり、穴に細い紐を通したりしたのだろう。また、フランス、レスピューグ（Lespugue）で発見された前20,000年ころのヴィーナス像には、撚りを加えた糸で編んだスカートが表現されているという（Barber 1991: 40）。さらに同じくフランスのラスコー洞窟では前15,000年頃のロープが発見されている。植物繊維を紡いだ糸を2本撚り合わせ、それをさらに3本撚り合わせたものであった。実際の繊維製品、それも撚りをかけた糸が残っていた最古の例である。このように細かい繊維を撚り合わせて作った糸の出現は、人類の繊維利用にとって画期的なことである。紐として利用できる天然素材には、消化管や腱などの動物の身体の紐状の組織や植物の茎、葉、樹皮などがある。これらはすぐに紐として利用できるが、長さに限度があり、加工の範囲も限られている。一方植物の篩部（養分が移動する通路）や動物の毛など、一つ一つは短く弱いが、これらを束ね、撚り合せると、強く柔軟性のある糸を自由な太さで無限に作り出すことが出来る。このような糸を紡績糸と呼ぶが、その出現により多様な織物、編み物の生産が可能となり、繊維の用途は格段に広がったのだ（Barber 1991: 9）。紡績糸の始まりは繊維のドメスティケーションと呼んでもいいのかもしれない。

西アジア先史時代における繊維
亜麻と羊毛

　先史時代の西アジアおよび旧大陸では亜麻と羊毛が主な繊維の原料であった（Barber 1991: Fig. 1.8）。亜麻は現在でも、植物性の繊維としては綿に次いでよく利用されている繊維原料である。亜麻を原料とする織物をリネンあるいはリンネルと呼ぶが、こちらのほうが馴染み深いかもしれない。亜麻の種子の遺存体は新石器時代以降、銅石器時代にかけて西アジア全域でたびたび発見されている。ただし繊維だけでなく油の原料としても利用されていたので、種子が確認されたからといって直ちに繊維利用に結びつけることはできない。繊維として利用された最古の証拠は前7千年紀、先土器新石器時代B（PPNB）期に遡る。イスラエルのナハル・ヘマルという祭祀遺跡で多数の縄

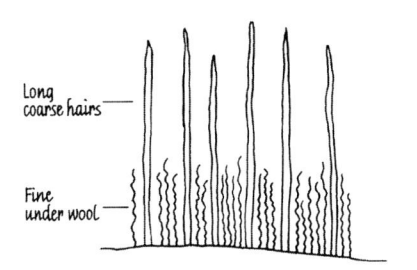

や編み物が発見され、亜麻を原料としていたことが分かった（Schick 1988）。以降、前3千年紀までは西アジアで主要な繊維原料であった。亜麻を繊維として利用するにはとても手間がかかる（Barber 1991: 13-15; McCorriston 1997: 522-523）。まず亜麻を栽培し、収穫しなければならない。その後、葉や種子を削ぎ落とす。残った茎を1・2週間水に浸し硬い木質部を腐敗させる。水から取り上げ、数日乾燥させる。乾いた繊維を今度は木の棒などで叩き、残った不要部分を砕き取り除く作業を何度か繰り返す。こうして抽出した篩部を最後に梳きほぐし、ようやく繊維原料となる。多数の工程を経る作業である。木質部を砕くための木の棒と、梳きほぐしに用いられたと思われる植物のとげを多数埋め込んだ木製の板がスイスの新石器時代遺跡で発見されている（Barber 1991: Fig. 1.2）。これらは、考古遺物としては特殊な条件でしか発見されない。こうして得られた繊維は非常に長く（1m以上になる）、表面がなめらかで光沢があり、巻縮が少ない。したがって後述のウールより紡ぎ合わせにくく、染色しにくいが、亜麻糸で織ったリネンは通気性もよく肌触りがよいのは周知のとおりである。古代エジプトでは衣類やミイラをくるむ布として長い間盛んに生産・利用された。

　一方羊毛であるが、今日では羊毛および羊毛製品全般をウール（wool）と呼ぶことが一般的である。しかしウールは本来、動物の柔らかく細い下毛を指す言葉である（Ryder 1993; Barber 1991: 22）。これをフリース（fleece）ともいう。ヒツジ・ヤギの身体を覆う毛は、太さや柔軟性の異なる3種類の繊維で構成されている（図1）（Barber 1991: 21; Ryder 1993: 10）。死毛（kemp）は枯死した不良羊毛で、太く柔軟性が無いため紡績や染色には適さない。獣毛（hair）は死毛より細く比較的利用しやすいが、範囲は限られる。野生ヒツジの体毛はこうした粗い毛が長く発達していた。初期の家畜種においても同様であったと考えられる。ウールは本来獣毛・死毛より短かったため、野生および家畜化初期の段階では、生えかわりの季節以外表面に現れることはなかった。ウールは前二者に比べ一段と細く、柔軟性・伸縮性・巻縮度に富み、表面が鱗状に毛羽立っている。したがって個々の繊維は短い（数センチ）が相互に絡みやすい特性を持つ（Barber 1991: 20）。そのためフェルトや紡績糸（毛糸）の原料として最適の繊維となる。現在牧場で見られるフカフカのヒツジは、死毛や獣毛を少なくし、ウールをよく発達させるために改良された品種なのである。羊毛を繊維原料として利用するのは亜麻に比べて大分少ない工程で済む（McCorriston 1997: 522-523）。まずはヒツジを飼育し、毛を刈り取る。現在は金属製の大きな毛刈バサミで刈り取っているが（Wulff 1966; Watson 1979; Ochsenschlager 1993）、これが導入されたのは鉄器時代以降のことであった。ライダーは、金属が実用化されたことの他に、この頃になってウールを発達させた品種のヒツジが確立し、毛の自然脱落性が失われ、恒常的にウールが身体を覆うようになったことを、毛刈バサミ導入の理由として挙げている（Ryder 1993: 14）。後述するように青銅器時代以前にもウール・タイプのヒツジは成立していたようだが、その頃の毛刈は春の生え変わりの季節に摘み取っていたものと思われる。そうすることで死毛や獣毛の混入を防ぐという利点がある（Barber 1991: 29）。土器新石器時代から銅石器時代にかけて、平たい半円形の特徴的な石器が見られる。タビュラー・スクレイパーと呼ばれるこの石器は動物の解体用ナイフ（Rosen 1997: 74-75）や毛の摘み取り具（Henry 1995: 372-373; 安倍 2002）などの機能が想定されている。摘み（刈り）取られたウールは汚れや脂分を取り除くために水洗いされる。摘み（刈り）取る前に、川でヒツジごと洗ってしまう例も民族誌で知られている（Ochsenschlager 1993）。あとは乾いたウールを櫛で整え、残ったゴミを取り除けばいつでも加工できる状態になる。

図1　羊毛の構成（Ryder 1993: Fig.2）

ウールのドメスティケーション

　ところでヒツジやヤギが家畜化されたのは前7千年ころとされている。動物の家畜化は肉資源を安定して調達するというのが当初の目的であり、毛やミルク、あるいは使役動物としての利用、すなわち二次産物（secondary production）利用は家畜化されてから数千年経た前5千年紀以降に開発されたと言われている(Sherratt 1981, 1983)。一方、これら二次産物のほうが家畜化の本来の目的だったのではないかという意見もある。ヒツジやヤギは多産な動物ではなく、年1・2頭しか子供を生まない。したがって初期段階の家畜化は肉資源の確保という目的には不十分であったというのだ（三宅1996, 1999）。毛やミルクなど家畜を殺さなくても再生産される資源は家畜化以前から認識されていたことは充分想定できるので、その利用が従来考えられていたよりも遡る可能性はある。前6千年紀後半のトルコで器壁に多数の孔が穿たれた土器が見られる。三宅はこれをチーズ製造の過程で水分（乳漿）を分離させるための容器ではないかと注目している（三宅1996）。もしそうだとすると、少なくとも前6千年紀後半には乳製品の加工が行われていたことになる。

　毛の利用についてはその証拠が確実になるのは前5千年紀、銅石器時代以降である。ヒツジ・ヤギのミルクや毛利用の開始を探るには、動物考古学の果たす役割が大きい。動物考古学とは遺跡から出土した骨を一片一片観察し、動物の種類や骨の部位、性別、屠られた季節などを同定し、統計的な分析から当時の動物資源の利用方法を研究する分野である。ミルク・毛利用については、試料の年齢構成、ヒツジ：ヤギの比率が主な基準となる。ペインは家畜利用の目的を肉、乳、毛の3種に設定し、それぞれの家畜の群れにおける理想的な年齢構成をモデルとして提示した(Payne 1973)。それによると毛やミルク利用を目的とする群れでは、雄も雌も成獣が多くなる。特に毛利用に関しては去勢された雄が存在する。去勢雄ヒツジからは良質のウールが豊富に得られるからである。肉、乳利用を目的とする場合、去勢雄は見られないので毛利用の重要な基準となる(Barber 1991: 26-27, Table 1.1)。ただし考古学的に去勢オスの存在を確認することは難しい。またヤギはウールを発達させなかったので、毛利用の場合ヤギよりヒツジの割合が高くなることも基準となる(Redding 1984)。ちなみに肉利用を目的とする群れでは柔らかい肉の採れる仔羊（ラム）か、たくさんの肉が採れる若い成獣の比率が高いとされている。イランのケルマーンシャーやフジスターンにおける動物骨の分析によると、羊毛の利用が重要性を帯びるのは前5千年紀、銅石器時代からであるという結果が示されている(Davis 1984, 1993; Greenfield 1998)。これが直ちに毛利用の開始時期を示すというわけではない。おそらくそれ以前から徐々に二次産物への需要が高まってきたのだろう。前4千年紀には羊毛利用の傾向が強く表れた動物遺存体の統計データが各地で頻繁に見られるようになる (McCorriston 1997: 521)。

　ところで家畜化開始期以降、ウールの有用性はどれほど認識されていたのだろうか。先述の通り、野生あるいは家畜化初期段階のヒツジでは、繊維原料として便利なウールは、死毛や獣毛の下に隠れており、生え変わりの時期にしか表面に現れなかった。したがってヒツジの家畜化が始まった新石器時代の人々は、柔らかなウールを目にする機会が少なく、繊維原料としての利用度が低かった可能性がある。現在見られるような体毛がすべてウール状の柔らかい毛に発達したヒツジをウール・タイプのヒツジと呼ぶが、その最古の証拠としてよく引き合いに出されるのがイラン西部のテペ・サラブ遺跡で出土した前5,000年頃の動物土偶である。胴体にV字の刻文が連続して刻まれており、ウール特有の縮毛を表現しているとされる(Ryder 1993: Fig. 4)。しかしこれだけでは証拠として不十分だ。ライダーが示したモデルでは、青銅器時代に獣毛あるいは死毛が細くなった品種が出現し、鉄器時代に

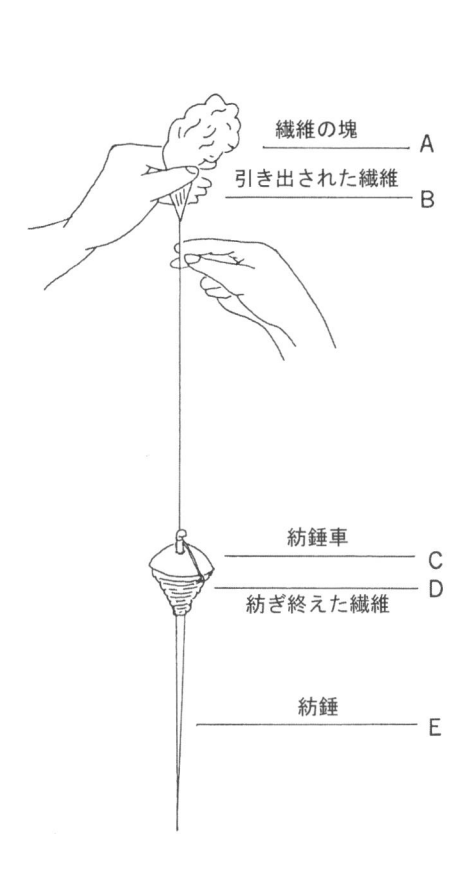

図3

なってようやくウール・タイプのヒツジが出現するという(Ryder 1993: Fig. 3)。西アジアでは前4千年紀末頃から文字が使用され始めるが、前3000年頃の粘土板文書にウール・タイプのヒツジが明確に区別されている(Green 1980)。青銅器時代には意図的にウール・タイプのヒツジを利用していたことがわかる。

現在のところ前5,000年を遡るウール利用の明確な証拠はない。それ以前にウールがまったく利用されていなかったことを意味するわけではないが、前5,000年以降、特に前4千年紀以降ウール利用の証拠が増えることは、ライダーのモデルのようにウール・タイプのヒツジが徐々に発達していった様相を反映しているのではないだろうか。前3,000年頃に文字記録としてウール・タイプのヒツジが記述されているということは、前4千年紀にはそれがかなり普及していたと考えてよいだろう。前2千年紀の粘土板文書には、ウール製品がメソポタミアの重要な輸出品であったことが記されている。アルガゼはそのような状況が前4千年紀、ウルク文化の拡散現象においてもありえたと主張している(Algaze 1993)。では、それ以前、前5千年紀においてはどのような状況であったのだろうか。

紡錘車

筆者はかつてシリアとイラクの前5千年紀の遺跡から出土した紡錘車を分析し、当時の繊維利用について検討した(須藤2004; Sudo 2003, 2006)。紡錘車は細かい繊維を撚り合わせて糸に紡ぐ道具の一部である。先史時代の繊維加工を示す数少ない証拠のひとつである。現代では木製のものがよく見られるが、先史遺跡からは土製・石製のものが多く出土する。

繊維を紡ぐのに最も単純な方法は、片手で原料となる繊維の塊を掴み、もう一方の手でその塊から適当な量の繊維を引き出し、指先でねじったり膝の上で転がすというものである。さらに効率を上げるのは、紡錘車を取り付けた紡錘を空中にぶら下げ回転を与え、その重みと回転で繊維を塊から引き出すと同時に撚りを加える吊下げ紡ぎ(drop-spinning)という方法である(図2, 3)。このとき、紡錘に繊維を引き出す重さを与

図2 吊下げ紡ぎ (Keith 1998: Fig. 3 を改変)
図3 シリア、セクル・アル・アヘイマル村での糸紡ぎ

Period		KSL A	KSL B	Thalathat II
ウルク中期 Middle Uruk	後半 late		Level 1 Level 2	Levels I-VIIa
	前半 early		Level 3 Level 4	
ポスト・ウバイド／ガウラ期 Post Ubaid/Gawra			Level 5 Level 6	
ウバイド終末期 Terminal Ubaid		Level 1 Level 2 Level 3	Level 7	
北方ウバイド後期 Late Northern Ubaid	後半 late	Level 4 Level 5 Level 6		Levels VIIb-XIII
	前半 early	Level 7 Level 8 Level 9		
北方ウバイド前期 Early Northern Ubaid	後半 late	Level 10 Level 11 Level 12		Level XIV
ハラフ期? Halaf	前半 early	Level 13 Level 14 Level 15 Level 16 Level 17		
土器新石器時代 Pottery Neolithic		Level 18	Level 8	

表1 コサック・シャマリとテル・サラサートⅡ号丘、層位と時期区分

え、紡錘の回転を安定・持続させるのが、紡錘車である。紡ぎだす糸の太さ、撚りをかける繊維原料の質(長さ、太さ、硬さ、強度、絡みやすさ)によって適切な紡錘車の重さが異なる。柔らかい繊維から細い糸を紡ぐのに重い紡錘車を使うと、繊維同士が絡み合う前に分断されてしまう。逆に太く硬い繊維を紡ぐのに軽い紡錘車を使用した場合、張力と回転力が弱く撚りがかからないのである。このことからバーバーは、紡錘車の属性が、当該時期、地域において利用された繊維の質、種類を推測する手がかりとなると主張している(Barber 1991: 52)。亜麻の繊維は強いが表面が滑らかで巻縮度が弱いため相互に絡みにくい。このような繊維を撚り合わせるには強い回転が必要となるので重い紡錘車が選択される。一方、ウールなど細く柔らかく短い繊維には比較的軽い紡錘車が用いられるというわけだ。

筆者はこの原理をふまえ、遺跡から出土した紡錘車の重さを測定し、時期別に比較した。まずはシリアのテル・コサック・シャマリ遺跡(表1)から出土した25点の紡錘車を見てみよう。北シリアのウバイド前期からウルク中期にかけて、散発的ではあるが継続的に出土する。重さは、162gの特に重いもの1点のほかは、9〜47gのものであった(図4)。民族誌例によると亜麻で太い糸を紡ぐには100〜150g以上、ウールを紡ぐのには8〜33g程度の紡錘車が使用されているようだ(Barber 1991: 52; Ryder 1968: 81)。コサック・シャマリの重いものは亜麻用でそのほかがウール用と使い

分けられていた可能性がある。トルコのハジュネビでも重さで3グループに分類でき、用途によって使い分けられていたようだ (Keith 1998)。さて、コサック・シャマリの9～47gの紡錘車について重さの変化をグラフに示すと、時期が下るにつれて軽量化する傾向が見て取れる(図5)。次いで東京大学に所蔵されている、同時期の北イラク、テル・サラサートⅡ号丘出土の紡錘車107点中、出土層位の分かる45点(図8)についても重さを計測し、同様のグラフを作成してみた。するとコサック・シャマリの場合よりは緩やかであるが、やはり時期が下るにつれて軽量化する傾向が見られた(図6,7)。

　先述の紡錘車の重さと繊維の関係から考えると、徐々に繊維原料あるいは繊維製品が上質化していったことを反映しているのではないだろうか。この推測を補強するデータがコサック・シャマリ遺跡の動物遺存体の分析で示されている。同遺跡の北方ウバイド前期では、ヒツジ・ヤギは若干の二次産物(ここではミルク)利用がうかがえるものの肉利用の傾向のほうが強かった。続くウバイド後期とポスト・ウバイド期にはミルク利用の傾向が強くあらわれるようになり、ウルク期には若干の肉利用とともにミルクとウールに一層の重点が置かれるようになった(Gourichon and Helmer 2003)。筆者は、コサック・シャマリにおいてミルクやウールへの関心が高まったことは、ウールの質の向上をもたらし、それが紡錘車の軽量化に反映されたのではないかと考えている。

　西アジアでは前4千年紀に都市が成立し、広範囲にわたる交易網が発達した。羊毛利用を示す動物考古学的データも頻繁に確認されるようになる。前3,000年頃にウール・タイプのヒツジが文書記録に記述されていることは、前4千年紀にはすでにウール・タイプヒツジがかなり普及していたと見てもよいだろう。ウール製品はメソポタミアの輸出品として経済的にも重要な位置を占めていた。都市化・文明化の中でウール利用の強化は重要な要素であったと考えられる(McCorriston 1997)。ここで扱った2遺跡とも前5千年紀の遺跡である。都市化への移行期とされる時期だ。もしウールの開発が都市化への動きと関連するならばこの時期のウール利用の様相を明らかにすることは重要な課題となる。本稿では紡錘車というシンプルな道具でアプローチを試みた。紡錘車はたいていの遺跡で出土するものであり報告も多数あるが、なぜか重量は記録もしくは発表されない。現時点で統計的に分析できるデータは少ないものの、少なくとも2つの遺跡で同様の傾向が見られたことは一つの成果といえよう。これまで積極的な議論は少なかったが、今後も検討していく価値はありそうだ。

おわりに

　繊維利用に関連する人工物としては他に、ビーズ、針など穿孔のあるもの、封泥や土器に残る縄や布の圧痕が挙げられよう。ビーズ、針などの穿孔は当時使用された糸の太さを知る手がかりになる。かなり小さな孔もあるのでどれだけ細い紐、糸を使用していたか知ることができる。また封泥や土器に残る圧痕からはほとんど残ることのない繊維製品の姿を見ることができる。撚りの方向や糸、縄の太さ、編み、織りの技術を実物と同様に観察することができる(図9)。現状ではこれらの資料は数量的な分析ができるほど充実していないが、興味深い資料である。

　ヒツジの家畜化は前7,000年頃とされている。その後しばらくしてミルク利用が始まり、前3,000年頃にはウール・タイプのヒツジが確実に認識され、ウールが広く実用化された。すなわちヒツジ・ヤギのドメスティケーションは、動物自体のドメスティケーション、それからミルクやウールなど二次産物のドメスティケーションと、数千年をかけて段階的に完成したといえるのではないだろうか。

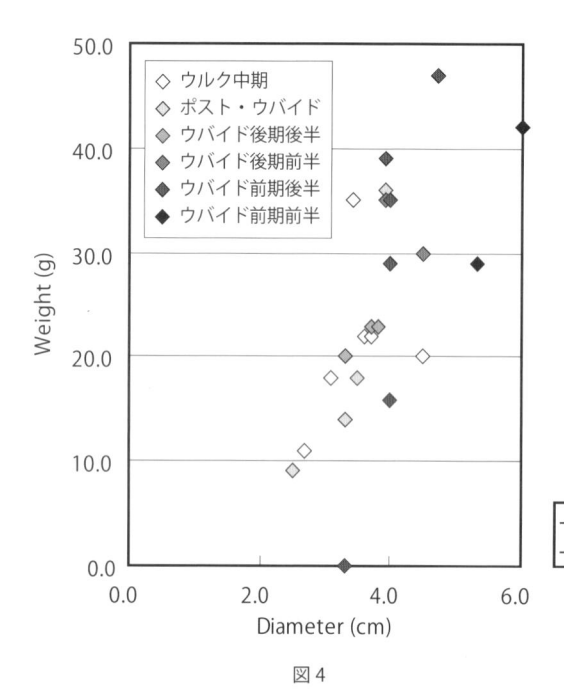

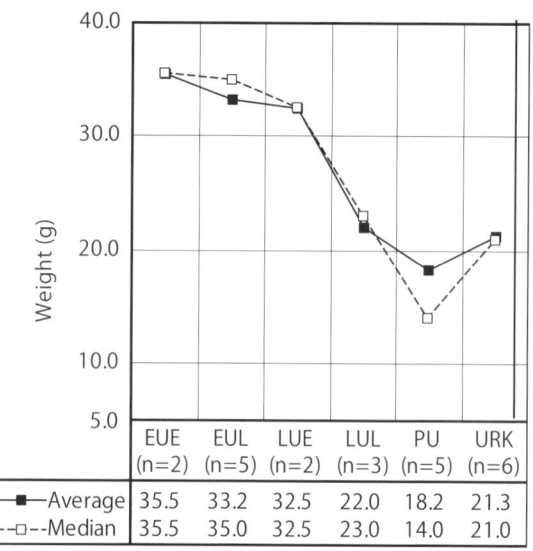

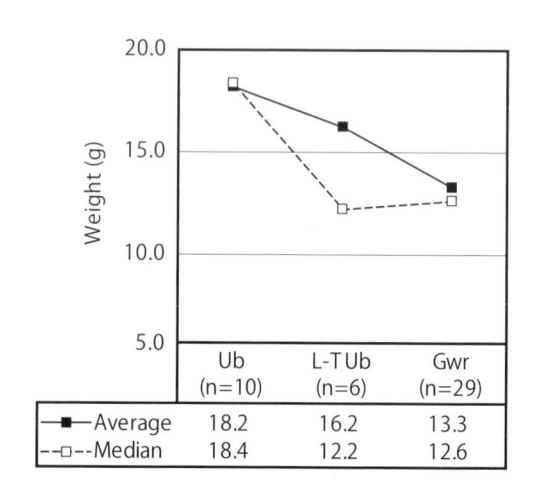

図4 コサック・シャマリ遺跡出土紡錘車の重さと径（◆：両円錐形、■：円盤形）
図5 コサック・シャマリ出土紡錘車（重量変化）
図6 テル・サラサートⅡ号丘出土紡錘車の重さと径
図7 テル・サラサートⅡ号丘出土紡錘車（重量変化）

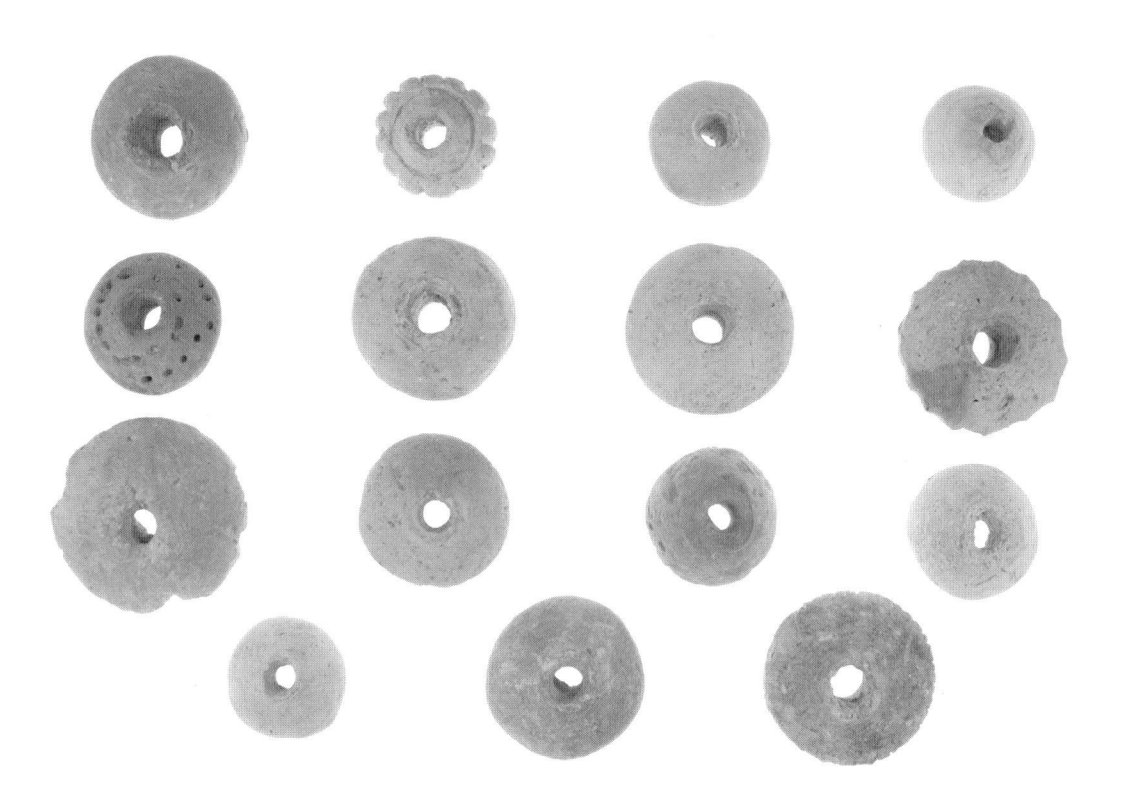

図8

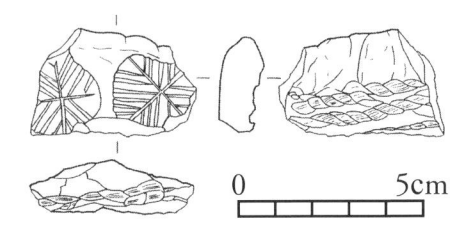

図9

引用文献

安倍雅史(2002)「タビュラー・スクレイパーの展開とウルク文化の拡大」『西アジア考古学』3号、75-82頁。

須藤寛史(2004)「西アジア銅石器時代の繊維利用 ―シリア、テル・コサック・シャマリ遺跡出土資料からの検討―」『オリエント』47巻1号、1-24頁。

三宅裕(1996)西アジア先史時代における乳利用の開始について―考古学的にどのようなアプローチが可能か―」『オリエント』39号、2巻、83-101頁。

三宅裕(1999)「The Walking Account: 歩く預金口座 ―西アジアにおける家畜と乳製品の開発―」常木晃(編)『食糧生産社会の考古学』現代の考古学3、朝倉書店、50-71頁。

本宮達也・鞠谷雄士・高寺政行・高橋洋・成瀬信子・濱田州博・原一正・峯村勲弘(編)(2002)『繊維の百科事典』丸善。

図8 テル・サラサートⅡ号丘出土の紡錘車
　　下から1列目＝ウバイド前期、2列目＝ウバイド後期から終末期、3・4列目＝ガウラ期
図9 コサック・シャマリ遺跡出土封泥(Sudo 2003: Fig.15.16)

Algaze, G. (1993) *The Uruk world system: the dynamics of expansion of early Mesopotamian civilization*. Chicago/London: The University of Chicago Press.

Barber, E. J. W. (1991) *Prehistoric textiles: the development of cloth in the Neolithic and Bronze ages with special reference to the Aegean*. New Jersey/West Sussex: Princeton University Press.

Clutton-Brock, J. and C. Grigson (eds.) (1984) *Animals and archaeology: 3. Early herders and their flocks*. BAR International Series 202. Oxford: Archaeopress.

Davis, S. J. M. (1984) The advent of milk and wool production in western Iran: some speculations. In: J. Clutton-Brock and C. Grigson (eds.), pp.265-278.

Davis, S. J. M. (1993) The zoo-archaeology of sheep and goat in Mesopotamia. *Bulletin on Sumerian Agriculture* 7: 1-7.

Fukai, S., K. Horiuchi and T. Matsutani (1970) *Telul eth Thalathat, Vol. II: the excavation of Tell II, the third season(1964)*. Tokyo University Iraq-Iran Archaeological Expedition, Report 11. Tokyo: The Institute of Oriental Culture, The University of Tokyo.

Gourichon, L. and D. Helmer (2003) Preliminary analysis of the faunal remains from Tell Kosak Shamali (Syria): Squares AD5, AE5, AF5, BD6 and BE6. In: Y. Nishiaki and T. Matsutani (eds.), pp.273-282.

Green, M. W. (1980) Animal husbandry at Uruk in the Archaic period. *Journal of Near Eastern Studies* 39 (1): 1-35.

Greenfield, H. J. (1988) The origins of milk and wool production in the Old World: a zooarchaeological perspective from the Central Balkans. *Current Anthropology* 29(4): 573-594.

Henry, D. O. (1995) *Prehistoric cultural ecology and evolution: insights from southern Jordan*. New York: Plenum Press.

Keith, K. (1998) Spindle whorls, gender, and ethnicity at Late Chalcolithic Hacınebi Tepe. *Journal of Field Archaeology* 25(4): 497-515.

McCorriston, J. (1997) The fiber revolution: textile extensification, alienation, and social stratification in ancient Mesopotamia. *Current Anthropology* 18(4): 517-549.

Nishiaki, Y. and T. Matsutani (eds.) (2001) *Tell Kosak Shamali, the archaeological investigations on the Upper Euphrates, Syria, vol. 1: Chalcolithic architecture and the earlier prehistoric remains*. UMUT Monograph 1. Tokyo: The University Museum, The University of Tokyo/Oxford: Oxbow Books.

Nishiaki, Y. and T. Matsutani (eds.) (2003) *Tell Kosak Shamali, the archaeological investigations on the Upper Euphrates, Syria, vol. 2: the Chalcolithic technology and subsistence*. UMUT Monograph 2. Tokyo: The University Museum, The University of Tokyo/Oxford: Oxbow Books.

Ochsenschlager, E. L. (1993) Sheep: ethnoarchaeology at al-Hiba. *Bulletin on Sumerian Agriculture* 7: 33-42.

Payne, S. (1973) Kill-off patterns in sheep and goats: the man dibles from Aşvan Kale. *Anatolian Studies* 23: 281-303.

Redding, R. W. (1984) Theoretical determinants of a herder's decisions: modeling variation in the sheep/goat ratio. In: J. Clutton-Brock and C. Grigson (eds.), pp.223-241.

Rosen, S. A. (1997) *Lithics after stone age: a handbook of stone tools from the Levant*. Lanham: Altamira Press.

Ryder, M. L. (1968) The origin of spinning. *Textile History* 1(1): 73-82.

Ryder, M. L. (1993) Sheep and goat husbandry with particular reference to textile fibre and milk production. *Bulletin on Sumerian Agriculture* 7: 9-32.

Schick, T. (1988) Nahal Hemar Cave: cordage, basketry and fabrics. In: O. Bar-Yosef and D. Alon, *Nahal Hemar Cave*. 'Atiqot English Series 18. Jerusalem: The Department of Antiquities and Museums, Ministry of Education and Culture, The Israel Exploration Society, pp.31-43.

Sherratt, A. (1981) Plough and pastoralism: aspects of the secondary products revolution. In: I. Hodder, G. Isaac and N. Hammond (eds.) *Pattern of the past: studies in honour of David Clarke*. Cambridge/London/New York: Cambridge University Press, pp.261-305.

Sherratt, A (1983) The secondary exploitation of animals in the Old World. *World Archaeology* 15: 90-104.

Sudo, H. (2003) The Chalcolithic small finds from Tell Kosak Shamali: various aspects of village activity. In: Y. Nishiaki and T. Matsutani (eds.), pp.213-259.

Sudo, H. (2006) Wool production at Kosak Shamali, northern Syria. In: *The Ubaid expansion? Cultural meaning, identity and integration in the lead-up to urbanism*. The International Workshop on the Ubaid, Grey College, University of Durham, 20-22 April 2006. http://www.dur.ac.uk/ubaid.conference/Ubaid%20conference/index.htm

Watson, P. J. (1979) *Archaeological ethnography in western Iran*. Viking Fund Publications in Anthropology No. 57. Tucson: University of Arizona Press.

Wulff, H. E. (1966) *The traditional crafts of Persia: their development, technology, and influence on eastern and western civilizations*. Cambridge: M.I.T. Press.

毛織物の圧痕

　動物の家畜化はなぜ始まったのか。狩猟に出かけなくとも食肉を得るため、という見方は今や疑問視されている。家畜化が最初に始まった西アジアでは遅くとも10,500年前頃には家畜を飼養し始めていたのに、当初の1,000年以上もの間は、もっぱら食肉は野生の狩猟獣から得ていたことが明らかになってきたからである。食料としての肉を本格的に家畜から得るようになったのは9,500年前以降のことである。したがって、当初の家畜化は、それをもつことによって発生する社会的価値を追求することに目的があったのではないか、さらには肉以外の資源に注目した行為だったのではないかとの意見が俄然注目を集めている（マシュクール他論文参照）。

　確かに、家畜化の開始は社会が複雑化する時期に相当するから、そのような見方は大いにありうる。いずれにしても、食肉目的以外の家畜利用がいつ頃どのように始まったかのが検討されねばならない。出土する動物骨の年齢分析によれば、ミルク利用の開始は相当に早くから始まった可能性がある。動物のミルクをそのままでは消化できない人が多いのは事実だが、チーズやヨーグルトといった乳製品に加工してしまえば問題はないし、そうした加工は土器がない1万年前でも十分に可能であったに違いない（図1）。

図1　イラン南西部、ヘイラバード村での乳製品つくり。1950年代撮影

一方、羊毛の利用が目的になるのは早くとも 8,500 年前以降であったらしい（図2）。羊毛そのものは有機物であり遺跡に残ることはまずないから、考古学的証拠は多くない。動物骨や紡錘車などなど間接的な証拠をつなぎあわせて、その利用を推測しているのが現状である（図3、須藤論文参照）。そんな中でユニークな証拠として改めて注目されるのが、江上波夫の調査団が 1964 年にテル・サラサート 2 号丘で発見した土器に残されていた圧痕である（図4）。大きな龍骨部（角張った部分）をもつ粗製土器で、最近の放射性炭素年代測定によれば 8,500 年くらい前のものである（Nishiaki and Le Mière 2005）。シリアのテル・セクル・アル・アヘイマル遺跡でさらに古い土器が見つかるまで、メソポタミア最古の土器として知られていた。

龍骨部をよくみると、織物の圧痕が残っている。土器を作っているとき粘土がやわらかいうちに偶然ついたのであろう。当時こ

図2 イラクの羊飼い。1950 年代撮影

れを鑑定した小川章子氏によれば、その特徴は次のようである（松谷 1970）。圧痕は幅 1.8cm、長さ 2.3cm ほどの範囲に残っている。緯糸は表面にみえないが、経糸は荒い繊維で太細不均等な、いわゆる S 字撚りである。経糸は太く 1cm 間に約 4 本、一方、緯糸は細くて直径が約 1mm たらず、1cm 間に約 13 〜 14 本みえる。材料は山羊、羊の類であろうとされている。経糸のはりが強く緯糸のはりが弱いのでマットなどの織り方に近いものという（図 4、松谷 1970: 64）。イラクのジャルモ遺跡やシムシャラ遺跡でも土器ないし土製品に類似した圧痕が残されていたとの報告がある（松谷 1976）。時期はテル・サラサートの場合とほぼ同じか、それよりやや新しい。

発見当時は土器の古さのみが注目され、圧痕はあまり話題にもならなかった。しかし、動物考古学という独立した分野の研究が進展したことによって羊毛利用の進展がこの時期にあったことが推定されるようになった現在、きわめて興味深い例として再浮上している標本である。「山羊・羊の類」の毛が利用されたものらしいとは言うが、実際、それがいわゆるウールヒツジであったのかどうか大変興味がもたれるところである。

（西秋良宏）

Nishiaki, Y. and M. Le Mière (2005) The oldest pottery Neolithic of Upper Mesopotamia: New evidence from Tell Seker al-Aheimar, the Upper Khabur, Northeast Syria. *Paléorient* 31(2): 55-68.

松谷敏雄（1970）「粗製無文土器」深井晋司・堀内清治・松谷敏雄編、『テル・サラサートII』62-78 頁。東京：東京大学東洋文化研究所。

松谷敏雄（1976）「北メソポタミアにおける最初の紡錘車の形態」江上波夫教授古稀記念事業会編、『江上波夫教授古稀記念論集 —考古美術編』281-295 頁。東京：山川出版社。

図 3 イラク、イランの紡錘車。1950-1960 年代収集（曾野寿彦コレクション）

図4 テル・サラサート出土の新石器時代土器に見られる毛織物圧痕

図5 はたを織る女性。イラン南西部、ヘイラバード村。1950年代撮影

آثار モノ

パイロテクノロジーのはじまり
先史西アジアの石灰・石膏プラスター工業

久米正吾

パイロテクノロジー
火を制御する技術

パイロテクノロジー。耳慣れない言葉かも知れない。加工過程において加熱による化学変化を利用する技術の総称だ。火熱技術とでも訳せるだろうか。大部の英語辞書をいくつかあたってみたが、掲載しているものはなかった。ただし、16世紀のイタリアの冶金学者 V. ビリングッチョ Biringuccio による著述『ピロテクニア』"*Pirotechnia*"に由来するとされ、考古学・人類学の分野では幅広く使われている（Rehder 2000）。

現代のパイロテクノロジーといえば、陶磁器生産やガラス工業、セメント・コンクリート産業、鉄鋼、アルミなどの金属産業がその代表格だろう。いわゆるマテリアル工学と呼ばれる分野にかかわる技術だ。昨今はなばなしくうつる IT 分野も、新素材の開発や素材の安価で安定した供給といったハード面との協調がなければ、産業としての発展は望めない。したがって、パイロテクノロジーのはじまりを調べることは、工業の発展過程を火の利用という視点から歴史的に追尾する試みであるといえる。

加熱による化学変化を利用する、一見簡単なことのようにみえるが、その歴史は思ったほど古くない。パイロテクノロジーのはじまりをみる前に、そもそも人類が火を意識的に利用し始めたのはいつのことだったか。これまでのところ、火が初めて制御された最も有力な証拠は、約79万年前にさかのぼる。イスラエルの中期アシューリアンに相当する遺跡、ゲシャー・ベノット・ヤーコヴ Gesher Benot Ya'aqov から、炉跡とみられる炭化した植物の種子や木材、石器が見つかっているからだ（Goren-Inbar et al. 2004）。しかし、明かりや暖をとったり、調理に火を利用する段階から、そのエネルギーを工芸に応用する段階へと移行するのはずっと後のことである。最古の事例は、石器の専門家により突き止められている。剥離作業を簡便にするため火を用いる「加熱処理」と呼ばれる技術だ。2.2万年から1.8万年前頃フランス西部に拡がったソリュートレ文化の石器にその痕跡が認められている（Purdy 1982）から、パイロテクノロジーのはじまりは、後期旧石器時代に求められるということになるかも知れない。

しかしながら、多くの研究者はしばしばパイロテクノロジーの起源を約1.5万年前頃の終末期旧石器時代に初現したプラスター工業に求めている。温度を管理する知識、混和物や添加剤を混入する技法など、後続する土器、金属器、ガラス生産との関連性がもっとも深いからだ。ここでは、石灰・石膏プラスター工業から先史西アジアにおけるパイロテクノロジーのはじまりについてみてみたい。

先史石灰・石膏プラスター工業の西と東

こんにち、石灰・石膏プラスター工業製品は身のまわりにあふれている。日本家屋の壁面や外壁に用いられる漆喰やセメント・コンクリートなどの建材が石灰工業品の代表的なものだろう。一方、石膏工業品は、医療用ギプス、陶磁器や歯科用の型取り材、塑像制作などの美術工芸用素材に用いられている。また耐火・遮音用内装材である石膏ボードも身近であろうか。

先史西アジアにおいても、石灰・石膏プラスター工業品の使われ方は、現代と驚くほど類似する。まず床や壁面の上塗りに用いられるのが最も一般的利用法だ（図1）。時には厚さ10センチメートル超、一室の総重量が数トンを越える床面の例もある。もっと印象的な事例は、プラスターを上塗りした人間の頭骨や、プラスターで制作された人物塑像、ヤギ・ヒツジやガゼルなどの下顎骨が埋め込まれたプラスター塊（図2）などもある。何らかの象徴的な役割を果たしていたのだろう。そのほか、石器を着柄させるための接着剤、紡錘車や工具等の小物品の素材など多くの用途に用いられていた（図3a, b, c）。さらに、後で詳しくふれる石灰・石

膏プラスター製の容器（白色容器）は、土器の起源にかかわっていると目される重要な遺物である（図4a, b）。

これまで石灰と石膏という二つのプラスターを併記して用いてきたが、この両者は実は似て非なるものである。肉眼観察で石灰製と石膏製の考古標本を見分けることは極めて困難だから、標本の組成が同定されていない場合などには、しばしばこれらをまとめて白色プラスターと表記することもある。いずれのプラスターを製造するにも、原料の石灰や石膏を焼成するのは同じだ。それでは、石灰製と石膏製のプラスターにはどのような違いがあるのだろうか？工学ハンドブック類（石膏石灰学会編 1992；無機マテリアル学会編 1995など）を参考に簡単にまとめてみよう。

図5にこれらプラスターの製造工程の概略図を示した。最も大きな違いは加熱温度である。石灰は800℃をこえる高温焼成が必要なのに対し、石膏は200℃を下回る温度で十分だ。ただし、石膏の場合、温度を上げすぎると可塑性を失った死焼石膏が生成されるこ

図1 シリア、テル・セクル・アヘイマルの石膏プラスター床面。幾重にもわたって床の塗り替えが行われていたことがわかる。
図2 ヤギ・ヒツジやガゼルの下顎骨が埋め込まれた石膏プラスター塊。シリア、テル・セクル・アル・アヘイマル出土
図3 石膏プラスター製の道具類。破損したプラスター床面や白色容器がしばしば再利用される。
　(a)杵状の道具、(b)紡錘車、(c)スクレーパー。シリア、テル・セクル・アル・アヘイマル出土

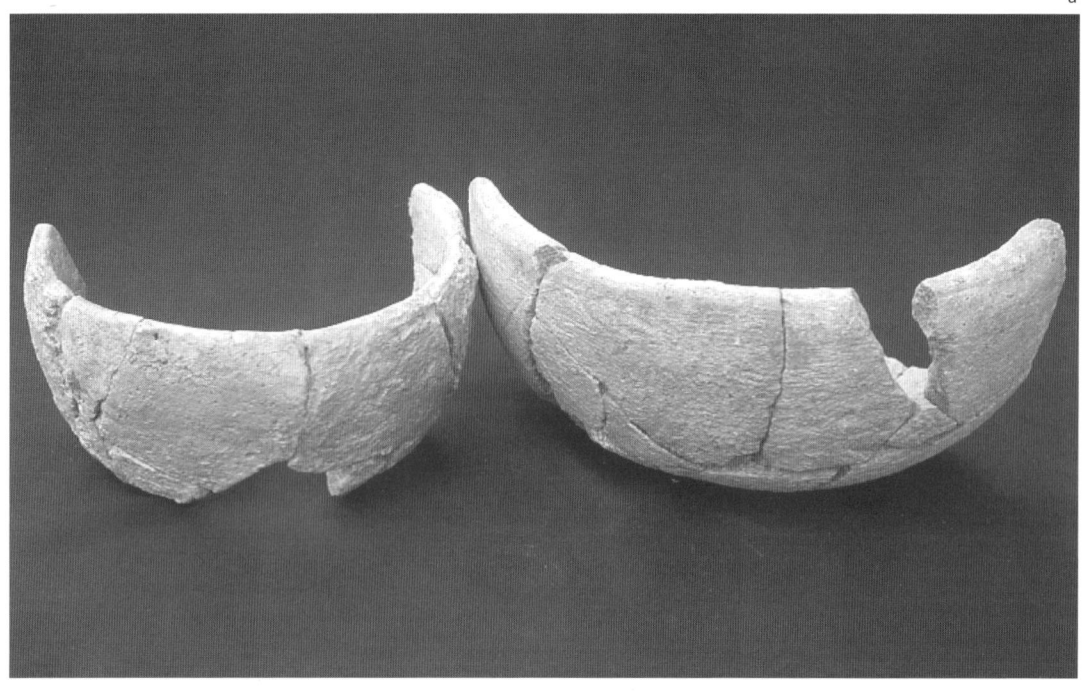

図4 プラスター製容器。いわゆる「白色容器」である。円形ないし楕円形のもの (a) が一般的だが、矩形の容器 (b) も認められる。シリア、テル・セクル・アル・アヘイマル出土

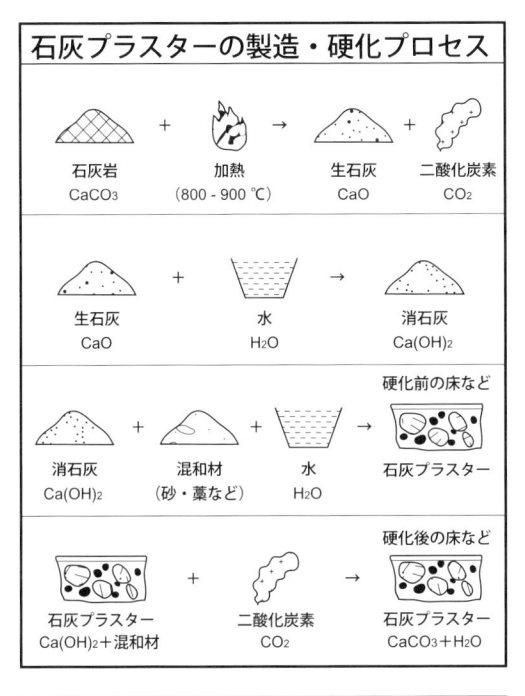

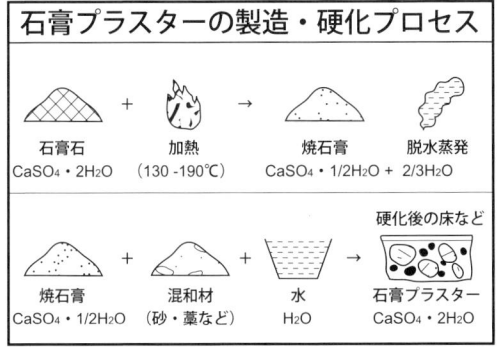

とが知られているから、むしろ低温に温度を管理することが要求される。もうひとつ製造工程において石灰と石膏では大きな違いがある。石膏は焼成して焼石膏を得ることで素材の準備ができる。一方、石灰の場合、いったん焼成して生石灰を生成させただけではペーストとして用いることができない。生石灰を水分と混和させて、消石灰を得る「消化」と呼ばれる作業が必要だ。この作業は水をかけたり、大気中に含まれる水蒸気を自然に吸収させることで達成できる。こうして得られた消石灰や焼石膏がプラスターの素材となる。その後、砂、灰あるいは藁、家畜の被毛・糞などの有機物で構成された混和物ないし添加剤をまじえて、水と混和させることによって、プラスターとして利用可能だ。このように製造工程の異なる石灰と石膏だが、物性もやや異なることが知られている。一般に、石灰は硬質で耐水性が高いが石膏は軟質で耐水性に乏しいとされる。

　現代の石灰・石膏工業は、工業炉を用いたきわめて近代的な産業である。石膏にいたっては、天然資源に乏しい我が国の場合、重化学工業からの副産物である排煙脱硫石膏（化学石膏）が一般的で、天然に産出する石膏原石を用いた製造は近年まれになった。それでは、西アジア先史時代の石灰・石膏プラスター工業はどのようなものだったのだろうか。

　先史石灰プラスター工業はいくつかの考古学的証拠から跡付けることができる。最古の例はイスラエル、ハヨニム Hayonim 洞窟から得られたもので、1.2万年ほど前の終末期旧石器時代後期にさかのぼる（Bar-Yosef 1983）。しかし、本格的に石灰工業施設が確認され始めるのは、9,000年前ごろの先土器新石器時代B期になってからである。石灰を焼成したと思われる遺構が、シリア南部やヨルダン、イスラエルといった南レヴァント地方のいくつかの遺跡（テル・ラマド Tell Ramad、アイン・ガザル 'Ain Ghazal、アブ・ゴーシュ Abu Gosh、クファル・ハホレシュ Kfar HaHoresh など）から見つかっている。これらの遺構はいずれも円

図5 石灰・石膏プラスターの製造・硬化プロセス（Rech 2004; 石膏石灰学会編 1972 より）

形の土抗で、焼けた石灰や原料の石灰石片、灰などがつまっていた（Contenson 1969; Banning and Byrd 1987; Lechevallier 1978; Kuijt and Goring-Morris 2002）。これらの証拠をみると、石灰は開放の土抗窯で焼成されていたとみられる。燃料にかんする考古学的証拠は希薄だが、20世紀初頭のパレスチナ地域からの民族誌を参照するかぎり、灌木類を用いていたことが想定できる（Cannan 1932）。原料の石灰岩調達にかんする記載はみつけられなかったが、家屋はしばしば石灰岩を積み上げて建てられていたため、廃絶された家屋の石材を原料として用いたこともあったかも知れない。事実、イラン南部の民族誌ではそのような記載もある（Blackman 1982）。

一方、先史時代の石膏焼成施設にかんする考古学的証拠は乏しい。イラクの8,000年前頃の遺跡ウンム・ダバギーヤ Umm Dabaghiyah（Kirkbride 1973）や、やや時代は下るが、6,500年前頃のテル・サラサート Telul eth-Thalathat II 号丘（深井ほか 1970）で、石膏らしき白色の層が堆積した昇炎式の窯が見つかっているから、石膏プラスター工業は窯を用いて実施されていたことになるかも知れない。ただ、まったく別の焼成方式を想定している研究者がいる（Aurenche and Maréchal 1985）。シリア東半からイラク北半にかけて拡がる石膏質土壌と呼ばれる石膏分に富む土を利用する方式だ。この方式は、この石膏質土壌の拡がる土地にごく浅い5〜10センチメートルの土抗を掘って、獣糞の燃料でその表面を覆って焼成するだけで焼石膏を獲得することができる。シャベルや麻袋といった簡単な道具だけを用いたこの石膏焼きは、先史時代の石膏プラスター工業を彷彿とさせるようだ。

かれらの仕事に影響を受けて、わたしもシリア北東部の村で同じ方式の石膏焼きを詳細に調べたことがある（図6）。すでに別稿（久米 2004）で論じたから重複は避けるが、印象深かったのは一見素朴で簡単にみえるこの石膏焼きが、実はきわめて豊かな自然にかんす

図6　現代シリア農村の石膏焼き。浅く掘られた地面を獣糞燃料で覆って3日程かけて焼くと(a)、石膏プラスターが得られる (b)　石膏焼きの痕跡は、取り上げの際かき分けられた灰のためにはっきりとわかる (c)。シリア、アル・ホル近郊

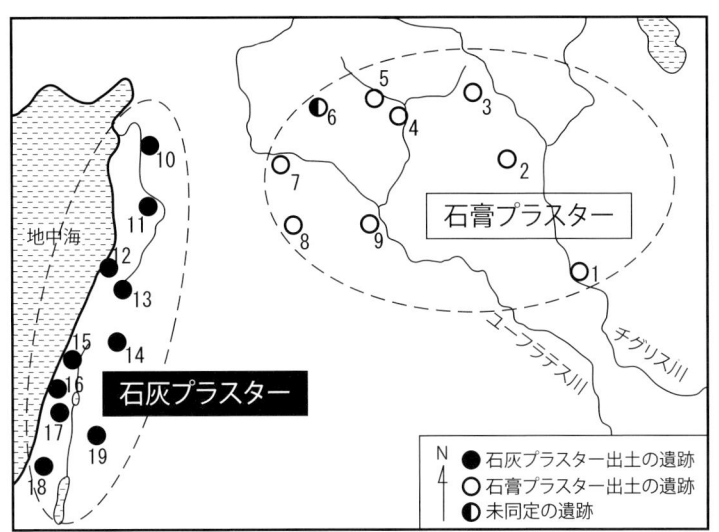

図7 石灰・石膏プラスター開発の証拠を示す遺跡（三宅1994などより）

1 テル・エス・ソワン；2 ウンム・ダバギーヤ；3 テル・サラサート
4 テル・ボエイド；5 テル・セクル・アル・アヘイマル；6 テル・サビ・アビヤド
7 アブ・フレイラ；8 テル・エル・コウム；9 テル・ボクラス；10 テル・アレイ
11 ハマ；12 ビブロス；13 ラブウェ；14 テル・ラマド；15 テル・テオ
16 ハヨニム；17 クファル・ハホレシュ；18 アブ・ゴーシュ；19 アイン・ガザル

る在来知識に裏打ちされたものだったことだ。最も石膏焼きに適した土壌を見分ける知識、温度を長時間一定に保つ燃料の選択、できあがった焼石膏を熟成するための期間を経験的に設けていることなど、現代の化学的知識にも見事に対応するものだった。くわえて、農耕・牧畜といった主幹生業の季節サイクルともうまく調和していた。

さて、これまでにも多くの研究者が指摘してきた（Aurenche 1981; Kingery et al. 1988; 三宅 1994など）ことではあるが、上に挙げた先史時代の石灰・石膏プラスター工業の痕跡を示す遺跡は、実に見事に肥沃な三日月地帯の東西にわかれていることがわかる（図7）。この理由のひとつとして、原料獲得の簡便性が挙げられるだろう。シリアを旅された方はお気づきになったことがあるかも知れない。東西にのびるアレッポーハッサケ間の幹線道路を東に向かってバスに揺られていくと、ユーフラテス川を越えてしばらくたったあたりから石灰岩を積み上げて建てた家屋が全く見あたらなくなる。こんにちでも西方では豊富な石灰岩資源が石積み家屋の石材として頻繁に用いられていることを、この景観の変化はよく示している。一方、先にしるしたようにシリア東部は石膏質土壌が拡がる地域だから、仮に土壌焼成方式が実施されていたとしたら、石膏の原料獲得には都合のよい環境にある。もうひとつ重要なのは、この東西差が実は西アジアの物質文化伝統と大きくかかわっていることだ。石灰・石膏プラスター工業出現以前の石器伝統、以後の土器伝統はまさしくこの石灰と石膏の東西差と重複する（たとえば、Aurenche et al. 2004 など）。したがって、石灰・石膏プラスター工業の東西差の背後にある脈絡を読み解くことが、今後のプラスター工業研究の重要なひとつの鍵といえるかも知れない。

白色容器は土器の祖型か？

　石灰・石膏プラスター工芸の中でもっとも重要な位置をしめるのは、先にもふれたように土器の起源と目される白色容器にかんするものだ。これまでの研究略史と現在の研究状況がどのようになっているか簡単にふれてみたい。

　白色容器を土器の起源とみなした最初の言説は、1971年のフライアーマン論文 (Frierman 1971) によるとするのが一般的だ。その後、この仮説は西アジアでの土器出現を議論する際、しばしば言及されていくことになる。最近の西アジアにおける土器の起源にかんする論文（たとえば Moore 1995; Rice 1999; Tite 1999 など）でもしばしば肯定的に引用されているから、その見解は定着しているようにみえる。

　ただ、フライアーマンの論文を丹念に読み返すと、かれが必ずしも白色容器そのものに土器の起源を見いだそうとしているのではないことに気づく。むしろ高温焼成を必要とする石灰プラスター生産によって達成された火を制御する技術（＝パイロテクノロジー）の発展が、土器の出現の契機となったことを強調しているにすぎないように読み取れる。

　この論文を引用して白色容器が土器の起源であることが半ば定説のように繰り返される経緯について、詳しいことはわからない。ひとつはフライアーマン論文のタイトルが「石灰焼き−土器の先駆け−」"Lime burning as the precursor of fired ceramics"という印象的なものだったこともあるかも知れない。ただ、もうひとつ指摘しておきたいのは、白色容器にかんする考古学者の認識の問題である。というのも、白色容器が考古学的に初めて記載されはじめた20世紀半ば頃には、プラスター製の容器というより白地の粘土を用いて製作された土器、と見なされていたきらいもあるから（たとえば van Liere and Contenson 1963 など）、当時から研究者間で白色容器と土器にかなり密接した関係性を見いだそうとしていた雰囲気があったのかも知れない。

　一般にはひろく受け入れられているようにうつる白色容器＝土器の祖型説だが、いくつかの反論もある。フランス系の研究者にその傾向が特に顕著だ。たとえば、シリア内陸部、エル・コウム El Kowm 2号丘出土の白色容器資料を分析した C. マレシャル (Maréchal 1982) は、土器製作との工程の違いを強調する。白色容器がプラスターという素材獲得の段階で焼成を必要とするのに対し、土器は容器としての成形が整えられた後、耐久性ないし耐水性を獲得するために焼成という工程が踏まれる。つまり、いずれの容器製作においても同じ焼成という手順を経ながらも、その目的は全く異なっているため、両者には直接の技術的類縁性は低いと見積もっているということだろう。おなじく、シリア東部、テル・ボクラス Tell Bouqras 遺跡出土の資料を分析した M. ルミエールも同様の立場をとっているようだ (Le Mière 1983)。

　このように、いまだ専門家の間で確固たる評価が定まっていない背景には、1990年代以降、良質な資料に恵まれなかったことがある。しかし、本展示でも紹介されているシリア北東部、テル・セクル・アル・アヘイマル Tell Seker al-Aheimar 遺跡出土の白色容器標本は、ながらく議論が続いていたこの懸案に取り組むのに格好の資料である。これまでに例をみない数千点にのぼる良好な資料が得られているためである。また、同遺跡では当該地域最古級の土器が出土しているから（本書所収のルミエール論文、または Nisiaki and Le Mière 2005)、土器と白色容器の関係をさぐる上で絶好の機会が与えられたわけだ。

　まだ限定的な資料の分析にとどまっているが、セクル・アル・アヘイマルでの白色容器と土器の関係は徐々に明らかになりつつある(Kume 2005)。最も簡便に両者の関係を示すのは、白色容器のレベル別出現頻度

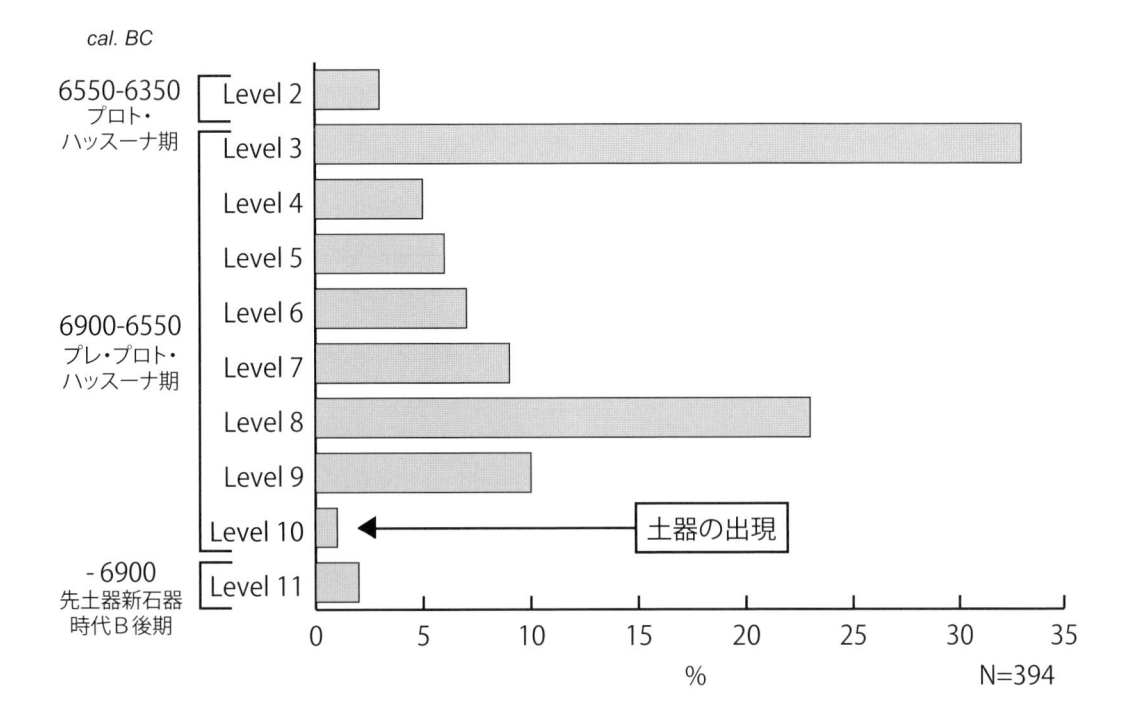

cal. BC	Level
6550-6350 プロト・ハッスーナ期	Level 2, Level 3
6900-6550 プレ・プロト・ハッスーナ期	Level 4〜Level 10
－6900 先土器新石器時代B後期	Level 11

（Level 10 の位置に「土器の出現」の矢印表示。N=394）

だ（図8）。出土した白色容器標本は、土器の出現後に出土数が増加することが鮮やかに示されている。手元にあるデータは、白色容器と土器の関係は系譜的というより相関的にとらえうることを示している。

　実はこの見方は特に目新しいものではない。土器出現以降の遺跡に白色容器が多く出現することは、すでに三宅裕（1994）が指摘していた。またシリア内陸部、テル・エル・コウム Tell el Kowm 1号丘を発掘したR. H. ドーンマン（Dornemann 1986）も白色容器と土器は相互補完的役割を果たしていたと推測している。同様の想定は、最近良好な白色容器資料を提供しつつあるシリア北部のテル・サビ・アビヤド Tell Sabi Abyad 遺跡からも提出されているから（Akkermans et al. 2006）、少なくともシリア内陸部から北方にかけての地域では、事情は同じだったらしいことがうかがえる。

　さらに、白色容器と土器製作が特定の村落間で分業されていたことを暗示する研究者もいる。シリア北東部のテル・ボエイド Tell Boueid II 号丘の白色容器標本の研究を実施した A. スレイマンと O. ニューウェンハイス（Suleiman and Nieuwenhuyse 2002）は、豊富な土器資料の出土にもかかわらず、土器製作の証拠が極めて希薄なことから、同遺跡の居住者は白色容器の製作に専念しており、土器はほかの遺跡から搬入された可能性があることを示唆している。

　このように最近の研究では、白色容器が土器の祖型であるという見方はやや劣勢のようだ。ただ、私見では土器の系譜を白色容器に求める見方を捨てきれないでいる。少なくとも、白色容器が土器に先行するという事実は、わたしが担当しているテル・セクル・アル・アヘイマル出土標本の場合でも明らかだし、形態・

図8　セクル・アル・アヘイマルC区（2003-2004）出土の白色容器の層位別出現頻度（Kume 2005）

機能的親縁性を有する両者に、何らかのかかわり合いを認めたいからだ。今後の研究では、白色容器と土器の原料調達、素材調整、成形技法、形態、機能といったよりミクロな視点での比較が功を奏しそうである。くわえて、白色容器や土器を単体の遺物としてとらえず、建材を含めたプラスター工業全体、あるいはレンガやピゼといった粘土を用いる建築技術との脈絡の中で、白色容器および土器を位置づけていくことによってみえてくるものもありそうに思える。

石灰・石膏プラスター工業の過去と現在

1990年代初頭の西アジア先史学界において、石灰・石膏プラスター工業はやや特異な注目のされ方をした存在だった。プラスター工業が先史時代の環境破壊を引き起こしたひとつの要因と目されたためである（Rollefson and Köhler-Rollefson 1989）。これはとりわけ南レヴァント地方の石灰プラスター地域から得られたモデルだが、石灰プラスターの大量生産にともなう過剰な燃料採取が森林資源の劣化を招いた、というシナリオであった。この仮説は、8,000年前頃西アジア各地で認められる遺跡の立地や規模の改変・縮小現象をうまく説明したため、ひろく受け入れられたようだ。

しかし、最近の研究では、この現象自体を見直そうという動きがある。手元に具体的データがあるわけではないが、石灰プラスター工業が周囲の景観にどのようなインパクトを与えたかについても、もう一度吟味していいのではないかと感じている。このように考えはじめたのは、シリア各地の農村で現代の石膏プラスター工業を観察してからだ。わたしがみたシリアのプラスター工業は、ゆたかな生態的知識と経験に基づいたもので、環境破壊とはほど遠いものにみえた。

最近、ひとつの新聞記事が目にとまった。ある大手ゼネコンが耐用年数100年を超える長寿命化コンクリートを開発した、というものである。主要紙で「寿命1万年」の「夢のコンクリート」と報じられたから、ご存じの方もあるかも知れない。プレス用リーフレット（鹿島技術研究所2006）によれば、古代ローマや中国の先史遺跡から発掘されたプラスターをヒントに研究が着手されたという。遺跡から発掘された精緻で堅固なプラスター床面は、現代の技術者をも魅了したらしい。

残念ながら、開発者は西アジアの出土例には目を配ってくれなかったようだが、わたしは今でもシリアのセクル・アル・アヘイマル村で、9,000年間土に埋もれていたプラスター床面を初めて発掘した時の光景をおぼえている。それはまるで、つい最近塗り替えられたばかりの床のように、しずかに整然とひろがっていた。だから、新聞の見出しがうたう「寿命1万年」はけっして「夢」ではないことを、考古学にたずさわるものはすでに知っている。

さて、今回の展示ではドメスティケーションが主要テーマとなっていることを考えていたら、先史時代におけるパイロテクノロジーとは火力を用いた自然のドメスティケーション過程と言いかえてもよい、とようやく気がついた。ここで主にとりあつかったプラスター工業技術は、原料の石灰や石膏という天然資源に熱による変形を加えて利用するものであった。また現代シリアのプラスター生産にかんする民族誌から観察される資源開発は、自然への広範な在来知識によって支えられていた。このようにプラスターという工芸技術の発展も、動植物の習性をたくみに観察・利用した家畜化・栽培化過程とまさにパラレルな関係にあるようにみえる。

しかし、先にふれたように現代産業としての石膏プラスター工業は、重化学工業副産物の化学石膏が主だし、シリアの農村で観察されたような、一見単純なようにみえるが実は豊富な自然の知識に基づく石膏工業ももはやみられなくなるかも知れない。近代以降、技術革新によって突き進められた技術のグローバル化

は、人間と道具と自然の乖離を著しく助長した。みずからの見識のなさを示すようだし、下世話なたとえでもあるから恥ずかしいが、わたしにはなぜ携帯電話が世界中で通じるのかいまもってわからない。ただ、最先端コンクリートを開発するのに（人間と道具と自然がまだひとつの線でつながっていた頃の）「古代コンクリートを参考にした」という技術者の言葉が、わたしには印象深くうつった。

引用文献

鹿島技術研究所（2006）「長寿命化コンクリート EIEN」http://www.kajima. com/tech/katri/leaf/pdf/2006-04.pdf

久米正吾（2004）「現代シリア北東部の石膏焼成技術 ―民族考古学的観察とその意義―」『西アジア考古学』5号、79-89頁.

石膏石灰学会（編）（1972）『石膏石灰ハンドブック』技報堂出版.

深井晋司・堀内清治・松谷敏雄（1970）『テル・サラサートII －第2号丘の発掘、第3シーズン（1964年）－』東京大学イラク・イラン調査団報告書11、東京大学東洋文化研究所.

三宅　裕（1994）「西アジア新石器時代におけるプラスター使用について」岩崎卓也先生退官記念論文集編集委員会（編）『日本と世界の考古学 ―現代考古学の展開―』雄山閣、384-402頁.

無機マテリアル学会（編）（1995）『セメント、セッコウ、石灰ハンドブック』技報堂出版.

Akkermans, P.M.M.G., R. Cappers, C.Cavallo, O. Nieuwenhuyse, B. Nilhamn and I. Otte (2006) Investigating the Early Pottery Neolithic of northern Syria: new evidence from Tell Sabi Abyad. *American Journal of Archaeology* 110(1): 123-156.

Aurenche, O. (1981) *La maison orientale: L'architecture du Proche Orient ancien des origines au milieu du quatrième millénaire.* Biblotothèque Archéologique et Historique 59. Paris: IFAPO/Paul Geuthner.

Aurenche, O. and C. Maréchal (1985) Note sur la fabrication actuelle du plâtre à Qdeir (Syrie). *Cahiers de l'Euphrate* 4: 221-226.

Aurenche, O., S. Kozlowski and M. Le Mière (2004) La notion de frontière dans le Protonéolithique et le Néolithique du Proche-Orient. In: O. Aurenche, M. Le Mière and P. Sanlaville (eds.), *From the river to the sea: the Palaeolithic and the Neolithic on the Euphrates and in the northern Levant. Studies in honour of Lorraine Copeland.* BAR International Series 1263. Oxford: Archaeopress, pp.355-366.

Bar-Yosef, O. (1983) The Natufian in the sourthern Levant. In: T. C. Young, P. E. L. Smith and P. Mortensen (eds.), *The hilly flanks and beyond: essays on the prehistory of southwestern Asia: presented to Robert J. Braidwood.* Chicago: The Oriental Institute of the University of Chicago, pp.11-42.

Banning, E. B. and B. F. Byrd (1987) Houses and the changing residential unit: domestic architecture at PPNB 'Ain Ghazal, Jordan. *Proceedings of the Prehistoric Society* 53: 309-325.

Blackman, M. J. (1982) The manufacture and use of burned lime plaster at Proto-Elamite Anshan (Iran). In: T. A. Wertime and S. F. Wertime (eds.), pp.107-116.

Cannan, T. (1932) The Palestinian Arab house: its architecture and folklore. *The Journal of the Palestine Oriental Society* 12: 223-247 and 13: 1-83.

Contenson, H. de (1969) Sixième campagne de fouilles à Tell Ramad. *Annales Archéologiques Arabes Syriennes* 19: 31-35.

Dornemann, R. H. (1986) *A Neolithic village at Tell el Kowm in the Syrian desert*. Studies in Ancient Oriental Civilization 43. Chicago: The Oriental Institute of the University of Chicago.

Frierman, J. D. (1971) Lime burning as the precursor of fired ceramics. *Israel Exploration Journal* 21(4): 212-216.

Goren-Inbar, N., N. Alperson, M. E. Kislev, O. Simchoni, Y. Melamed, A. Ben-Nun and E. Werker (2004) Evidence of hominin control of fire at Gesher Benot Ya`aqov, Israel. *Science* 304: 725-727.

Kingery, W. D., P. B. Vandiver and M. Prickett (1988) The beginnings of pyrotechnology, part II: production and use of lime and gypsum plaster in the Pre-Pottery Neolithic Near East. *Journal of Field Archaeology* 15: 219-244.

Kirkbride, D. (1973) Umm Dabaghiyah 1973: a third preliminary report. *Iraq* 35: 205-209.

Kuijt, I. and N. Goring-Morris (2002) Foraging, farming, and social complexity in the Pre-Pottery Neolithic of the Southern Levant: a review and synthesis. *Journal of World Prehistory* 16(4): 361-440.

Kume, S. (2005) Khabur gypsum plaster technology. Paper presented at the symposium of *Neolithic archaeology in the Khabur valley, upper Mesopotamia and beyond*. The University Museum, the University of Tokyo, July 2005.

Lechevallier, M. (ed.) (1978) *Abou Gosh et Beisamoun: deux gisements du VIIe millénaire avant l'ère chrétienne en Israël*. Mémoires et travaux du centre de recherches préhistoriques Français de Jérusalem 2. Paris: Association Paléorient.

Le Mière, M. (1983) Pottery and white ware. In: P. A. Akkermans et al. Bouqras revisited: preliminary report on a project in eastern Syria. *Proceedings of the Prehistoric Society* 49: 351-354.

van Liere, W. J. and H. de Contenson (1963) A note on five early Neolithic sites in inland Syria. *Les Annales Archéologiques de Syrie* 13: 175-209.

Maréchal, C. (1982) Vaisselles blanches du Proche-Orient: El Kowm (Syrie) et l'usage du plâtre au Néolithique. *Cahiers de l'Euphrate* 3: 217-251.

Moore, A. M. T. (1995) The inception of potting in western Asia and its impact on economy and society. In: W. K. Barnett and J. W. Hoopes (eds.) *The emergence of pottery: technology and innovation in ancient societies*. Washington, D. C.: Smithsonian Institution Press, pp.39-53.

Nishiaki, Y. and M. Le Mière (2005) The oldest Pottery Neolithic of upper Mesopotamia: new evidence from Tell Seker al-Aheimar, the Khabur, northeast Syria. *Paléorient* 31(2): 55-68.

Purdy, B. A. (1982) Pyrotechnology: prehistoric application to chert materials in north America. In: T. A. Wertime and S. F. Wertime (eds.), pp.31-44.

Rech, J. A. (2004) New uses for old laboratory techniques: how radiocarbon dating of mortar and plaster could change the chronology of the ancient Near East. *Near Eastern Archaeology* 67(4): 212-219.

Rehder, J. E. (2000) *The mastery and uses of fire in antiquity*. Montreal/Kingston: McGill-Queen's University Press.

Rice, P. M. (1999) On the origins of pottery. *Journal of Archaeological Method and Theory* 6(1): 1-54.

Rollefson, G. O. and I. Köhler-Rollefson (1989) The collapse of early Neolithic settlements in the southern Levant. In: I. Hershkovitz et al. (eds.), *People and culture in change, part I: proceedings of the second symposium on upper Palaeolithic, Mesolithic and Neolithic populations of Europe and the Mediterranean basin*. BAR International Series 508(i). Oxford: Archaeopress, pp.73-89.

Suleiman, A. and O. Nieuwenhuyse (2002) The small finds. In: A. Suleiman and O. Nieuwenhuyse (eds.), *Tell Boueid II: a late Neolithic village on the middle Khabur (Syria)*. Subartu 11. Turnhout: Brepols, pp.13-34.

Tite, M. S. (1999) Pottery production, distribution, and consumption: the contribution of the physical sciences. *Journal of Archaeological Method and Theory* 6(3): 181-233.

Wertime, T. A. and S. F. Wertime (eds.) (1982) *Early pyrotechnology: the evolution of the first fire-using industries*. Washington, D. C.: Smithsonian Institution Press.

西アジアにおける土器の起源と展開

マリー・ルミエール

　土器は、定住村落、栽培植物、家畜動物などとともに世界中の新石器時代を特徴付ける有力な基準ではある。ただ実際のところ、土器が出現する状況はどこでも同じというわけではなかった。この新たな事態は、即座に生じたわけではなく、さまざまな実験の結果だったためである。また、新石器化というこれら諸事の進展過程は長期的で、かつ世界の様々な場所において同じ順序で進展したわけではなかったこともある。例えば日本では、土器と定住生活は概ね植物の栽培化や動物の家畜化よりも早く始まったと言ってよい。一方、北アフリカでは、土器は完全には定住化していない人々による新石器化の最初の兆候であった。彼らが動物の家畜化を始めたのはその後のことであり、植物の栽培化はさらに遅れる。西アジアにおいては、新石器化は前1万年頃から前6,000年ほどの間に起こっており、村落での定住生活は既に前1万1,000年頃に、農耕や動物飼育はおよそ前9千年紀末に、そして石材の研磨や石灰プラスターのような新たな技術が用いられるようになるのは前8千年紀初頭のことである。しかし、土器はおよそ前7,000年頃になってようやく出現する。そのころには新石器化はほぼ完成していた。これら三つの連鎖的進行からみると、土器の出現は直接的には新石器化のほかの要素と結びつかないことは明らかであるように思われる。

　技術的側面に関して指摘しておきたいのは、西アジアの新石器人たちは土器作りに重要な技術的知識をすでに獲得していた、ということである。数千年にわたって彼らは粘土を建築や多様な製品に用いており、このことによって粘土を成形し乾燥させることとともに、粘土に植物を混和することも経験していたのである。あるいは、粘土で上塗りされた土坑を炉として用いた際、被熱が粘土に与える影響に気づいていたはずだ。また新石器人はおよそ前8,000年以来、800℃での長時間の焼成を必要とする石灰を得るために高温焼成も経験していた。技術的な状況からすると、土器が登場するはるか以前から土器製作技術が開始されるための好条件が整っていた。つまり、この技術革新は、何らかの特定の技術が直接進展したものではなかったことを示唆している。

　ここでは、最初期の土器とその初期展開過程を調べることで、土器出現の理由と、新たな製品、新たな工芸としてそれが生まれた場所を探ってみよう。

最初期の試み、最初期の利用

　最初期の土器製作技術の詳細については十分に報告されていない。なぜならこの時期の遺跡はそれほど多くは調査されておらず、ほぼ地域が限られているからである。しかしおよそ前7,000年頃のいくつかの遺跡では、先土器層と土器を出土する層が連続して重なっており、技術的にやや初源的な土器が認められている。そうした遺跡には、ザグロスのテペ・グーラン、中央アナトリアのチャタル・フユック、北レヴァントのテル・エル・ケルクとラス・シャムラがある（図1）。その土器の初源的な特徴というのは多様性にある[1]。テペ・グーラン（Mortensen 1963）では、最初期の土器は粗製で作りも粗く、おそらく低温焼成による灰褐色ないし暗灰色を呈すると記載されている。チャタル・フユック（Mellaart 1964; 1966）では、最初期の土器のほとんどが植物混和で非常に厚手であり、褐色でもろい土器片の一群は同じく低温焼成を示唆している。テル・エル・ケルク（Miyake 2003）とラス・シャムラ（Contenson 1992）においては、最初期の土器群のひとつは非常に多くの植物が混和されており、そのため土器が非常に多孔質でもろくなっている。こうした多様な言わば「初源的な」土器は、常に出土点数が少なく、すぐに見られなくなる。このこともまた、それらの土器がおそらくは完成したものと見なされず、未だ技

---

1 この段落で言及した遺跡については、Le Mière and Picon 1998 で詳細に記した。

図1「初源的土器」の分布

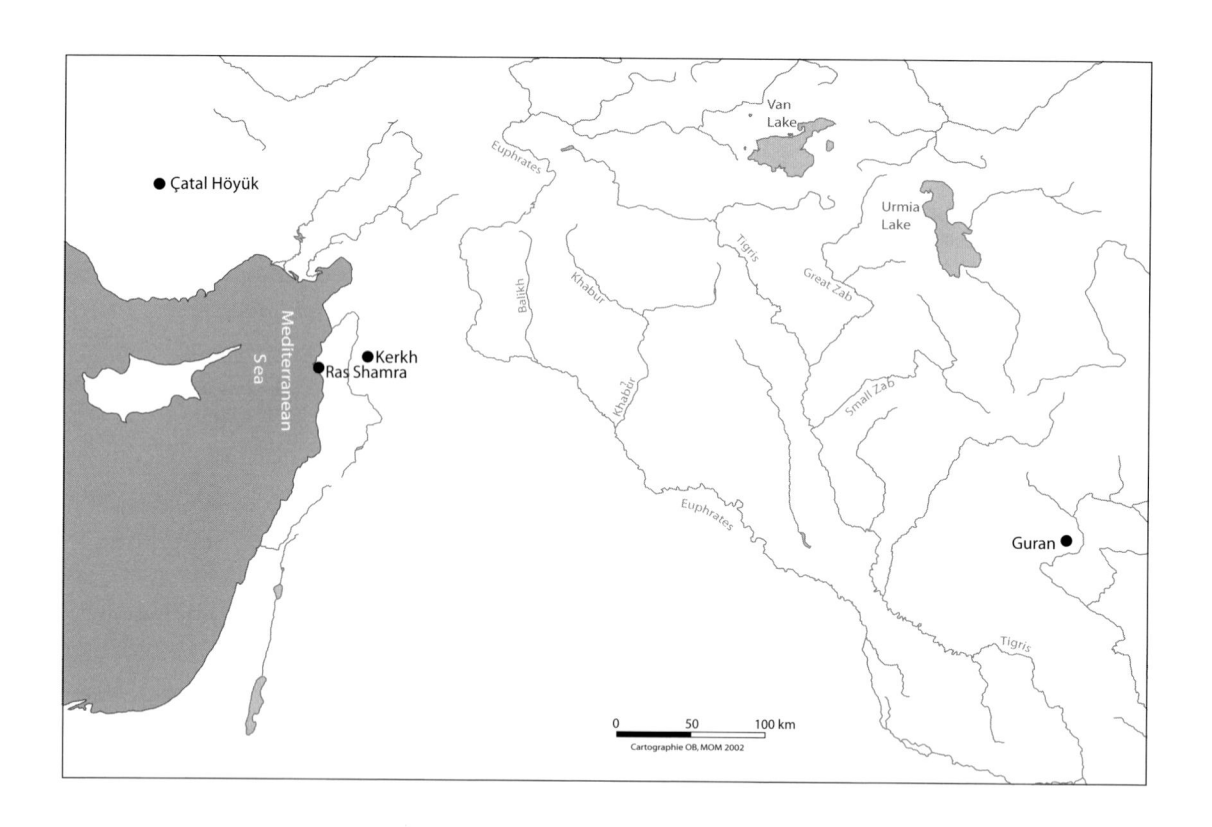

術の洗練化の途上にあったことを示している。

　同じくおよそ前7,000年頃、先土器層と土器を出土する層が連続して重なっている遺跡が、最近ほかにもいくつか見つかりつつある。これらの遺跡で出土する最初期の土器は、同じく非常に点数は少ないが、技術的に「初源的」ではない[2]。器形は非常に単純で装飾はたとえあったとしてもまれである。胎土には、種類の差こそあれ、必ず鉱物が混和されている。もろくなく、上述した土器のように低温焼成されたとは思われない。ハブール川流域にあるテル・セクル・アル・アヘイマルでは、鉱物混和土器は二種に分けられる。化学的・鉱物学的分析の結果によれば、一方（玄武岩混和土器、図2a, b）は在地で製作されたということでほぼ間違いないが、もう一方（初期暗色土器、図3）は搬入された可能性がある（Nishiaki and Le Mière 2005）。同種の初期鉱物混和土器は、ハブール川流域内で他の複数の遺跡から見つかっている（Le Mière in press a）ほか、ティグリス川流域（サラット・ジャーミー・ヤヌ、Miyake 2005）、ユーフラテス川、バリーフ川流域でも見られる（図4）。ユーフラテス川流域のアカルチャイ・テペとテル・ハルーラ、バリーフ川流域のダミシリヤでも、この初期鉱物混和土器はおそらく搬入されていた。そうすると、土器製作技術はこれらの遺跡で発明されたのではないということになろう。

　初期鉱物混和土器は、技術的には「初源的土器」よりもかなり進展しているものの、土器製作の最初期の試みとみえる。なぜなら、後にその土器は完全にあるいはほぼ完全に認められなくなるからである。初期鉱物混和土器がなぜ消えてしまったのか、その理由を考えるためには、この土器のもう一つの特徴を指摘しておく必要がある。その胎土はしばしば石灰分が少なく大量の鉱物混和材を含んでおり、調理に適したものになっている。そしてその混和材には、新石器時代以来現在に至るまで調理用の容器作りに

図2

図3

2　この段落で言及した遺跡については、Le Mière in press b で詳細に記した。

図2　テル・セクル・アル・アヘイマルの玄武岩混和土器
　　（a)外面は丁寧にミガキが施されている。(b)内面には混和材の玄武岩粒がはっきりと認められる。
図3　テル・セクル・アル・アヘイマルの初期暗色土器

用いられている粉砕された方解石が使われる場合もある。実際、胴部上半が内傾し、無頸で把手を持つ器形も調理に適していると言える（図5）。テル・セクル・アル・アヘイマルのように、新石器時代の土器の発展を追うのに十分な長い連続した堆積を持つ遺跡はいくつかあるが、そこでは初期鉱物混和土器が、次第に調理には適さない、植物混和土器や細かい鉱物が混和される土器にとって代わられる。そして調理用土器に特徴的な把手もまた見られなくなることは指摘しておいてよい。

仮説的に考えてみると、初期鉱物混和土器はどこか未だ知られざる地域で発明され、そこでは調理への非常に強い需要があったということだろう。つまり、何を調理していたかはわからないとしても、土器を用いて食用に加工する必要がそこではあった。

この土器は後に調理の需要がそれほどない遺跡へと搬入された。そのとき、テル・セクル・アル・アヘイマルでの玄武岩混和土器が示唆するように、在地の土器の作り手が、在地の素材を用いてこの搬入土器を模倣した場合もありうる。たとえそうであっても、作り手はすぐに、技術的に製作がたやすく、より需要に適った土器を発展させたのである。もっとも、この仮説は今後検証していく必要がある。なぜなら初期の土器に関するデータは未だ僅少で、その大部分が北メソポタミアから得られており、そのことがともかくも西アジア全体に一般化することの妨げとなっているからである。また、重要な論点、すなわちこの搬入品と想定される土器の起源地はどこか、ということがこれまでのところ確定していないからである。

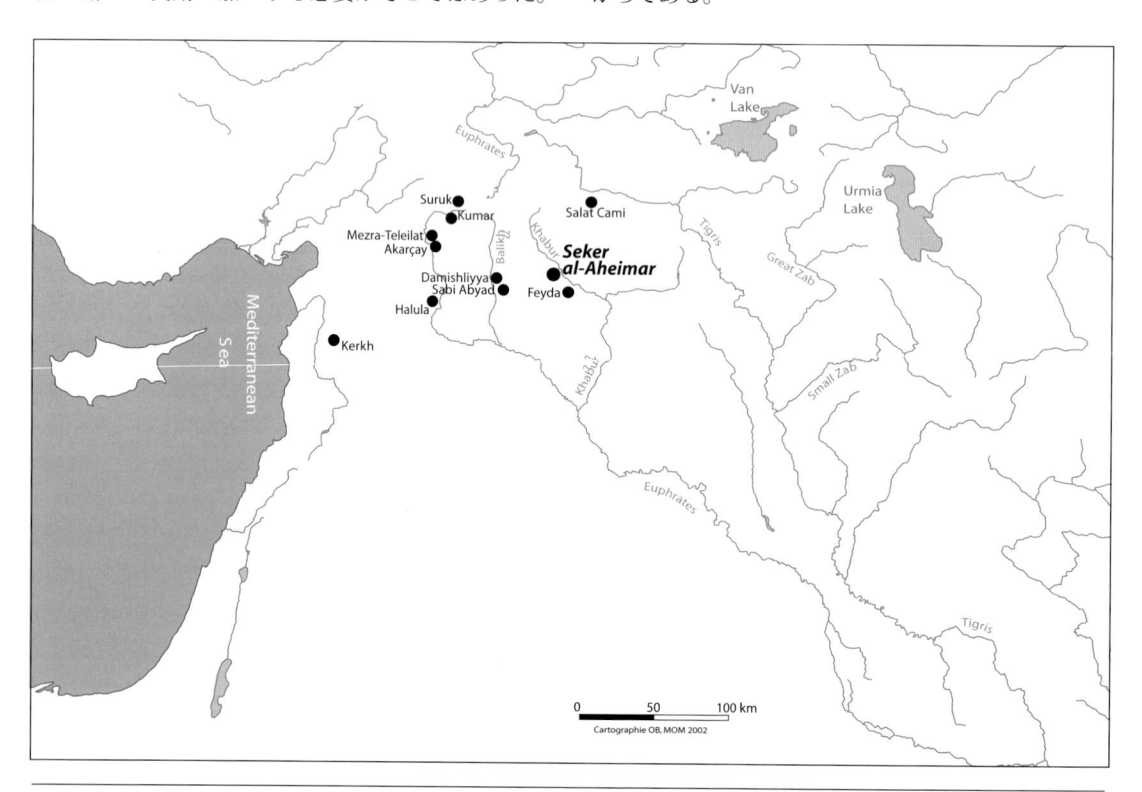

図4 初期鉱物混和土器の分布

図 5 初期鉱物混和土器の様々な器形

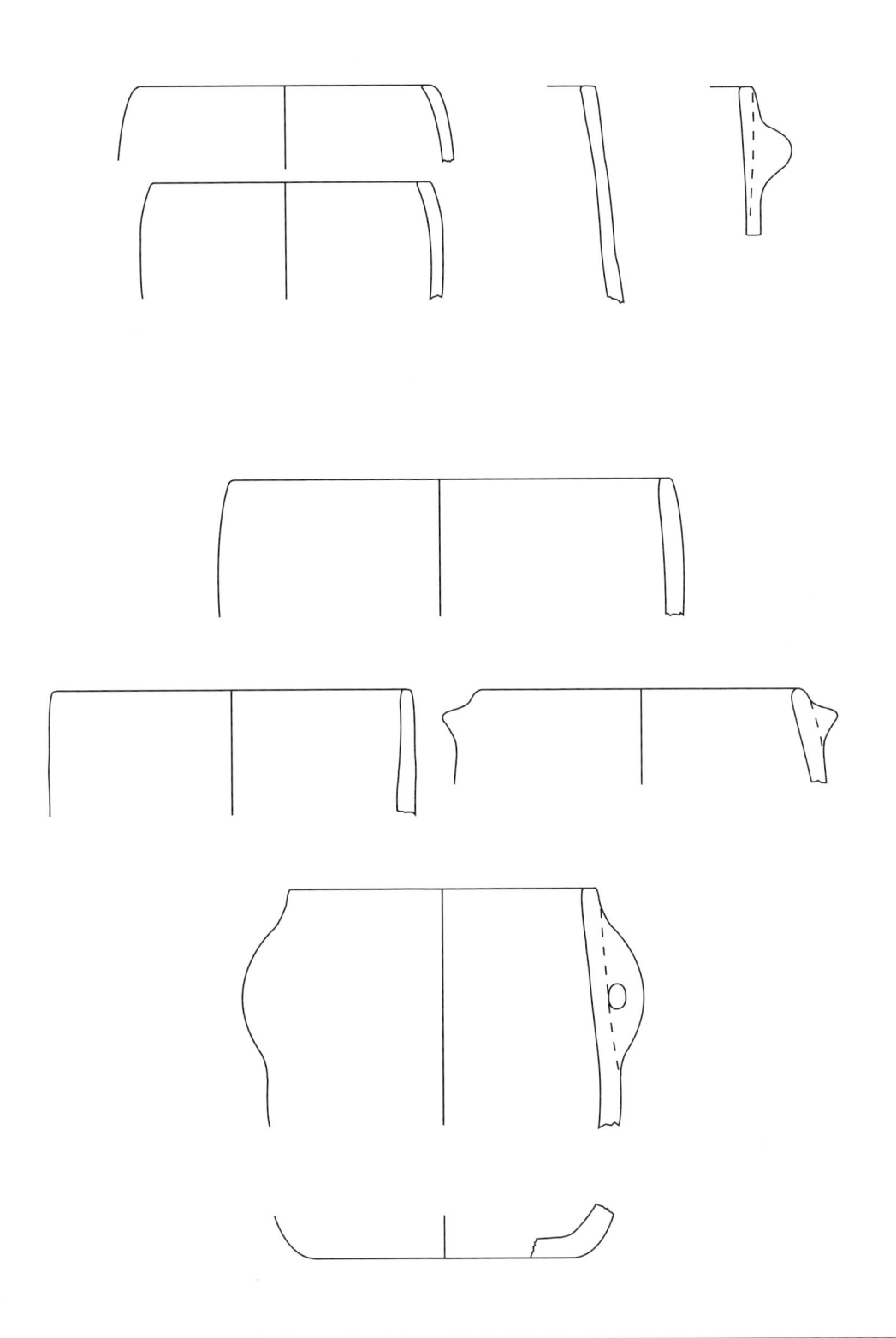

図6 土器の拡散

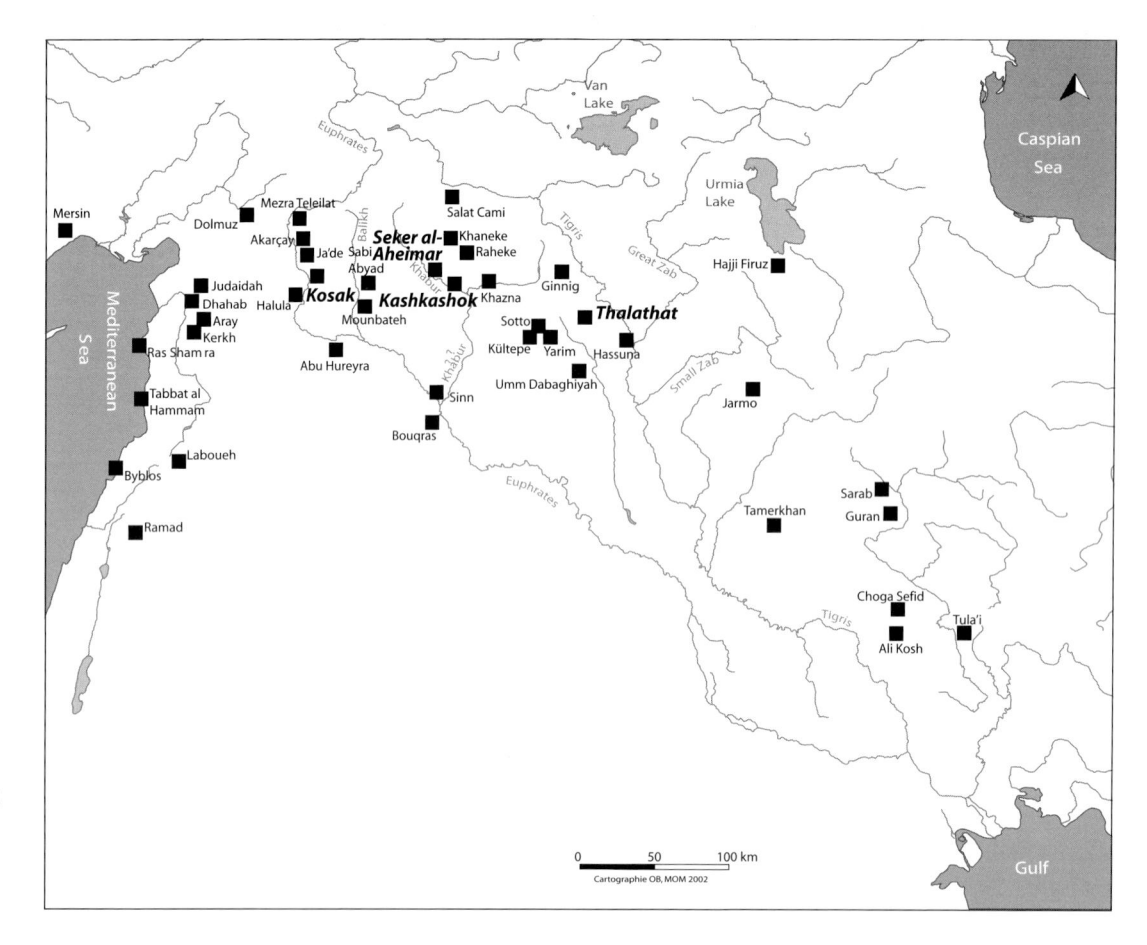

更なる発展

　土器製作技術の最初期の試みの後には急速な発展が続き、それ以来千年のうちに土器工芸は様々な経路を辿って豊かで洗練された規格的な生産へと至ったのである。

　土器の全般的な拡散は前7千年紀の前半に起こった。その結果、およそ前6,500年頃に位置づけられる全ての遺跡で土器が出土するようになる。これは西アジア全域でのことであったが、シリア砂漠と南レヴァントは例外で、土器出現は200～300年後のことになる（図6）。

　土器は量の点でも拡大した。とりわけテル・セクル・アル・アヘイマルの先土器層のようにトレンチを拡張してようやく土器を出土する層であると判明した

　初期鉱物混和土器は技術的にかなり発達しており、それゆえ上述した「初源的土器」と同じ土器製作技術の発展段階において同じ位置にあるわけではない。にもかかわらず、この初期鉱物混和土器は最初期の試みのひとつとして見なしうる。というのも、出現してからすぐにまたほぼ完全に消え失せてしまうからだ。これは、技術的に未成熟であるためというより、おそらくは様々な人間・自然環境に適していなかったためであろう。

　初期鉱物混和土器は混和材の種類が多様であり、ほぼ間違いなく様々な場所で発達した。このことと西アジアに広く分布する「初源的土器」の遺跡の存在とを合わせると、土器製作技術はある一つの起源地において発明されてそこから拡散したのではなく、おそらくいくつかの場所で独自に発明されたと考えられる。

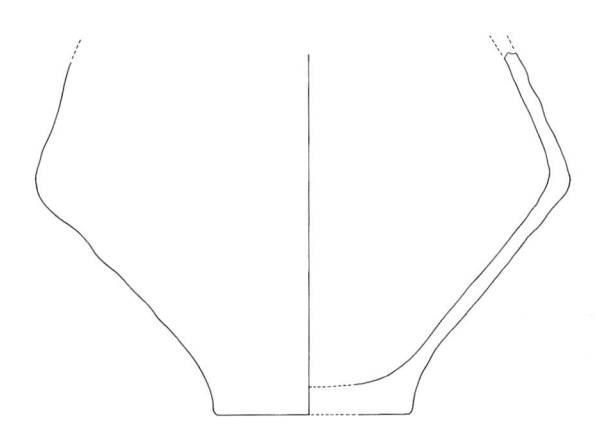

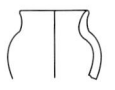

程乏しかったのが、今や土器は非常に豊富になった。このことはこの新たな製品が広く用いられたことを示している。

土器の拡散は、その特色が多様になったことからもわかる。

最初期の土器はおよそ同種の特徴を有しており、大型の鉱物混和土器で表面が磨研されるものである。次第に新たな種類の土器が登場し、それらは様々な混和材（大小の植物や鉱物）を持ち、様々な器面調整（ナデ、磨研(ミガキ)、化粧土）が組み合わされた。そして土器アセンブリッジは、プロト・ハッスーナ期のテル・セクル・アル・アヘイマルやテル・カシュカショクで見られるように、数種の土器で構成されていた（図7）。

器形に関して言えば、最初期の土器の、胴部半部が内傾したり垂直に立ち上がる無頸のものや器壁が張り出したり、まっすぐのものなどに加えて、開いた器形や竜骨型の器形、あるいは有頸で様々な頸部を持つ器形、独特な口縁形態、外反する器壁などが見られる（図10-12）。

多様性は寸法にも現れており、ミニチュア壺から深さ1メートル近くにまで達する大型の容器（テル・セクル・アル・アヘイマルで出土している）までの幅を持つ（図8）。

最後に、装飾は極めてまれではあるが、徐々に技術が発展している。それらは彩文、押捺文、刻文、貼付文などで、単独ないし複合して用いられた。そしてデザインの点では当初は単純な幾何学文であったのが、より複雑になり、図像も含まれるようになる（図10-12）。

土器は大きな多様性ばかりではなく、大きな流動性も示している。ほとんどの場合において、胎土、器形、装飾の全ての特徴は互いに関連し合っており、独立した特徴はほとんど存在しない。そのため粗製と精製という通常のカテゴリーの区別は明確には行うことができない。例えば装飾やより手の込んだ器

図7 拡散期の様々な土器。(a)テル・セクル・アル・アヘイマル出土。(b)テル・コサック・シャマリ出土
図8 拡散期の土器のサイズは、大型の鉢からミニチュア土器まで多岐にわたる。

形は精製土器に限定されるわけではない。

　こうした発展は、部分的には技術的進歩によるものだと思われる。だが、この多様性は明らかに土器が、木、石、獣皮、あるいは石灰や石膏が張られた籠など、それ以前に用いられていた他の製品と競合しながら、様々な目的に用いられたことを示している。

　土器の拡散は、あらゆる点で地域性の出現に通じており、その地域性によりいくつかの分布域に分けられる（図9）。ザグロス地域特有の特徴は丸底で竜骨形の器形と器面全体を覆う対角線上に配された彩文モチーフである（図10）。北メソポタミアでは、テル・セクル・アル・アヘイマル、テル・カシュカショク、テル・サラサートが所在しており、無頸で胴部半部が内傾する竜骨形の器形で屈曲部の上下の器壁が外反するもの、貼付文やいわゆるプロト・ハッスーナによって特徴付けられる（図11）。北シリア‐キ

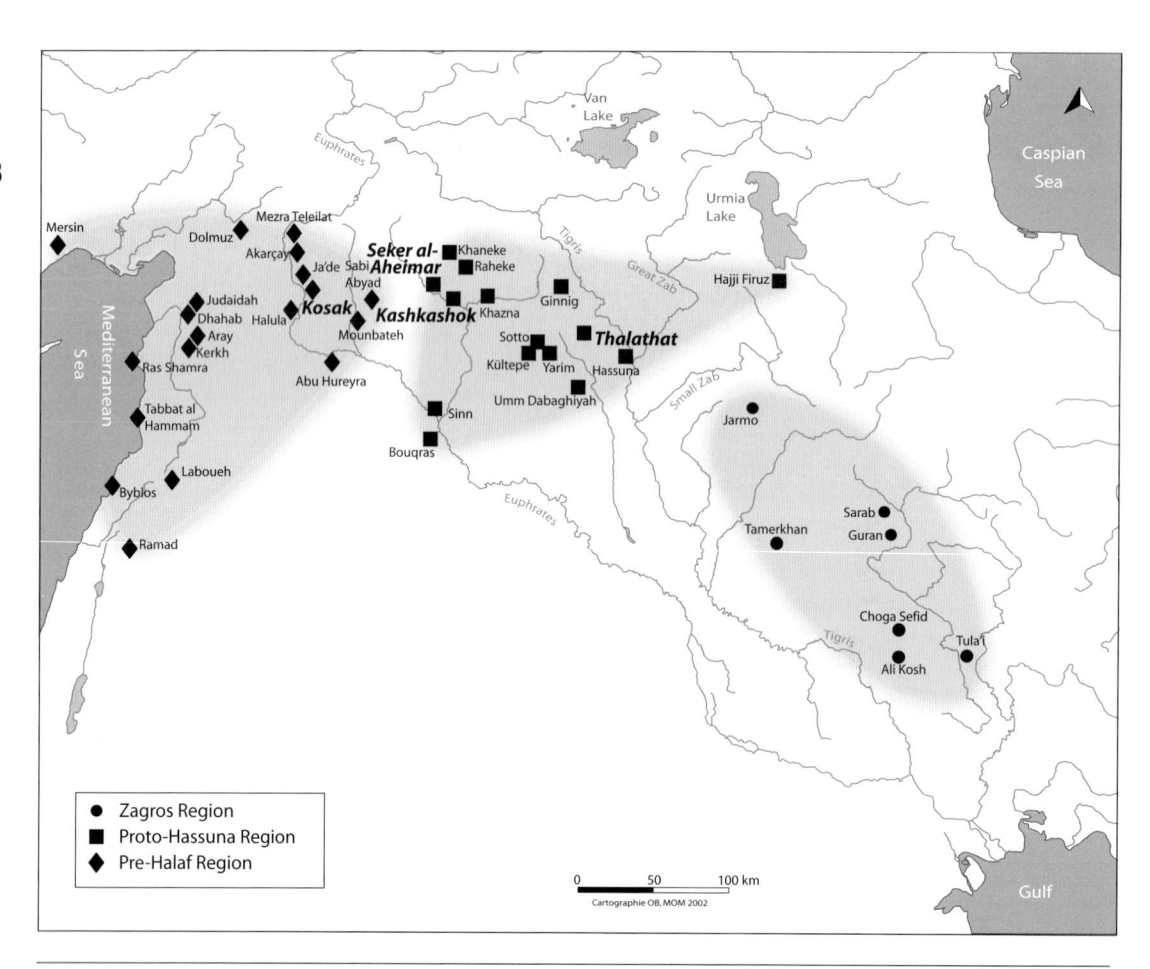

図9 土器の地域性。拡散期には、ザグロス、プロト・ハッスーナ、プレ・ハラフという大きく三つの土器グループが出現する。

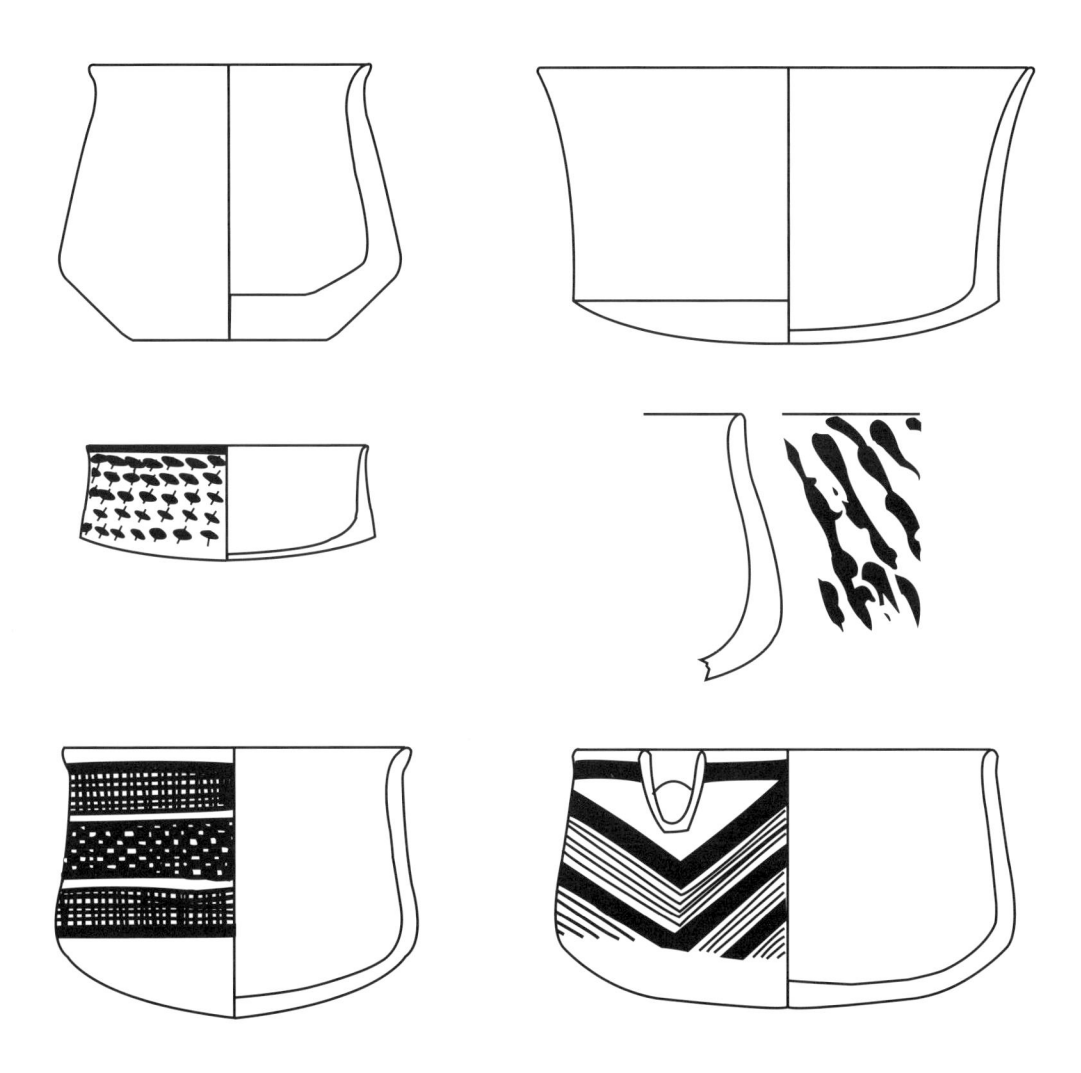

図 10 ザグロス・グループの様々な器形と装飾

リキアは、コサック・シャマリが位置しており、内反する有頸の器形、押捺文や刻文、いわゆるプレ・ハラフによって特徴付けられる（図12）。しかし、こうした地域性はおそらく、土器が発展して多様化したというより、この新たな工芸がわずか200～300年のうちに各地域の物質文化に十分に統合され、異なる文化地域の間の差異を示すようになったことを反映しているのであろう。そうした文化地域は既に長い時間にわたって、石器インダストリーその他の文化要素によって示されていたのである（Aurenche, Kozlowski and Le Mière 2004）。ティグリスからユーフラテスまで非常に類似していたジャジラの初期の土器が、後にジャジラの東部はプロト・ハッスーナへ、西部はプレ・ハラフへというように、異なる種類の土器へと発展したことは、それぞれの地域で長い期間にわたって培われていたこの文化伝統により説明できるだろう。

　上述のように、土器の流通は既に初期鉱物混和土器の時点からあったのではないかと推測できるが、土器の拡散にも流通が関係している。土器の流通は様々な遺跡から得られた資料の化学分析によって跡付けることができ、一般的な現象であったようだ。粘土は黒曜石のように希少な素材ではなく、どこでも入手可能である。したがって、土器の流通は全方向的で、短距離・長距離いずれも考慮できる。後者の例としては、ハブール川流域（なかでもテル・カシュカショク）やシンジャールにおける暗色磨研土器の存在が挙げられる。この土器は、もともとの製作地である北シリアの海岸部から南タウルス山脈にかけての緑色岩地帯から数百キロも離れたところまでもたらされたのである。複数の遺跡から得られた資料の化学組成を調べたところ、土器の流通は場当たり的なものばかりでなく、ある程度恒常的な関係に基づいていたこともわかっている。一遺跡から出土した時期が異なる資料に、同じ起源地が認められるからである。またこの恒常的な関係は、一遺跡において量的に多数を占める土器グループの場合もある。

　土器が多様化する時期は長くは続かなかった。既に前7千年紀末の数世紀には、技術の多様性が徐々に減少し、やがて土器アセンブリッジは明瞭に互いを区別される粗製土器と精製土器を含むようになる。また器形はそれぞれの種類の土器ごとに異なり、粗製土器はもはや装飾を持たなくなる。このことは各タイプの土器に特定の用途が備わっていたことを反映している。そして土器製作は、固有の胎土、器形、装飾技術やデザインに関してきちんと定まったタイプの登場を伴う規格化によって特徴付けられるようになる。ハラフ土器がこの発展段階に相当する。ハラフのアセンブリッジでは精製土器は土器の80％を占め、その90％が彩文を持ち、それ以前のアセンブリッジとは対照的である。それ以前のアセンブリッジでは、装飾を持つ土器は、例外的に、アセンブリッジ全体の中で30％に達することもあったが、たいていは5-10％の間にすぎなかった。ハラフ彩文土器は非常に洗練された装飾を示し、幅広いデザインと、それらを構造化する複雑な構成を持つ。このような彩文土器の発展は、昇焔式の窯の使用を伴う焼成温度の管理技術の進展が後押ししたようにみえる。ただ、それだけではなく、土器の位置づけに何らかの変化があったことも確かなようだ。

結論

　土器は世界のほかの場所では西アジアで出現する以前から存在していた。すなわち、日本では前1万3,500年頃、北アフリカでは前8,500年頃である。しかし、土器技術が西アジアに輸入されたことは証明されていない。日本に関しては、距離がかなり離れており、この発明がある地域から別の地域へと運

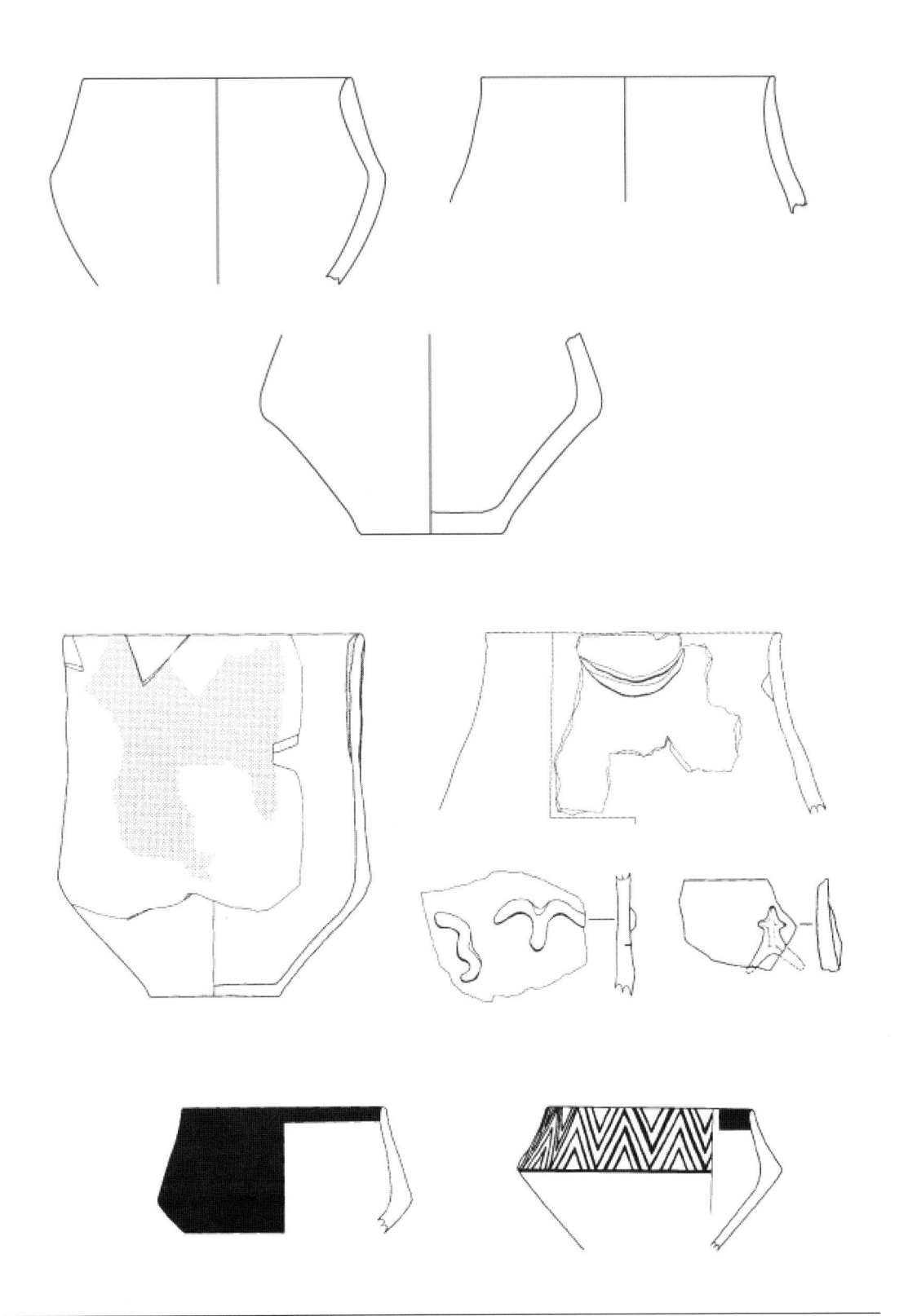

図11 プロト＝ハッスーナ・グループの様々な器形と装飾

ばれたという証拠は何一つない。北アフリカに関しては、土器技術が西アジアへ運ばれたとすればその有力候補となろう。しかし、二つの地域を繋ぐ「道の途中」にある南レヴァントでの土器の出現が遅れるため、これは疑わしい。それゆえ、そして入手可能な技術データによって示唆されるように、西アジアにおいて土器は独自に発明されたと仮定することができよう。

　冒頭で述べたように、土器は概して新石器化のその他の要素と強い結びつきを持たないようである。とはいえ、西アジアにおいて、土器が新石器化の変化や変革の最後に現れる要素として年代的に位置づけられるということから、この両者に何らかの関連性を留保しておく必要だけはある。調理の問題に関していえば、従来はしばしば植物の栽培化と関連があるとされてきたが、最初期の土器が調理と関係していたという明確な証拠はない。というのも、初期の調理用土器が急速に消えゆく背景には、調理に土器がそれほど必要とされていなかったことがあると思われるからである（上述参照）。また、土器の始まりは、遊牧の発展とともに開始された初期の乳利用と関連があるとも言われてきた。遊牧は、家畜化がさらに発展した形態であり、先土器新石器時代末と土器新石器時代初頭に始まった。しかし最近の研究によると、実際には乳利用は家畜化の当初から始まっており、動物が家畜化された主な理由でさえあったかもしれないのである (Helmer et al. in press)。動物の家畜化は土器が出現する千年も前に始まっているので、たとえ土器が乳製品に用いられたことが化学分析によって証明されたとしても、その関係は直接的なものではない。遊牧とともに新たな乳製品が出現した可能性はあるが、それを分析によってミルクと区別することは今のところ不可能である。分析では単に乳製品を肉のような動物性脂肪製品と区分するに過ぎない。このような可能性を証明するには、更に分析技術が改善されるのを待たねばならないだろう。

　土器出現の理由が何であったにせよ、その最初期の試みから千年のうちに土器工芸は新石器文化の主要な要素となった。土器の重要性を評価しようとするあまり、朽ちやすい動植物性の素材で出来た容器を見過ごしてしまうことはあるかもしれない。ただ、加熱調理に適しているという利点に加えて、以前は他の素材で作られていた多種多様な容器が土器で代替されるようになるほど、土器には何らかの長所があったのだろう。これは、土器の発展が新規に開始された活動と何ら関連していないようにみえるところからも示唆される。土器が果たした様々な役割において、最も明白なのは貯蔵、運搬、そして食事の用意、配膳、飲食である。土器が経済や社会に果たした重要な役割は、土器の流通にも見ることができる。土器自体が交換の対象でもあっただろうが、その他にやり取りされる物品の容器としても用いられたことだろう。土器の流通が単に場当たり的なものでも数量的に限られたものでもなかったことは明白である。したがって、余剰生産が生み出されたことは十分にあり得ることだし、それゆえに土器工芸の専業化も視野に入れておく必要がある。

　ハラフの洗練された彩文装飾は、土器の象徴的役割を究明する大きな可能性を切り開く。ハラフ以前、土器は単にその他の物質文化の要素によって示された文化的差異を反映するだけであった。しかし、ハラフ土器の象徴的役割は、ハラフ文化の中で土器が最も代表的な要素の一つであるという事実とともに、土器が獲得した重要な地位、そして土器の発展がいかに急速なものであったかということを物語っている。

（木内智康訳）

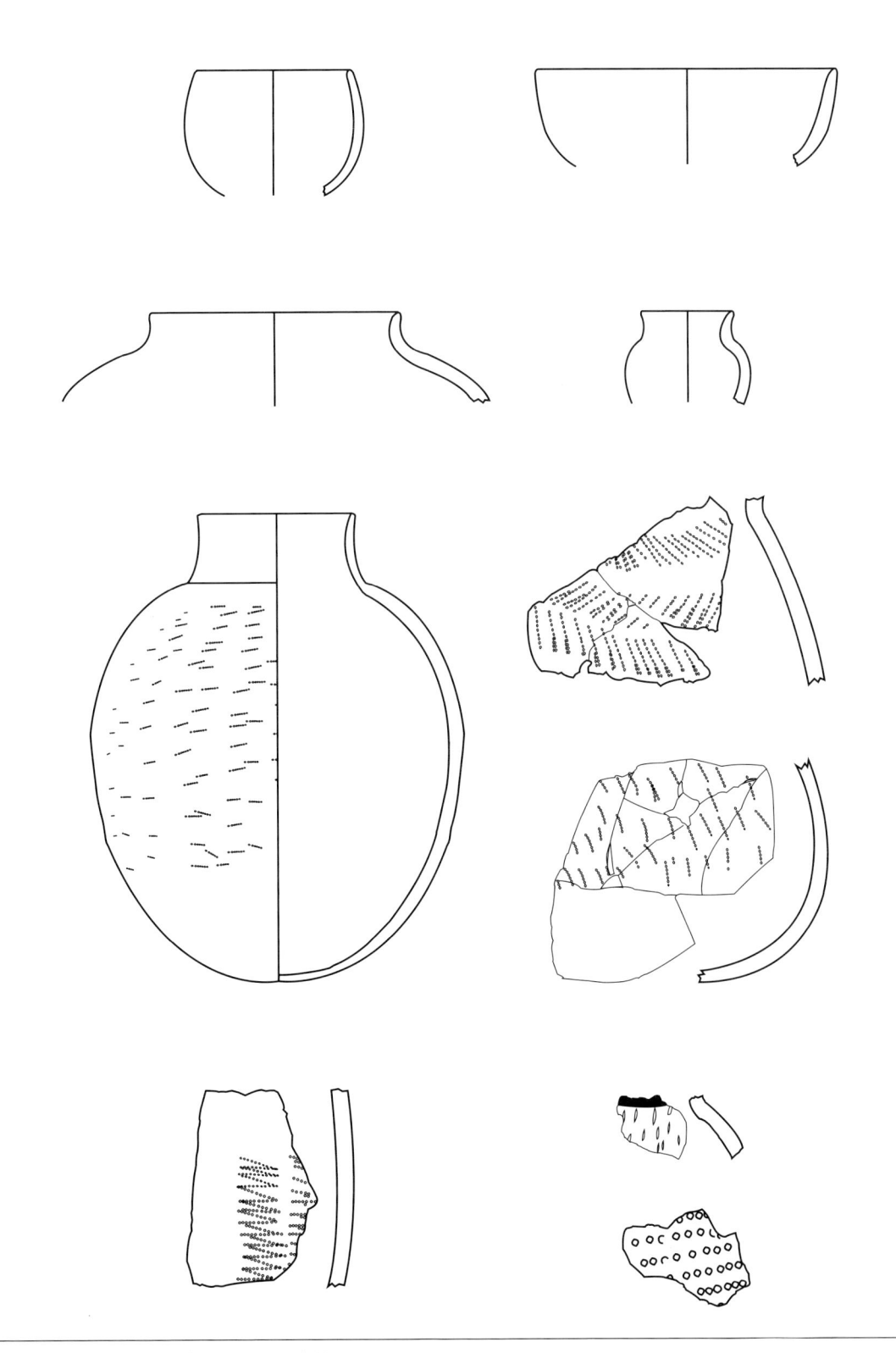

図 12 プレ=ハラフ・グループの様々な器形と装飾

引用文献

Adams, R. McC. Jr. (1983) The Jarmo stone and pottery vessel industries. In: L. S. Braidwood, R. J. Braidwood, B. Howe, C. A. Reed and P. J. Watson (eds.), *Prehistoric archaeology along the Zagros flanks.* Oriental Institute Publications 105. Chicago: the University of Chicago Press, pp.209-232.

Akkermans, P. M. M. G. (1988) The soundings at Tell Damishliyya. In: M. N. van Loon (ed.), *Hammam et-Turkman I.* Istanbul: Nederlands Historisch-Archaeologisch Instituut te Istanbul, pp.19-67.

Arimura, M., N. Balkan-Atlı, F. Borell, W. Cruells, G. Duru, A. Erim-Özdoğan, J. Ibanez, O. Maeda Y. Miyake and M.Molist (2000) A new Neolithic settlement in the Urfa region: Akarçay Tepe, 1999. *Anatolia Antiqua* 8: 227-255.

Aurenche, O., S. Kozlowski, and M. Le Mière 2004 La notion de frontière dans le Protonèolithique et le Nèolithique du Proche-Orient. In: O. Aurenche, M. Le Mière, and P. Sanlaville (eds.) *From the River to the Sea. The Palaeolithic and the Neolithic on the Euphrates and in the Northern Levant. Studies in honour of Lorraine Copeland.* BAR International Series 1263, Oxford: Archaeopress, pp.355-366.

Contenson, H. de (1992) *Préhistoire de Ras Shamra.* Ras Shamra-Ougarit VIII. Paris: Éditions Recherche sur les Civilisations.

Faura, J. M., M. Le Mière, M. Picon, A. Alavarez, X. Clop and J.-A. Barcelo (in prep.) Los análisis de pastas de la cerámica del VIII milenio BP de Tell Halula. In: M. MOLIST (ed.) *El asimiento Neolitico de Tell Halula (Valle del Éufrates, Siria).* Madrid: Ministerio de Educacióny Cultura.

Helmer, D., L. Gourichon and E. Vila (in press) Evolution of the exploitation of products from *Capra and Ovis* (meat, milk and wool) from the PPNB to the Early Bronze Age in the Northern Near East (8700 to 2000 BC cal.). *Antropozoologica.*

Hole, F. (1977) *Studies in the archaeological history of the Deh Luran plain: the excavations at Choga Sefid.* Ann Arbor: Museum of Anthropology, University of Michigan.

Le Mière M. (in press a) Neolithic pottery from the Khabur Basin: a reassessment in the light of recent discoveries. In: Y. Nishiaki, M. Verhoeven and K. Kashima (eds.), *Proceedings of the international symposium "Neolithic archaeology in the Khabur valley, upper Mesopotamia and beyond."* Tokyo: The University Museum, The University of Tokyo.

Le Mière, M. (in press b) Early Neolithic pottery from the Near East: the question of temper and its implications. *Antiquity.*

Le Mière, M. and M. Picon (1998) Les débuts de la céramique au Proche-Orient. *Paléorient* 24(2): 5-26.

Mellaart, J. (1964) Excavations at Çatal Hüyük, 1963: third preliminary report, 1963. *Anatolian Studies* 14: 39-119.

Mellaart, J. (1966) Excavations at Çatal Hüyük, 1965: fourth preliminary report. *Anatolian Studies* 16: 165-191.

Mellaart, J. (1975) *The Neolithic of the Near East.* London: Thames and Hudson.

Miyake, Y. (2003) Sounding excavations at Tell el-Kerkh 2. Pottery. In: T. Iwasaki and A. Tsuneki (eds.), *Archaeology of the Rouj Basin, vol. 1.* Tsukuba: Department of Archaeology, Institute of History and Anthropology, University of Tsukuba, pp.119-141.

Miyake, Y. (2005) Archaeological survey at Salat Cami Yanı. A Pottery Neolithic site in the Tigris valley, southeast Turkey. *Anatolica* 31: 1-17.

Mortensen, P. (1963) Excavations at Tepe Guran, Luristan: early village farming occupation. *Acta Archaeologica* 34: 110-121.

Nishiaki, Y. and M. Le Mière (2005) The oldest Pottery Neolithic of Upper Mesopotamia: new evidence from Tell Seker al-Aheimar, the Upper Khabur, northeast Syria. *Paléorient* 31(2): 55-68.

「カンバス」としての土器
西アジア先史土器における彩文装飾

小髙敬寛

　西アジアの先史時代に製作された土器には、しばしば色鮮やかな顔料でさまざまなモチーフの彩文が施されている。西アジアの諸遺物を展示する博物館や展覧会では、彼の地の先史文化を象徴する優美な工芸品として、これら彩文土器が大きく採りあげられていることが多い。学史を紐解いてみても、彩文土器はとりわけ目を惹く遺物として、古くから研究の対象とされてきた。特に、文様の意匠・配置・組み合わせは、土器による編年研究においてきわめて有用な情報であり、ひいては特定の考古学的文化の存在や拡がりを示す指標とされる場合もある。

　しかし、ここでは編年や考古学的文化の指標という視点からではなく、土器工芸における装飾の一種としての彩文という観点から俯瞰してみたい。当時の人びとが彩文土器をつくり、眺め、触れたとき、何を思い何を感じていたのかを想像するための一助として、学術的な視座から話題を提供できれば幸いである。

土器装飾の発展

　前7,000年頃、西アジアの地において初めて普及した土器は、ほとんどが無文の作品であり、それらに装飾的な要素を見出すことは難しい。たとえば、最初期の土器の一種と考えられる、シリア北西部の「ケルク土器」にはまったく装飾がみられない（Tsuneki et al. 1998; Miyake 2003）。また、ほぼ同じ時期の「ブラック・シリーズ」と呼ばれる一群の土器には、トルコ南東部のアカルチャイ・テペから出土したものに刻文[1]の存在が（Arimura et al. 2000）、シリア北部のテル・サビ・アビヤドIから出土した資料に暗文の存在が指摘されているものの（Akkermans et al. 2006）、いずれもわずか1点ずつ図示されているのみで、必ずしも積極的に土器を装飾する行為を想起させるものではない。装飾の乏しさは、鉱物の混和、暗色系でミガキ調整の器面、単純な鉢形器形などと並んで、最初期の土器に多くみられる顕著な特徴の一つといえる。

　その後、土器製作の発展と多様化に伴って、土器の器面にはさまざまな装飾が施されはじめる。その技法には、粘土紐や粘土塊を成形して器面に貼り付けた文様（貼付文）（図1）、器面を道具で引っ掻いて描いた文様（刻文）、爪あるいは棒状や櫛の歯状の道具を押捺してつけた文様（爪形文、刺突文、櫛歯文など）、胎土をユビで摘み上げて施した文様などがある。当初、彩文による装飾は決してありふれたものではなかったが、前7千年紀半ばまでにユーフラテス川から東側で徐々に普及し、特に北メソポタミアからザグロスでは珍しいものではなくなっていた。東京大学によるイラク北部のテル・サラサートⅡ（深井他編 1970; Fukai and Matsutani eds. 1981）、あるいはシリア北部のテル・カシュカショクⅡ（Matsutani ed. 1991）やテル・コサック・シャマリ（Nishiaki and Matsutani eds. 2001）の発掘調査でも、この時期に特徴的な貼付文をもつ土器と並んで、彩文土器が出土している。この時期の彩文土器の文様は、連続する三角形、平行する斜線やジグザグ、縦方向の波状線などの単純な幾何学文であり、概して粗雑に施文されている。そして、あくまで土器の装飾技法のなかで突出したものではなかったし、そもそも装飾される土器自体が決して多くはなかった。

---

1 報告の本文にはwith fine vertical incision"、図中キャプションには"with a series of oblique fine parallel lines incised"とあるが、図を参照するかぎり、日本語では「爪形文」と表現したほうがより適切かもしれない。

図1 イラク、テル・サラサート出土の貼付文土器

図2 サマッラ土器の分布

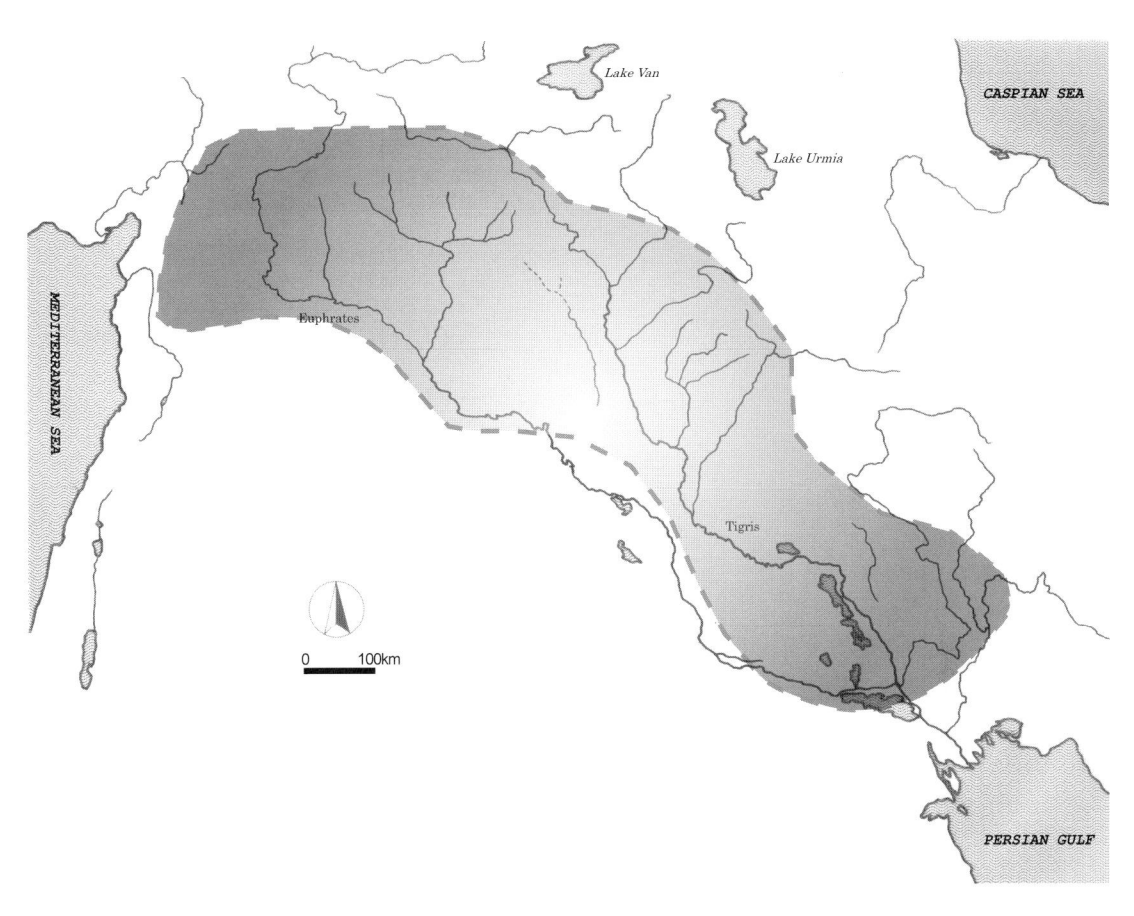

精製彩文土器の登場

　この状況が一変するのは、前7千年紀後半のことである。「サマッラ土器」と呼ばれる一群の土器がメソポタミア地方に現われ、イラン南西部からイラク全域、シリア北部、そしてわずかながらトルコ南東部に至るまで、瞬く間に拡がっていく(図2)。サマッラ土器の最大の特徴は、先行する土器に比べて精選された粘土が用いられること、そして、明色地の上に暗色系主体の彩文の施された土器が圧倒的な割合を占めることである。その文様は、おもに階段文、雷文、ジグザグ文、ペグ文などの幾何学文であり、これらは基本的に横方向の線で帯状に区切った文様帯のなかに、繰り返し丁寧に施文される。また、動態の人物・動物などの具象文も散見され、とりわけ坏形器形の内面に配される場合が多い。

　サマッラ土器の精緻なつくりと鮮明な彩文は、それ以前の彩文土器とはかけ離れた、まったく異質な印象を我々に与えてくれる。その印象は当時の人びとにとっても新鮮であったようで、それがサマッラ土器の急速に拡散する要因の一つとも考えられる。のみならず、サマッラ彩文土器は他の種類の土器にも大きな影響をもたらした。たとえば、サマッラ土器の出現以前のイラク北部には、「ハッスーナ土器」と呼ばれる明色地にしばしば刻文を縦方向に配列した土器が分布していたが、サマッラ土器がこの地に及ぶとハッスーナ土器にも彩文が多用されるようになり、刻文の配列も横方向のものが増えてくる。両者はしばしば共伴するため、過去にはハッスーナ土器の範疇でサマッラ土器を捉えるむきもあったが (たとえば Dabbagh 1965)、サマッラ土器の影響によってハッスーナ土器が変化し、サマッラ土器に似通ってくるというのが実情のようだ。

　ところで、ほぼ同じ時期、イラク南部に「ウバイド土

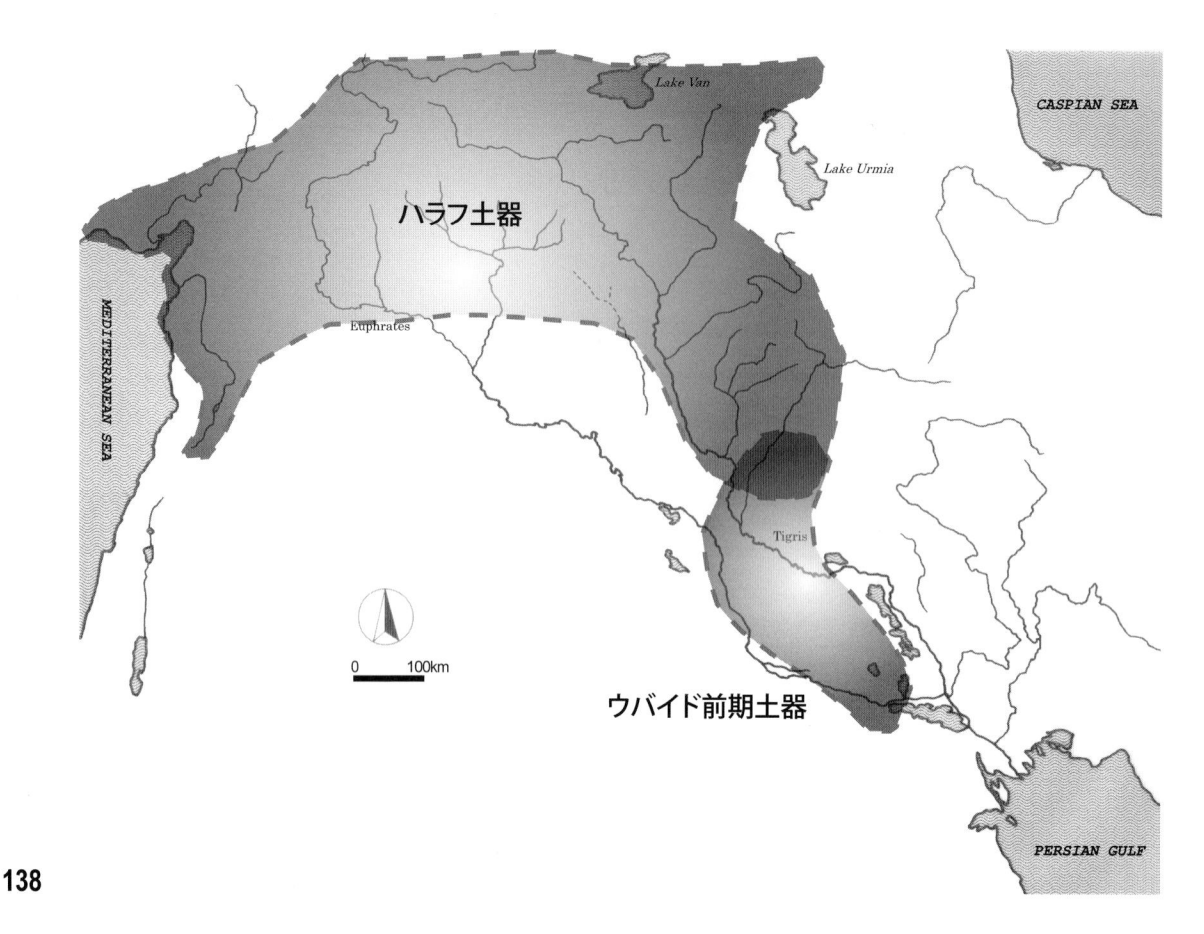

器」と呼ばれる土器が出現する。この土器には彩文による装飾が多くみられ、断面 S 字形の盛行といった器形などの共通性も多いことから、サマッラ土器との関係性が古くから指摘されてきた。編年上サマッラ土器のほうが古く、ウバイド土器はその系譜を引き継いだ新しい土器というのが伝統的な見解であったが、1980年代に発見された最も古いウバイド土器（ウバイド 0 土器）は、この変遷過程の再考を促した（Huot ed. 1983, 1987, 1991, 1996）。ウバイド 0 土器とサマッラ土器の年代にはさほど差がないうえ、両者の器形や装飾などの諸属性はいずれも酷似している。ウバイド土器からサマッラ土器が派生したとする、従来の説とはまったく逆の見方をする研究者さえ存在するが（Blackham 1996）、筆者は基本的に両者を同一視すべきと考えている。いずれにせよ、両者はより密接な関係性をもっていたことが証明されつつあり、おそらく精緻な彩文土器として一元的に登場したのである。

サマッラ土器は北メソポタミアにおいて地域的に変化を遂げ、やがて「ハラフ土器」と呼ばれる新種の土器を生み出す。その過程は、シリア北部のテル・サビ・アビヤドⅠで連続的に観察される（Akkermans ed. 1996）。ハラフ土器は、サマッラ土器にも増してきめ細やかな胎土、そしてパネル状の区画のなかに時には二色の顔料を用いて施される華麗な彩文から、彩文土器の頂点ともいうべき西アジア先史時代の代表的な美術工芸品になっている。日本隊による調査では国士舘大学や筑波大学の発掘で出土している他、東京大学が1960年代にイラク北部で行なった踏査で多数収集され、同大学の総合研究博物館に収蔵されている（谷一・松谷 1981）。ハラフ土器は、サマッラ土器よりもさらに遠くトルコの地中海岸やアゼルバイジャン地方にまで及び、北メソポタミアを核とした広範な分布をみせる。その一方で同じ時期の南メソポタミアでは、上述のウバイド 0 土器に後続するウバイド前期の土器が分布を

図3　ハラフ土器とウバイド前期土器の分布

拡大し、ティグリス川の支流、ディアラ川付近を境に北のハラフ土器と対峙していた（図3）。かくして、メソポタミアを中心とした西アジア先史時代の彩文土器文化は、その頂点を極めた。

　サマッラ土器、ウバイド前期土器、ハラフ土器の三者は、少なくともサマッラ土器を媒介として互いに関係をもちながら成立した土器であり、多様化の方向に進んでいたそれまでの土器とはまったく異質なものである（本書所収のルミエール論考参照）。その最大の違いは精緻な彩文土器を主体とする点であり、それはおそらく隆盛の一要因でもあった。分布の急速な拡がりは、土器製作技術の違いだけでなく、当時の人びとの土器に対する概念の変化、土器と土器装飾（つまり彩文）の意味の変化をも想起させる。そこで、筆者はこれらを「精製彩文土器」と呼び、それ以前の彩文土器を含むさまざまな土器との差異を強調すべきであると考えている。

　なお、東京大学がイラン南西部マルヴ・ダシュト盆地で発掘したタル・イ・ムシュキやタル・イ・ジャリA・B出土の彩文土器もほぼ同じ時期の所産と考えられるが（図4）、メソポタミア地方との直接的な関連性は認められない（深井他編 1973; 曽野 1974; Egami et al. 1977）。ただし、イラン西部の多くの地域では、サマッラ土器あるいはウバイド前期土器に類似した彩文土器が製作されていたことを申し添えておく。

精製彩文土器をめぐって

　では、当時の人びとの土器に対する概念の変化とはいかなるものであったのだろうか。精製彩文土器のなかには、儀礼との関連が指摘されている事例がある。たとえば、テル・アルパチヤでみつかった墓に副葬されていたハラフ土器には、儀礼のための祀堂を思わせる建物や狩猟の場面など多くの風景が描かれており、この土器が特別な儀礼のための祭祀具であったことを暗示する（Hijara 1978）。また、新石器時代の「舞踊」にかんする資料を集成し考察したガーフィンケルは、サマッラ土器やハラフ土器にしばしば踊る姿を表す文様

図4　イラン、タル・イ・ムシュキ出土彩文土器（西秋 2003: Pl. 11-2）

がみられるとしている。新石器時代において舞踊と饗宴は人間集団の社会的な紐帯を生み出す重要な儀礼であったため、宴で使われる器には踊る人びとの姿が描かれる、というわけである（図5）。とりわけ、サマッラ土器やハラフ土器に特有の「踊る女性たちdancing ladies」と通称される文様は、口縁内面を縁取るように繰り返し施文されており、円を描く土器の口縁は踊り手の連なる集団を、文様の反復は舞踊のリズムと様式化された衣装や動きを、それぞれ象徴しているのだという（Garfinkel 2003）。

　その是非はともかくとして、これらの主張は数少ない具象文に注目した結果であって、精製彩文土器に描かれる文様の大部分は幾何学文が占めている事実を看過すべきでない。幾何学文を含めたあらゆる文様を人間集団の表象として、あるいはそれらの文化的な接触の結果として捉える考えかたは、考古学の世界で伝統的に根強い。フェルフーフェンはこれに則りながら、精製彩文土器を歴史的な脈絡の上に位置づけようとしている。土器出現以前の新石器社会では、その統制を維持するための象徴的なシステムとして、復顔頭骨、石彫や塑像、儀礼のための施設といった、集団全体が共有する圧倒的なシンボルの存在があった。しかし、土器が普及する時期には人間集団の小型・分散化が起こり、その流れに対応する新たな象徴的システムの一部とすべく、見映えのする精製彩文土器が隆盛したというのである（Verhoeven 2002）。

　いずれにせよ、我われ現代の人間が、遺されたモノから当時の人びとの思想を探っていくのは容易なことではない。しかし、精製彩文土器はうつわとしての実用的な需要からだけでなく、少なくとも彩文の施文を前提に、言うなれば描くために製作されたことは想像に難くない。なぜなら、その器面は暗色系の顔料とは対照的な明色を呈し、頻繁に化粧土がかけられ、丁寧なナデやミガキで平滑にされているからだ。明色系の土器、あるいは丁寧なナデやミガキ調整の土器は古くから存在したが、基本的にそれぞれの分布は地域を違えており、両者を兼ね備えた土器は精製彩文土器の登場までほとんど例をみない。土器製作者が明色系の平

図5　イラン、タル・イ・ギャブ出土の彩文深鉢（西秋 2003: Pl. 56-1）

図6 イラク、テル・サラサート出土のウバイド土器（西秋 2000: Pl. 18-2）

滑な器面をつくることは、彩文を描くための「カンバス」を得ることに他ならなかったのであろう。

　ちなみに、伝統的にミガキ調整された暗色の器面をもつ土器を製作していた北レヴァントでは、それまで貼付文や押捺文といった、器面に凹凸をつける装飾が盛んであった。しかし、精製彩文土器がわずかながら搬入されるようになると、器面の暗色はなかなか変わらなかったものの、装飾技法には変化が現われる。ただし、彩文が多用されるのではない。当時は黒色や褐色、赤色の顔料だけしか知られておらず、暗色の器面では映えなかったのである。では、どうなったのかといえば、暗文と呼ばれる器面を強く磨いて文様を施す技法が盛行した。筆者はこの変化を精製彩文土器の影響と考えている。土器の作り手たちは器面を明色地に変えてカンバスをつくるのではなく、暗色の地をカンバスとして活かす方法を考えたのではなかろうか（小高 2003, 2007）。いずれにせよ、凸凹の装飾は廃れて彩文と同じ平面的な装飾が流行し、土器は文様を描くカンバスとなったのだ。

彩文土器のその後

　前5,000年頃になると、ウバイド後期の土器が北メソポタミアにも拡散し、ハラフ土器に取って代わる。この土器にも多くの彩文が描かれるが、ハラフ土器と比べて胎土が粗く、彩文の文様は簡素で単純なものが増え、概して造りも粗雑である。

　テル・カシュカショクIIではこの時期の墓地がみつかり、副葬品として多くの彩文土器が出土している（Matsutani ed. 1991）。注目すべきは、特定の器形や文様をもつ土器に限って副葬される点である（小泉 2001）。また、テル・コサック・シャマリでは土器工房跡や土器の倉庫がみつかっており、当時の土器製作活動の一端が明らかになった（Nishiaki and Matsutani eds. 2001）。興味深いことに、土器倉庫からは同じ彩文をもつ同じ器形の土器が複数出土しており、同時に同じ規格の製品が複数つくられていたことを窺わせる。さらに、彩文土器にたびたびみられる「目の文様」

は、北メソポタミアの複数の遺跡で出土している「眼の偶像」との関連において、当時の人びとの精神世界を窺い知るための重要な資料である(小泉 2001)。なお、東京大学総合研究博物館はこの時期の彩文土器を多数所蔵している。それらは、テル・サラサートⅡ出土のウバイド後期土器(江上編 1958; 深井他編 1970)(図6)、イラン南西部、タル・イ・ギャプやタル・イ・バクーン出土のウバイド後期に併行する時期の土器(江上・増田編 1962; 江上・曽野編 1962)といった、いずれも同大学による発掘で得られた資料である。

その後、前4千年紀にウバイド土器は消滅し、メソポタミアを中心として「ウルク土器」と呼ばれる新たな土器が拡がる。この土器を標式とするウルク文化はメソポタミア文明の直接的な母胎とされており、分業化・階層化・都市化などが進行し、社会の複雑性が増していく時代であった。土器には依然として彩文も描かれたが、総じて装飾が廃れて無文化が進んでいく。複雑な社会から生まれる需要に対処するためか、カンバスとして彩文を描くための土器よりも、シンプルで大量に製作しやすい土器が好まれたようだ。また、土器以外のさまざまな工芸品の発展は、絵画表現の媒体、あるいは描かれることによって生み出される特別な財としての彩文土器の価値を相対的に低下させたの

かもしれない。東京大学による発掘では、テル・サラサートⅡ、テル・カシュカショクⅡ、テル・コサック・シャマリからこの時期の土器が出土している(江上編 1958; Matsutani ed. 1991; Nishiaki and Matsutani eds. 2001)。

こうして、先史時代の終焉そして文明の黎明とともに、西アジアの彩文土器は大量生産型の土器のなかに埋もれはじめる。ただし、前3千年紀、南メソポタミアでシュメール文明が誕生する頃には、「スカーレット・ウェア」と呼ばれる赤色顔料に彩られた華美な彩文土器が登場した。またこの時期、シュメールの勢力範囲を外れていた北メソポタミアはニネヴェ5期と呼ばれるが、ここでも多くの特異な彩文土器が製作され、東京大学によるテル・サラサートⅤの発掘でも多数出土している(深井他編 1974)。

その後、前2千年紀に青銅器が普及すると、いよいよ彩文土器は廃れていく。しかし、たとえ多くの土器が無文であっても、完全に姿を消すことはなかったようだ。地域と時代によって流行り廃りがあるにせよ、とりわけ特別な土器には念入りな彩文が施される場合もみられる。西アジアの新石器時代に始まった彩文土器の伝統は、人びとの記憶から決して消え去ることなく連綿と受け継がれていったのである。

図7 イラク、テル・サラサート出土の無文鉢 (西秋 2000: Pl. 25-2)

引用文献

江上波夫（編）(1958)『テル・サラサートⅠ』東京大学イラク・イラン遺跡調査団報告書1、東京大学東洋文化研究所。

江上波夫・曽野寿彦（編）(1962)『マルヴ・ダシュトⅡ』東京大学イラク・イラン遺跡調査団報告書3、東京大学東洋文化研究所。

江上波夫・増田精一（編）(1962)『マルヴ・ダシュトⅠ』東京大学イラク・イラン遺跡調査団報告書2、東京大学東洋文化研究所。

小髙敬寛(2003)「北シリア新石器時代における土器装飾の変遷 ―ルージュ盆地とバリフ川流域を例に―」『西アジア考古学』4号、55-66頁。

小髙敬寛(2007)『西アジア新石器時代における土器の研究』博士論文（早稲田大学大学院文学研究科）。

小泉龍人(2001)『都市誕生の考古学』世界の考古学17、同成社。

曽野寿彦(1974)『西アジアの初期農耕文化―メソポタミアからインダスまでの彩文土器の比較研究―』山川出版社。

谷一 尚・松谷敏雄 (1981)『東京大学総合研究博物館考古美術（西アジア）部門所蔵考古学資料目録 第1部 メソポタミア（イラク）』東京大学総合研究博物館標本資料報告6号、東京大学総合研究博物館。

西秋良宏(2000)『東京大学総合研究博物館考古美術（西アジア）部門所蔵考古学資料目録 第5部 イラク、テル・サラサート出土の先史土器』東京大学総合研究博物館標本資料報告38号、東京大学総合研究博物館。

西秋良宏(2003)『東京大学総合研究博物館考古美術（西アジア）部門所蔵考古学資料目録 第6部 イラン、マルヴダシュト平原の先史土器』東京大学総合研究博物館標本資料報告51号、東京大学総合研究博物館。

深井晋司・堀内清治・松谷敏雄（編）(1970)『テル・サラサートⅡ』東京大学イラク・イラン遺跡調査団報告書11、東京大学東洋文化研究所。

深井晋司・堀内清治・松谷敏雄（編）(1973)『マルヴ・ダシュトⅢ』東京大学イラク・イラン遺跡調査団報告書14、東京大学東洋文化研究所。

深井晋司・堀内清治・松谷敏雄（編）(1974)『テル・サラサートⅢ』東京大学イラク・イラン遺跡調査団報告書15、東京大学東洋文化研究所。

Akkermans, P. M. M. G. (ed.) (1996) *Tell Sabi Abyad, the Late Neolithic settlement: report on the excavations of the University of Amsterdam (1988) and the National Museum of Antiquities, Leiden (1991-1993) in Syria.* Istanbul: Ned erlands Historisch-Archaeologisch Instituut te Istanbul.

Akkermans, P. M. M. G., R. Cappers, G. Cavallo, O. Nieuwen huyse, B. Nilhamn and I. Otte (2006) Investigating the early Pottery Neolithic of northern Syria: new evidence from Tell Sabi Abyad. *American Journal of Archaeology* 110: 123-156.

Arimura, M., N. Balkan-Atlı, F. Borell, W. Cruells, G. Duru, A. Erim-Özdogan, J. Ibanez, O. Maeda Y. Miyake, M. Molist and M. Özbasaran (2000) A new Neolithic settlement in the Urfa region: Akarçay Tepe, 1999. *Anatolia Antiqua* 8: 227-255.

Blackham, M. (1996) Further investigations as to the relationship of Samarran and 'Ubaid ceramic assemblages. *Iraq* 58: 1-15.

Dabbagh, T. (1965) Hassuna pottery. *Sumer* 21: 93-111.

Egami, N., S. Masuda and T. Gotoh (1977) Tal-i-Jarri A: a prelimi nary report of the excavations in Marv Dasht, 1961 and 1971. *Orient* 13: 1-14.

Fukai, S. and T. Matsutani eds. (1981) *Telul eth-Thalathat, vol. IV: the excavation of Tell II, the fifth season (1976).* The Tokyo University Iraq-Iran Archaeological Expedition Report 17, Tokyo: The Institute of Oriental Culture, The University of Tokyo.

Garfinkel, Y. (2003) *Dancing at the dawn of agriculture.* Austin: University of Texas Press.

Hijara, I. (1978) Three new graves at Arpachiyah. *World Archaeology* 10(2): 125-128.

Huot, J. -L. (ed.) (1983) *Larsa (8e et 9e campagnes, 1978 et 981) et 'Oueili (2e et 3e campagnes, 1978 et 1981): rapport préliminaire.* Paris: Éditions Recherche sur les Civilisations.

Huot, J. -L. (ed.) (1987) *Larsa (10e campagne, 1983) et Oueili (4e campagne, 1983): rapport préliminaire.* Paris: Éditions Recherche sur les Civilisations.

Huot, J. -L. (ed.) (1991) *'Oueili, travaux de 1985.* Paris: Éditions Recherche sur les Civilisations.

Huot, J. -L. (ed.) (1996) *'Oueili, travaux de 1987 et 1989.* Paris: Éditions Recherche sur les Civilisations.

Le Mière, M. and M. Picon (1998) Les débuts de la céramique au Proche-Orient. *Paléorient* 24(2): 5-26.

Matsutani, T. (ed.) (1991) *Tell Kashkashok: the excavations at Tell No. II.* Tokyo: Institute of Oriental Culture, The University of Tokyo.

Miyake, Y. (2003) Sounding excavations at Tell el-Kerkh 2. Pottery. In: T. Iwasaki and A. Tsuneki (eds.), *Archaeology of the Rouj Basin, vol. 1.* Tsukuba: Department of Archaeology, Institute of History and Anthropology, University of Tsukuba, pp.119-141.

Nishiaki, Y. and T. Matsutani (eds.) (2001) *Tell Kosak Shamali. The archaeological investigations on the upper Euphrates, Syria, vol. I: Chalcolithic architecture and the earlier prehistoric remains.* UMUT Monograph 1, Tokyo: The University Museum, The University of Tokyo.

Tsuneki, A. J. Hydar, Y. Miyake, S. Akahane, M. Arimura, S. Nishiyama, H. Sha'baan, T. Anezaki and S. Yano (1998) Second preliminary report of the excavations at Tell el-Kerkh (1998), northwestern Syria. *Bulletin of the Ancient Orient Museum* 19: 1-40.

Verhoeven, M. (2002) Transformations of society: the changing role of ritual and symbolism in the PPNB and the PN in the Levant, Syria and South-east Anatolia. *Paléorient* 28(1): 5-13.

土器工房

　西アジアの土器作りは遅くとも 8,900 年前頃に始まる。当初の土器は各戸で細々と作られていたのか、遺跡に工房らしきものは見あたらない。まれに簡単な穴窯が見つかる程度である。8,000 年前くらいには昇焔式の窯が現れたという主張もあるが、はっきりしない。明らかな工房が見つかるようになるのは銅石器時代（7,400-5,000 年前頃）以降である。

　1990 年代に発掘したシリアのテル・コサック・シャマリでは銅石器時代の保存がよい土器工房が折り重なるように見つかり、当時の土器作りの様子やその発展を詳しく調べることができた（Nishiaki and Matsutani 2001, 2003）。なかでも 7,000 年ほど前の建物は火災を受けていたため、当時の陶工たちが残した道具や作品が生々しく残されていた。工房は 2.4m×4.2m ほどの大きな部屋を一端にもち、残りは約 1.8m 四方の小部屋で構成されていた。大きな部屋には窯や成形の道具、絵の具を溶くパレットなどがおかれており、製作室であったことがわかる。同時に、倉庫としても利用されていたようで 200 点を超える未使用の土器が保管されていた。小部屋の

図1 シリア、テル・コサック・シャマリ遺跡のウバイド期土器工房（7,000 年前頃）

図2 工房から出土した土器。大小200数十点の完成土器が保管されていた。

うちの一つも倉庫であったらしく、20点ほどの土器が見つかっている。興味深いことに、小部屋は穀物倉もかねており、大量のコムギやオオムギが仕分けして納められていた。

　土器を200点以上も保管していることからすると、この工房は一家族の家内工房であったとは見えない。では、土器作りを商売とする職人の工房だったかというと、そうとも考えにくい。テル・コサック・シャマリは直径が80mほどの小村落であって、村内で商売するには市場が小さすぎるからである。また、この遺跡のように保存がよくないとはいえ、同時期の村はほとんどが土器工房をもっている。したがって、他の村に土器を売りにいっていたとも思えない。結局、7,000年前頃の工房というのは村内の共同作業場であったとみるのがよいようだ。本物の職人が登場するには6,000年前頃以降、都市という大消費地が出現するのを待たねばならなかったのだろう。

(西秋良宏)

図3 作りや模様がそっくりな器が何組か含まれている。

図4

図6

図5

Nishiaki, Y. and T. Matsutani (eds.) (2001) *Tell Kosak Shamali - The Archaeological Investigations on the Upper Euphrates, Syria. Volume II: Chalcolithic Technology and Subsistence.* UMUT Monograph 2. Oxford: Oxbow Books.
Nishiaki, Y. and T. Matsutani (eds.) (2003) *Tell Kosak Shamali - The Archaeological Investigations on the Upper Euphrates, Syria. Volume 1: Chalcolithic Architecture and the Earlier Prehistoric Remains.* UMUT Monograph 1. Oxford: Oxbow Books.

図4 別の倉庫から出土した20点ほどの土器
図5 土製の土器整形具。土器の中に大切にしまわれていた。
図6 パレットの上に絵の具を混ぜる棒をのせたままになっていた（7,200年前頃）

石と金属

木内智康

　現在の我々の生活に石と金属は不可欠である。少し周囲を見渡すだけで、多くの石製品、金属製品が視界に飛び込んでくるはずだ。では、今から数千年遡った原始農村の時代、こうした石や金属と人間との関わりはどのようなものだったのだろうか。

時代に冠する石・金属

　本題に入る前に、時代名称に関して少し述べておこう。今回の展示で主題となっている時代は、西アジアの時代区分でいえばおよそ終末期旧石器時代、新石器時代、銅石器時代にあたり、いずれも石や金属を冠した名称を持っている。こうした時代区分は元をたどれば、19世紀初頭にデンマークのC. J. トムセンによって発明された三時代法に遡る。石器時代・青銅器時代・鉄器時代という三時代に区分するこの方法は各時代に用いられた利器の材質の変遷に基づいて編み出された。さらに、石器時代は後に打製石器を用いていた時代を旧石器時代、磨製石器を用いるようになった時代を新石器時代という具合に細分された。また、新石器時代と青銅器時代の間に、銅の使用が徐々に一般化する時代として銅石器時代（あるいは金石併用時代）も追加された。以上のように、石と金属には時代を区分する指標として用いられてきた経緯がある。

　ただし、現在ではこの指標としての地位は後退している。現在の時代区分は石と金属を冠した名称を保持しつつも、社会・経済的観点から区分するのが主流となっている。これにはもちろん理由があり、従来考えられていた区分と実際の利器の材質の変化が必ずしも一致しないことがそのひとつとして挙げられる。いくつか例を挙げれば、新石器時代は上述のように磨製石器の使用がその指標として考えられていたが、現実には磨製石器は旧石器時代にも存在する。また、銅石器時代は字義通りに捉えれば銅器と石器を併用していた時代であるが、銅の利用は新石器時代から始まっている。では、社会・経済的観点で区分するとどうなるのかといえば、新石器時代は食料生産の時代、銅石器時代は社会が複雑化する時代と言えよう。以上のように現在では時代名称に用いられる石と金属は具体的指標を示すというよりも抽象的な存在になってしまった。とはいえ、当時の人々にとっての石や金属が重要でなくなったわけではない。以下、具体的に見ていこう。

石製品

　石と人類との関係は非常に古く、打製石器の出現は約250万年前にさかのぼる。アフリカを出た人類が西アジアに初めて到達したのは約150万年前とされているから、その時点で彼らは既に100万年にわたる石との関わりを持っていたわけである。しかし本コラムでは打製石器以外の石製品に焦点を絞りたい。特に脱穀・製粉に用いられた磨石類、容器、装身具の順に取り上げる。

　まず、脱穀・製粉に用いられた磨石類である。これらが現れるのは後期旧石器時代のことだった。当初はカップ状の形状を呈する石臼と石棒が用いられていたが、やがて終末期旧石器時代になると大型で縦長の板状の石皿やその上石などが登場する。こうした変化は定住生活が進展したことと関連していた。その後、西アジアではナトゥーフ期から先土器新石器時代A期にかけて出土頻度が増加する。農耕の発展とともに磨石類の需要が高まったと考えられる（図1）。

　石製容器は、終末期旧石器時代後半のナトゥーフ期に出現したようだが、本格的に発展を遂げるのは先土器新石器時代B期になってからのことである。この時期のブクラス（シリア）や土器新石器時代のテル・エス・ソワン（イラク）で数多く出土した、大理石や雪花石膏（アラバスター）製の容器はよく知られるところである（図2）。そのブクラスは当時、石製容器の一大生産拠点となっていたようで、一部の優品は交易品として別の集落へと運ばれた可能性が示唆されている。

図1

図2

図1 イラク、テル・サラサートⅡ号丘から出土したサドルカーンと上石。このようにセットで用いられた。
図2 シリア、テル・ブクラス出土石製容器。大量に出土したこれらの優品は、
　　 交易品として製作されていたことを強く示唆する（岡山市立オリエント美術館所蔵）

図3

　最後に装身具についても触れておこう。実は装身具は非常に古くから存在する。その出現はおそらく中期旧石器時代にまで遡る。少なくとも、後期旧石器時代以降、遺跡からは貝製ビーズがよく出土する。一般に装身具の出現は人類の象徴的思考や表象能力の発展とともに語られる。しかし、石製ビーズが発展するのはナトゥーフ期になってのことであった。これは貝と比べて石の加工により多くの工程を必要としたためであろう。当初は専ら石灰岩が用いられたようだが、後には石材や形態に多様性が生まれ、多種多様な製品が製作されるようになる。しかしそれには新石器時代まで待たねばならなかった（図3）。

金属

　本展示に関する時代の金属といえば、まずなによりも銅が挙げられる。銅は人類によって金属として利用された最初の物質だと言える。銅が西アジアで利用され始めたのは前9千年紀のことであったが、当初は金属としてではなく、あくまで銅鉱石が石として利用されたのである。とはいえ、先土器新石器時代の間に自然銅が金属としても利用されるようになる。その後製錬が行われるようになるのだが、これは前6千年紀にまで遡る可能性がある。ただし、異論もあり、確実なのは前5千年紀以降のことである（図4-6）。

図4

図3　イラン、タル・イ・ムシュキ出土ビーズ。（左、右）石製、（中央）ファイアンス製
図4　イラン、タル・イ・ギャプ出土銅製ピン

金属ではないのだが、ガラスの出現もこの銅製錬抜きにしては語れない。ガラスの起源を求めると釉に至る。なぜなら、釉とはガラスが陶器などの表面に張り付いたものだからだ。そして、銅製錬炉から釉が検出される事例があるほか、復元実験によっても銅の製錬によって釉が生成されることが明らかになっているからだ。なお、西アジアで最古の釉を伴う製品は前5千年紀のテル・アルパチアやニネヴェ（ともにイラク）で出土している（図5）。

交易・工芸と石・金属

　以上、いくつかの石・金属製品がいつごろから登場するのかを見てきたが、もうひとつ注目しておくべき点がある。それは交易との関わりや、工芸としての石・金属製品という側面である。石材や金属素材はしばしば原産地が限られており、場合によっては具体的に素材や製品が移動した証拠を追うことが可能である。とりわけアナトリア産の銅や黒曜石は著名であり、数百キロ離れた土地まで運ばれた。加えて、上述したように石製容器も一部が交易品として利用された可能性がある。そこで問題となるのが工芸の専業化である。工芸の専業化が生じたのは都市社会成立期であったというのが伝統的な考え方だったが、近年ではそれ以前の専業についても論じられるようになってきている。上述のブクラスでは焼失住居から1,800点を超える石製容器が一度に出土したことからも、専業生産が行われていたことが示唆される。また、銅製錬には専門的な知識を要するので、これも専業工人を必要としたであろう。

図5　イラン、タル・イ・ジャリA出土。（左）銅製品、（中央、右）銅製ピン

図6 イラン、タル・イ・ムシュキ出土銅製ピン

ドメスティケーション・工芸生産と石・金属

さて、以上見てきたように、石と金属に関しては、まさに原始農村の時代に多くの発展を遂げたことが明らかであろう。磨石、石製容器、石製装身具が広く用いられるようになったのは新石器時代のことであるし、金属が発見され、利用されるようになったもの同じ時期であった。これらはいずれも本展示の重要なテーマのひとつであるドメスティケーションという現象と無関係ではあるまい。これは単に磨石類が直接的に（農耕の結果得られた）穀物の脱穀と製粉に関係していたという意味ではない。ドメスティケーションの背景にあった、自然の支配が可能であるという観念が石の加工や、あらたな物質の獲得（金属やガラスなど）を促したのではないかという意味である。このドメスティケーションと上述した工芸の専業化は現代社会に繋がっているという点においても重要だ。物質世界を支配できるという観念は環境問題や異常気象が取りざたされる今日においては多少揺らいでいる面もあろうが、今なお多くの人に共有される観念であろう。また、厳密に言えば都市社会以後の専業と原始農村時代の専業とは区別すべきではあろうが、専業化それ自体は現代社会に生きる我々には当然のことであろう。こうした現代社会を形成する基盤の一部の起源を求めれば原始農村の時代にたどり着く。その証拠は本コラムで扱った石と金属にも見出すことができるのである。

参考文献

大津忠彦・常木 晃・西秋良宏（1997）『西アジアの考古学』世界の考古学5、同成社。

谷一 尚（1999）『ガラスの考古学』ものが語る歴史2、同成社。

西秋良宏（2000）「工芸の専業化と社会の複雑化 —西アジア古代都市出現期の土器生産—」『西アジア考古学』1号、1-9頁。

日本オリエント学会編（2004）『古代オリエント事典』岩波書店。

藤井純夫（2001）『ムギとヒツジの考古学』世界の考古学16、同成社。

三宅 裕（2001）「銅をめぐる開発と交流 —新石器時代から銅石器時代まで—」『西アジア考古学』2号、7-20頁。

Bar-Yosef, O. and F. R. Valla (eds.) (1991) *The Natufian culture in the Levant*. Ann Arbor: International Monograph in Prehistory.

Cauvin, J. (2000) *The birth of the gods and the origins of agriculture*. Cambridge: Cambridge University Press (translated from the French by T. Watkins, originally published in 1994 as *Naissance des divinités, naissance de l'agriculture: la révolution des symboles au Néolithique*. Paris: CNRS).

Kozlowski, S. K. and O. Aurenche (2005) *Territories, boundaries and cultures in the Neolithic Near East*. BAR International Series 1362. Oxford: Archaeopress.

Moorey, P. R. S. (1994) *Ancient Mesopotamian materials and industries: the archaeological evidence*. Oxford: Clarendou Press.

Roodenberg, J. J. (1986) *Le mobilier en pierre de Bouqras: utilisation de la pierre dans un site Néolithique sur le moyen Euphrates (Syrie)*. Istanbul: Nederland Historisch-Archaeologisch Instituute te Istanbul.

Wright, K. I. (1993) Early Holocene ground stone assemblages in the Levant. *Levant* 25: 93-111.

超自然界

رموز وديانة

人・祖先・動物
新石器時代の西アジアにおける儀礼

マーク・フェルフーフェン

はじめに

近年、西アジアでは、装飾を施された人間の頭骨や、巨大な儀礼用建物、装飾付き石柱、漆喰塗り塑像など、新石器時代の儀礼に関わる考古学的証拠が、予想を超える形で次々に発見されている。本稿では、これらの発見について概説し、さらに最新の考古学・人類学理論に基づいて、新石器時代の西アジアにおける儀礼の構造とその意味するところについて若干の洞察を加えたい。

最初にここで扱う地域と時代区分について簡単に述べ、ついで先史時代の儀礼研究の背景、つまり儀礼とは何か、どのような理論的アプローチがあるか、考古学者は儀礼をどのように取り扱うかという理論面について簡単に説明する。そして最後に、先土器新石器時代と土器新石器時代のレヴァント・シリア・南東アナトリアにおける儀礼の諸事例を取り扱う。理論編で紹介するいくつかの重要な概念と着想を適用して、データの意味づけを試みる。その際、儀礼に関わる遺物のコンテクスト、特に物品と物質的な構成要素（エンティティー）の間の特殊な象徴的関係には十分な注意を払うことにする。

ここで扱う地域と編年

本稿は、地理的にいえば、西アジアの西部と北部、すなわちレヴァント地方（特にイスラエルとヨルダン）およびシリア、南東アナトリア（西は現在のガズィアンテプ、北はエラズー、東はバットマンの各都市を結ぶ、おおむね三角形の地帯）を対象とする。これは、この地域から新石器時代の儀礼に関する数々の重要な新発見がもたらされたためである。さらにいえば、先土器新石器時代 B 期（PPNB）のレヴァント・シリア・南東アナトリアは、物質文化と儀礼行為で多くの共通項を有する。土器新石器時代には、南東アナトリアと北東シリアが緊密な文化的紐帯で結ばれるが（ハラフ文化）、レヴァントと南東アナトリアの関係はさほどはっきりしない（たとえば、ハラフ文化はレヴァントには見られない）。ただし、儀礼行為に関していえば、レヴァントの PPNB と土器新石器時代の儀礼が異なるのと同じように、南東アナトリアでも両時期の儀礼は異なる様相を呈する。もちろん、レヴァントと南東アナトリアでも PPNB と土器新石器時代の間に違いがあるが、同時に多くの共通点も存在するので、社会経済活動と儀礼については共通基盤があったとみられる。

編年、すなわち時間的枠組みについて述べると、新石器時代は先土器（無土器）新石器時代（紀元前 10,500 〜 7,000 年頃）と土器新石器時代（前 7,000 〜 5,000 年頃）に二分される。先土器新石器時代は A 期（PPNA；前 10,500 〜 8,600 年）と B 期（PPNB；前 8,600 〜 7,000 年）に細分される。これにくわえ、南レヴァントでは、これに後続する C 期（PPNC；前 7,000 〜 6,200 年頃）が設定されている。

PPNB はさらに前期（前 8,600 〜 8,200 年頃）・中期（前 8,200 〜 7,500 年頃）・後期（前 7,500 〜 7,000 年頃）に分けられる。中央・南レヴァントに PPNB 前期が存在するかどうかという論点は議論の余地がある（Cauvin 2000）。なお、本稿で言及する年代はすべて較正値である。

儀礼を研究するための理論と方法

儀礼についての基本的理解

　まずはじめに断っておくが、儀礼に明解な定義を与えることはできない。これは、非常にフラストレーションのたまることであるが、同時にかなり興味深いことでもある。実際、儀礼人類学と呼ばれる分野は多種多様なアプローチから成り立っている。各々が各々の定義をもち、儀礼に想定されるさまざまな側面、たとえば知性、情念、機能性、象徴性、構造主義、認知的アプローチ、マルクス主義的アプローチ、関係論もしくは全体論的アプローチ、パフォーマンス的アプローチ、プラクシス理論のうち一つに着目する（Verhoeven 2002c）。かくも別々のアプローチがなされることは、そもそも儀礼が多次元的な現象であるということと、特定の一側面に着目するよりもむしろ、儀礼のさまざまな側面を理解できるような分析手法でもって研究を進めるべきであるということを示している。実のところ、よく用いられるフィフスの一般的定義に従うと、儀礼は以下のように定義される。

> 「（儀礼は）人事をコントロールするためにパターン化された行動の一種であり、非経験的な指示対象を伴うという性格ゆえに原則として象徴的なものであって、かつ社会的に規定されたルールとして作用する」(Fifth 1951: 222)

　この定義では、複数の異なる側面、すなわち形式主義、明示的な象徴性、超自然的存在の参照、社会的コントロールに言及がなされている。これらに付け加えるべきものは、伝統主義、厳格に定められた不変性、規則による支配、およびパフォーマンスである（Bell 1997: 138-169）。

儀礼に対する全体論的アプローチ

　儀礼の多次元性を最もよく表象するのは上述の関係性／全体論的アプローチなので、本稿の第2部ではこのアプローチを新石器時代の儀礼に関わる遺物を解釈するために用いることにする。

　世界の多くの人間集団において、多くの異なる構成要素が、互いに孤立しているというよりもむしろ連関し関係し合っているというのは、人類学的な事実である。たとえば、典型的ではっきり分かたれた西洋流の自然－文化あるいは聖－俗（つまり儀礼－非儀礼）といった二項対立は、多くの社会においてまったく無意味である。例を挙げると、マレーシアの熱帯雨林に生きるチェウォング族によれば、動物と精霊は意識をもつ存在であり、言葉や判断力をもつという (Howell 1996)。このような全体論 (holism) 的事例は枚挙にいとまがない (Descola and Pálsson eds. 1996; Ellen and Fukui eds. 1996)。実際、デスコラ (Descola 1994) は、(アマゾン地方には)「自然によって構成される社会」があって、そこでは人間と動植物が同一のルールに従い、いわゆる社会－宇宙（コスモス）共同体、すなわち宇宙（ユニバース）の一部をなすと主張した。つまり、多くの西洋的でなく近代的でもない「全体論的社会」では、政治・経済・宗教・人間・動物・精霊などの間に、西洋では当然存在すると考えられているような細別が、明確に区別されることはないのである。

　全体論的アプローチでは、儀礼は他の事柄に影響を与えるものと見なされる。

> 「(儀礼は)この社会－宇宙（コスミック）のユニバースを構成する関係性に沿った物事の循環である」(Barraud and Piatenkemp 1990: 117)

　したがって、儀礼はあらゆる種類の関係性（たとえば

人々、祖先、神、死者の関係）を生み出すプロセスである。周知のように、日本のアイヌのいわゆる精霊送り儀礼は、多くの人にとっては無関係な構成要素（あらゆる種類の物品、神、人々）の間に全体論的（相互的）関係があるという典型例である（Akino 1999; Ohnuki-Tierny 1999; Utagawa 1992）。

　全体論的／関係性アプローチに従うと、儀礼と象徴性が（社会　－宇宙的）関係を創生し操作する際に決定的な役割を果たす。ここにおいて、儀礼は人間世界と非人間世界の中間的（境界的）位置を占める（図1）。筆者は、このアプローチが西アジアの新石器社会に特に適すると考える。なぜなら、以下に示すように、「全体論的関係」と呼ぶべきものが多数存在するからである（あわせて Verhoeven 2004 を参照されたい）。

儀礼の分析と理解——フレイミング

　前節では儀礼に関する人類学的理論を提示したが、これらの考え方は考古学的な儀礼関連遺物とそのコンテクストにも応用できる。だが、考古学者はそのような人工遺物とコンテクストをどのようにすれば理解できる

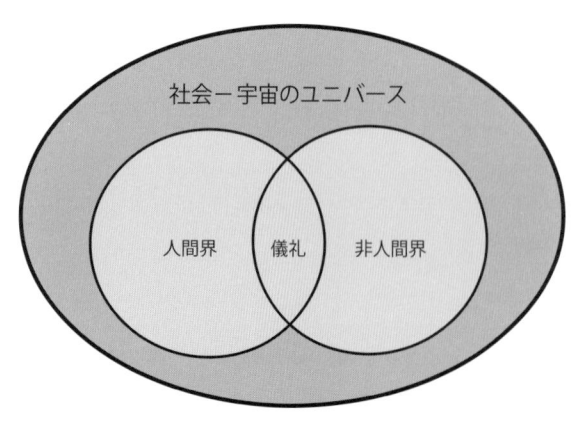

のだろうか。

　筆者は別稿（Verhoeven 2002c、また Renfrew and Bahn 2004: 223 を参照されたい）で、先史時代の儀礼を分析するためのモデルを紹介した。このモデルでは、フレイミング（framing）の概念が最も重要である。ティリー（Tilley 1999: 264）は、以下のように指摘する。

> 「人が何か違和感を覚えるとき、物質のかたちに最も注意がいく。（中略）そういうことはふつう特別な状況、つまり儀式や儀礼といったパフォーマンスを伴うコンテクストでしか起こらないが、そのような状況下では物質に付随する隠喩（メタファー）がはっきり前面に出てきて、談話の主題となることがある」

　これを受けて筆者は、フレイミングを、人々および／または活動および／または物品が、儀礼という日常向きでない目的のために他の物事から切り出される様態ないしパフォーマンスと定義する。違いが作られると、特別な瞬間が創り出される。フレイミングは主として特別な場所と特別な時間を作り出すことと、普段は使わない物品を使うことによって成し遂げられる。たとえば、舞台が設営され、特別な衣装を着て、目立つ品々を陳列することなどがこれにあたる。墓というのはどう見ても明らかにフレイミングされた儀礼コンテクストである。建築や物品、堆積物など、考古学的記録におけるフレイミングの証拠は、調査がなされた遺跡で「特別なコンテクスト」であることを示唆するような何らかの一般的属性に注意を払うことによって理解されるはずである。

　儀礼の最中は生活のあらゆる側面から逃避することができるということと、多くの「日常」（ケ）（フレイミングされていないこと）の物品が儀礼と非儀礼両方の側面を有するということは周知の通りだが、議論の出発点として、それらの儀礼における「内容」を割り出して分析するの

図1　人間界と非人間界の関係を確立し操作するための媒体としての儀礼

は実質的に不可能なので、先史時代の儀礼を分析するにあたってはまずハレの場を示す物品と堆積を識別することから始めるべきであるということを主張しておきたい。これらの物品と堆積が検出され、記述／解釈されれば、コンテクスト化、すなわち考古学的記録の他の要素との関連づけがなされるはずである。それから、弁証的なやり方でもって、フレイミングされた要素とフレイミングされていない要素の相互に対する意味づけがなされる。フレイミングはおそらく儀礼行為と考えられる物事を浮き彫りにして理解するための概念にすぎない。それはあくまでも出発点である。解釈に際しては、そのような行為から意味を得なければならない。つまり、儀礼の機能と意味を分析しなければならないのである。

以下の節では、フレイミングの概念にのっとって、儀礼関連遺物の同定にアプローチする。主として本節で概略を述べた全体論的アプローチに基づいて解釈を行う。

事例分析と解釈
先土器新石器時代

はじめに述べたように、先土器新石器時代はPPNAとPPNBに分かれるので、ここでも別々に取り扱うことにする。

PPNA期の儀礼関連遺物と儀礼行為

PPNAの時期に社会的・象徴／儀礼的に中心的役割を果たしていたのはおそらく住居であり、PPNAの「世帯儀礼」は枚挙にいとまがない。また、野生のウシやオーロックス（*Bos primigenius*）が、ベンチか壁かどちらかに「埋められる」形で、住居に伴う事例がたびたび見られる（シリア領ユーフラテス川流域のジェルフ・エル・アハマル遺跡とムレイビト遺跡が例として挙げられる [Cauvin 2000: 28]）。動物の他に、人間／祖先と関わる住居儀礼の証拠もある。たとえば、ジェルフ・エル・アハマルでは、屋外の炉址で人間の頭骨3点が埋められた状態で発見された。頭骨は他のPPNA遺跡（北イラクのケルメズ・デーレ遺跡など）でも住居に埋められる。また、人間の頭蓋と、風変わりな－建築構造に伴わない－土柱も、非日常的な儀礼活動の実態を示す（Watkins 1990）。

これらの住居に関わる儀礼のほかにも、PPNAの時期には共同体の儀礼行為に関する良好な事例が複数存在する。たとえば、ジェルフ・エル・アハマルでは複数の半地下式の大型円形建物が検出されているが、それらは共用で、多目的（物資貯蔵、会合、儀礼など [Stordeur 2003a]）に用いられたようである。そこには、石のベンチと彫刻の施された小壁、そしておそらく壁画がしつらえられていた（図2）。壁画には、三角形と人間、狩猟対象の鳥が描かれていた。完全に消失した別の建物では、腕を広げた首のない人間の骨格が中央の部屋の床から発見された。このような火災と遺体の組み合わせは、建物に意図的に火を点けるような廃絶儀礼が行われたことを示すとみられる（Verhoeven 2000: 62）。

南東アナトリアのギョベクリ・テペ遺跡で検出されたPPNAないしPPNB前期の層位からも、間違いなく共同体の儀礼行為であったといえるような非常に興味深い証拠が得られている。その証拠というのは、いくつかの土間を伴う石造円形建物であり、そこには多種多様な動物（ヘビ、キツネ、イノシシ、鳥など）描いた巨大なT字形の柱が複数存在する。動物は、ほとんどの

図2 シリア北西部、ジェルフ・エル・アハマル遺跡で発見されたPPNAの儀礼・共用建物と推定される遺構（撮影：西秋良宏）
図3 トルコ中南部、ギョベクリ・テペ遺跡のPPNAに年代づけられる儀礼建物の一つから出土した装飾柱（撮影：西秋良宏）

場合組み合わせて描かれる（図3）。さらに、人間と動物を描いた大量の石像もある。中には、半人半獣神（たとえば人間の頭をもつ鳥など）も存在する。2003年までに、あわせて39基の石柱と伴う4か所の囲い（「ヘビ柱」建物や「ライオン柱」建物）が原形をとどめて検出された（Schmidt 2003）。この、初期新石器遺跡で最も圧巻でありながら謎めいた物体は、狩猟採集民の共同体儀礼の中心であったと解釈されている（Schmidt 2002）。より具体的にいうと、シュミット（Warburton 2004: 185 からの引用による）は、ギョベクリ・テペがいわゆる隣保同盟の一部をなしており、祠堂に据えられた人物造形柱は神か祖先かあるいは悪魔を表していて、それが儀礼と崇拝の対象であったと指摘している。

東アナトリアのハラン・チェミ遺跡では、2軒の円形建物（AおよびB）が他の建物と比べて際立っていた。それらの円形建物は、他の建物よりも大きく、半地下式の構造をもち、壁沿いに石製ベンチが設けられているという点で、他の建物と差別化されていた。これらの特別な、おそらく共用の建物には、日用品ではなく、銅鉱石など外来品が収納されていた。さらに、円形建物の一つでは、角の付いた雄ウシの頭骨の一部が発見されたが、それはもともと壁に掛けられていたものであろう。また、中央の活動エリアから出土したヒツジの角芯の付いた頭蓋骨3点も、同様に儀礼行為が行われた可能性を強く示唆するものである（Rosenberg and Redding 2000）。

PPNAの墓制はふつう単独葬で、副葬品を伴わない。また、成人の墓にはふつう頭骨がない。成人の頭骨は多くの場合住居の床下で発見される。たとえば、ムレイビト遺跡（フェイズIII）では、女性の頭骨と長骨が小型の盆形を呈する炉の下に埋葬されていた。そして、骨格の残りの部分は、その炉のある住居の外側に葬られた。ジェリコ遺跡では、多数の人間の頭骨が別々に埋められた。ネティヴ・ハグダッド遺跡では、破砕された人間頭骨が、住居床面からまとまって検出された。興味深いことに、乳幼児の墓は多くの場合、柱穴や壁の基部に位置する（Kuijt 1996）。

小像は主に人間を模して造られた。これは、先行するナトゥーフ期（紀元前12,200～10,500年頃）には動物を模したものが主流であったことと対照的である。南レヴァントでは、動物の造形も幾何学的な造形も欠如している。大多数の研究者、特にコバーンによれば、人間を模した土偶や石偶は、ほとんどの場合、腹部や陰部、胸部を誇張することによって性的能力や多産を強調する形で女性を表現しているようだという。女性が描写されていることは明らかである（たとえば、Cauvin 2000: fig.7.2, fig.8.1）。だが、筆者には、これらの小像の多くは両性的（境界的）な性格を帯び、男根と女根を同時に表現したものであるように思われる（新石器時代の小像の二面性については、Cauvin 2000: fig. 6, figs. 8.2-4, fig. 13 および Kuijt and Chesson 2005 を参照されたい）。別の遺跡では、石に刻まれたジグザグ線などの抽象的な彫刻デザインが報告されている（たとえばハラン・チェミ。Rosenberg and Redding 2000: fig. 6）。ひときわ目を引くのはジェルフ・エル・アハマルから出土した彫刻石群であり、具象文と抽象文からなる複雑なパターンが見られる（たとえば、ハゲワシ、ヘビ、四足獣、「角芯」、規則的な幾何学文など。Stordeur 2000: fig. 10）。

PPNA期の儀礼解釈

まず、人間の埋葬に関していうと、首のない骨格

と（床の上か下から）頭骨が頻繁に発見されることから、この時期に祖先崇拝が社会に深く根ざしていたというのはほぼ確実である。墓がしばしば住居の床下に造られるという事実は、生者と死者の間に強い結びつきがあったことを裏付ける。また、人間と動物の象徴的な関係を示す明らかな事例があり、そのほとんどは埋葬のコンテクストから発見されている。たとえば、イスラエル中部のハトゥーラ遺跡では、成人の頭蓋骨頂部が、ガゼルの角芯と石杵および小石（人間－動物－植物？）、そして野生の雄ウシの頭骨片を伴う成人女性遺体と組み合わさった形で報告されている（Lechevallier and Ronen 1994: 27, 296）。シリア領ユーフラテス川流域のアブ・フレイラ遺跡ではウシとヤギ・ヒツジ類の骨が故意に人間の墓の中に埋められた（Moore et al. 2000）。最近、死者と動物の象徴的関係を示す非常に興味深い証拠が、ジェルフ・エル・アハマルの半地下式共同儀礼施設の一つにしつらえられた装飾付きベンチから得られた。ここでは、狩猟対象の鳥を模しつつ様式化された2本の石柱の間に1枚の石板があって、そこに首のない骨格がはっきりと彫り込まれているのが発見されたのである（Helmer et al. 2004: 158）。

PPNAの建物からオーロックスの頭骨と角芯が見つかることは、雄ウシが象徴として関心を集めていたことを意味する。ジャック・コバーン（Cauvin 1972, 2000）によれば、女性の小像と雄ウシは「象徴革命」と「女性と雄ウシを崇拝する新しい宗教」がおこったことを示唆するという。この宗教に関するコバーンの仮説はすでに過去のものとなってしまったが（たとえばHodder 2001を参照）、人々が家畜化されていない雄ウシに日常的コンテクスト（住居）における象徴上の中心的な役割を与えたというコバーンの主張は正しかった。した

がって、ここにもまた、まったく異なる構成要素、すなわち人間と住居、雄ウシの間の（境界的な）関係を示す証拠が存在するのである。たとえば、ギョベクリ・テペには、（柱に刻まれたものを見ると）多種多様な動物の間の関係を示す証拠だけでなく、それらと半人半獣神の間の関係を示す証拠も存在する。さらに、ハラン・チェミの彫刻付き石杵に見られるように、動植物が象徴性を有する証拠もある。これらの石杵に描かれたオーロックスの頭骨と角芯は儀礼上重要な意味を持っていたはずで、そうだとすればこのような力強い獣を仕留めること（の危険性）を含意する。オーロックスの頭骨は、住居内に置かれるか、時には隠されることすらあり、隠匿すべきものという性格を帯びている。このことは、世帯レベルが儀礼に重要な意味をもっていたことを示唆するのかもしれない。

上記で提示したような、男性と女性を同時に表現するという、人間の小像の有する境界的な性質は、新しい象徴的関係を示唆するように思われる。この点ついては多くの研究者が論じているが、中でもブラッドリー（Bradley 2001）が指摘した通り、人間と動物のアイデンティティーの融合は、世界の他の数多くの地域でも農耕が始まる前に存在した特徴である。おそらく、このことは人間が自分たちを取り巻く環境（集落、植物など）を徐々に変えていくという文脈で考えれば驚くことではない。

以上をまとめると、PPNAの時期には象徴性を示すいくつかのドラマチックな事例があり、それらは祖先・雄ウシ・「共用建物」・住居を伴う。象徴体系は特に生ける者と死せる者の関係に焦点を当てるものであった。儀礼に関する全体論的な展望に基づくと、これらの儀礼は事物同士の関係に影響を与えること、すなわち「社

会-宇宙のユニバースを構成している関係に沿った事物の循環」(Barraud and Platenkamp 1990)に影響を及ぼすことに成功したのである。

PPNB 期の儀礼関連遺物と儀礼行為

よく知られているように、レヴァントのアイン・ガザル、イェリコ、クファル・ハホレシュ、シリアのジャアデ、南東アナトリアのネワル・チョリ、チャヨニュ、ギョベクリ・テペなど、PPNB（特に PPNB 中期以降）の遺跡からは、儀礼行為の証拠となる非常に見事な文物が得られている(Verhoeven 2002a)。レヴァント、シリア、南東アナトリアにおける PPNB 儀礼の証拠を、表1にまとめておく。この表がそうであるように、この一覧表の枠内ですべての対象遺跡を網羅するのは不可能なので、ここでは PPNB の儀礼の様相が最も面白い遺跡の一つ、ヨルダンのアイン・ガザル遺跡を取り上げることにする。この遺跡は、PPNB の儀礼の性格を代表するものである。

アイン・ガザル遺跡はヨルダンのアンマン東部地区に所在し、ワディ・ザルカの縁辺に位置する2つの丘陵に立地する。遺跡には、PPNB 中期・後期および先土器新石器時代 C 期（PPNC）の居住痕跡に加え、土器新石器時代のヤルムーク文化の居住痕跡も存在する。本稿では PPNB および PPNC の居住痕跡についてのみ取り扱うことにするが、この時期は紀元前 8,200 年から 6,500 年頃に年代づけられる。この遺跡は、12～13 ヘクタールを測る「巨大遺跡（メガサイト）」であり、西アジアで最大級の PPNB 遺跡の一つである。発掘調査は、4つの発掘区、すなわち中央区・南区・北区・東区を設定して行われた。これらの区域を合算すると、調査面積は約 2,355 平方メートルである。

ローレフソンは、アイン・ガザル遺跡に関する数々の重要な論考の中で、この遺跡のおける儀礼を取り扱ってきた (Rollefson 1983, 1986, 1998, 2000)。氏は儀礼関連遺物をいくつかの「類型」、すなわち儀礼用建物（儀礼施設、神殿、特別建物、祠堂とも呼ばれる）、石灰塗り立像ならびに半身像、頭骨集積、漆喰塗り人間頭骨、人物ならびに動物小像に区分する。これより、各類型について手短に論じる。まず、儀礼用建物から

儀礼の証拠となるもの	コンテクスト
儀礼建物	大型の立像
	室内設備：炉、盆
	石板に人間と動物の血を塗りつけた残滓
	オーロックスの角芯
墓	家内領域・儀礼建物・特別（儀礼）遺跡における、首を外された骨格を含む埋葬
頭骨集石	家内領域・儀礼建物・特別（儀礼）遺跡
漆喰塗り頭骨	家内領域
象徴上の人間と動物の連関	家内領域・儀礼建物・特別（儀礼）遺跡の墓の中
	儀礼建物内の半人半獣神像
大型の立像	儀礼建物、集積（穴）
小像	家内領域
角芯（特にウシ）	日常的建物、儀礼建物、墓

表1 PPNB の儀礼行為の証拠

始めよう。

儀礼用建物は、明らかに日常生活用の建築とは異なり、漆喰塗りの炉や盆、祭壇といった特別な「インテリア」(PPNB 後期特別建物、PPNC 特別建物、教堂形建物)や、床下水路(円形建物)、絵画(教堂形建物)を有するという特徴がある。儀礼用建物はすこぶる清潔に保たれており、床面からは何も出土しなかった。

儀礼関連遺物と推定される第二の類型は、非常に見事である。この類型は、2つの集積からなるが、そこにはそれぞれ 26 点(1 号集積)と 7 点(2 号集積)の大型人物形象立像が納められており、その中には石灰塗り造形による双頭の半身像も含まれる(本稿図 4 および Salje 2004)。2つの集積は PPNB 中期の堆積に由来し、どちらも立像が埋められるよりもはるか前に廃絶された住居の床下から発見された。

PPNB の埋葬は約 120 例記録されている。この中には、(1) 床下または中庭から見つかる、首の切り離された伸展葬、(2) 中庭から見つかる、頭骨が切り離されない屈葬、(3) 乳幼児、(4) 頭骨埋葬という4つの埋葬形態を識別することができる。このうち主体を占めるのは第一の類型である。PPNB 中期のコンテクストからは 12 点の人間頭骨が個別に出土したが、それらの中には成人もあれば子供もある。頭骨のうち 1 点は住居床面から発見されたが、それ以外は住居床面もしくは中庭に掘り込まれた土坑の中から見つかった。このほか、頭骨に漆喰を塗ったものが 3 点出土した。

PPNB 中期の堆積からは、約 150 点の動物小像と、約 40 点の人物土偶(そのほとんどが女性)が出土した(McAdam 1997: 136)。種の同定された動物小像のうち、90% 以上をウシが占め、その他にヒツジ/ヤギとウマ類も造形されている。興味深いことに、ウシ形小像のうち 2 点の胴部にはフリントの細石刃が刺さっていた。人物小像の大部分は首なしで、それらはアイン・ガザル出土の遺体とちょうど同じように、首を切り離されていたと考えることができる。2 点の「殺された」ウシ小像に加えて、ある土坑から見つかったすべての小像は、住居外の廃棄物堆積か、または廃絶された住居の覆土に由来する。

PPNB 期の儀礼体系

筆者はこれまでに、アイン・ガザル遺跡をはじめとするレヴァントと南東アナトリアの重要な「儀礼遺跡」における儀礼の分析に基づいて、PPNB の儀礼とイデオロギーが4つの基本的な「構造化原理」によって特徴づけられていたことを指摘した(Verhoeven 2002a)。まず、PPNB の儀礼の多くが公の場で見せるもの(儀礼建物、立像、仮面、石柱)を特徴とするらしいという観察結果は、「共同体指向性」という言葉に集約される。非常に目に付きやすく、力強く感情に訴えかける象徴(図 3、4 および 6)を使うことは、「明示的な象徴性」を示す。たとえば彫像や墓のコンテクストに見られる「人間と動物の連関」は、人間が動物と物理的・象徴的に結びついていたことを意味する(表 2)。豊饒(つまり土壌の肥沃さと出産)は主として「活力」という概念に集約され、これには性的能力が関係する。さらに、豊饒は「生命力」をも意味し、その力は基本的に(人間だけでなく動物の)頭に宿ると考えられる。

筆者は、これらの4つの原理を、先に述べた儀礼の三類型、すなわち個人単位、世帯単位、そして「公の」儀礼と組み合わせることによって、PPNB の「儀礼体系」を明らかにした(図 5)。

個人単位の儀礼ないしまじないは、おそらく人物お

図4 ヨルダン北西部、アイン・ガザル遺跡から出土したPPNBの漆喰塗り立像（撮影：G.O. ローレフソン）

遺跡	人間と（野生）動物の関係
アイン・ガザル	PPNCの墓 ・人間－ブタの頭骨と、ブタの骨
バスタ	・男根／子ヒツジの頭をかたどった半人半獣神
クファル・ハホレシュ	多種多様で特別な人間と動物遺体（墓）の関係 ・人骨に刻まれた動物像 ・「ウシの穴」の中の首を外された骨格とオーロックスの骨 ・漆喰塗り頭骨と首を外されたガゼルの骨格 ・乳幼児の頭とウシ科の骨盤 ・人骨とキツネの下顎骨 ・4体分の人骨集積と2点のガゼルの角芯 ・人間の遺体と倒立した野生イノシシの下顎骨
ネワル・チョリ	半人半獣神像 ・鳥人間（ハゲワシ） ・カメ人間（？） ・ヘビ人間
チャヨニュ	空間的関係 ・人骨とオーロックスの頭骨および角芯（頭骨建物） 血 ・「祭壇」に塗られた人間とオーロックス、ヒツジ（野生か？）の血（頭骨建物） ・フリント製ナイフに付着した人間とオーロックスの血（頭骨建物） 墓 ・人間の墓の中から検出されたイノシシの下顎骨
ギョベクリ・テペ	大型の半人半獣神像 ・人頭をもつ動物 ・人頭をもつ鳥 ・人頭の上に載った動物 大型のT字形石柱は、おそらく人物をかたどっていた。もしそうだとすれば、 ・人間と石柱に描かれたさまざまな野生動物

よび動物小像によって表現された。それらの儀礼は共同体指向性・明示的な象徴性・人間と動物の連関の概念とは無関係だが、活力（特に多産と生命力とは関係があるように思われる。特殊な儀礼遺跡（クファル・ハホレシュやギョベクリ・テペ）で私的な儀礼が重要だったとは考えにくいが、アイン・ガザルやネワル・チョリ、チャヨニュといった儀礼遺跡では、私的な儀礼が住居や中庭など日常的なコンテクストで行われた可能性が高い。

世帯単位の儀礼は、日常的なコンテクストの中の墓と頭骨集積、漆喰塗り頭骨、動物の角、そしておそらく小像が証拠となる。これらの儀礼においては、主として死の概念に関連して、明示的な象徴性、活力、人間と動物の連関が重要な意味を有する。これも、アイン・ガザルやネワル・チョリ、チャヨニュといった大遺跡で行われたにちがいないが、比較的小さな特殊儀礼遺跡では行われなかった可能性が高い。

「公の」儀礼（ただし、おそらく共同体全体を巻き込むものではなかった）は、共同体指向性、明示的な象徴性、活力、人間と動物の連関という概念のすべてを含んでいた。それらの儀礼はアイン・ガザルやネワル・チョリ、チャヨニュで見つかったような儀礼建物と直接関係するものであった。クファル・ハホレシュ（「墓地遺跡」の意）やギョベクリ・テペ（「儀礼建物のある遺跡」）もまた、おそらくは公的儀礼の中心であった。

新石器時代の頭骨崇拝

おそらく、新石器時代の儀礼の中で最も興味をかき

表2　レヴァントと南東アナトリアの主要PPNB遺跡における象徴上の人間と動物の連関

図5　PPNBの儀礼モデル

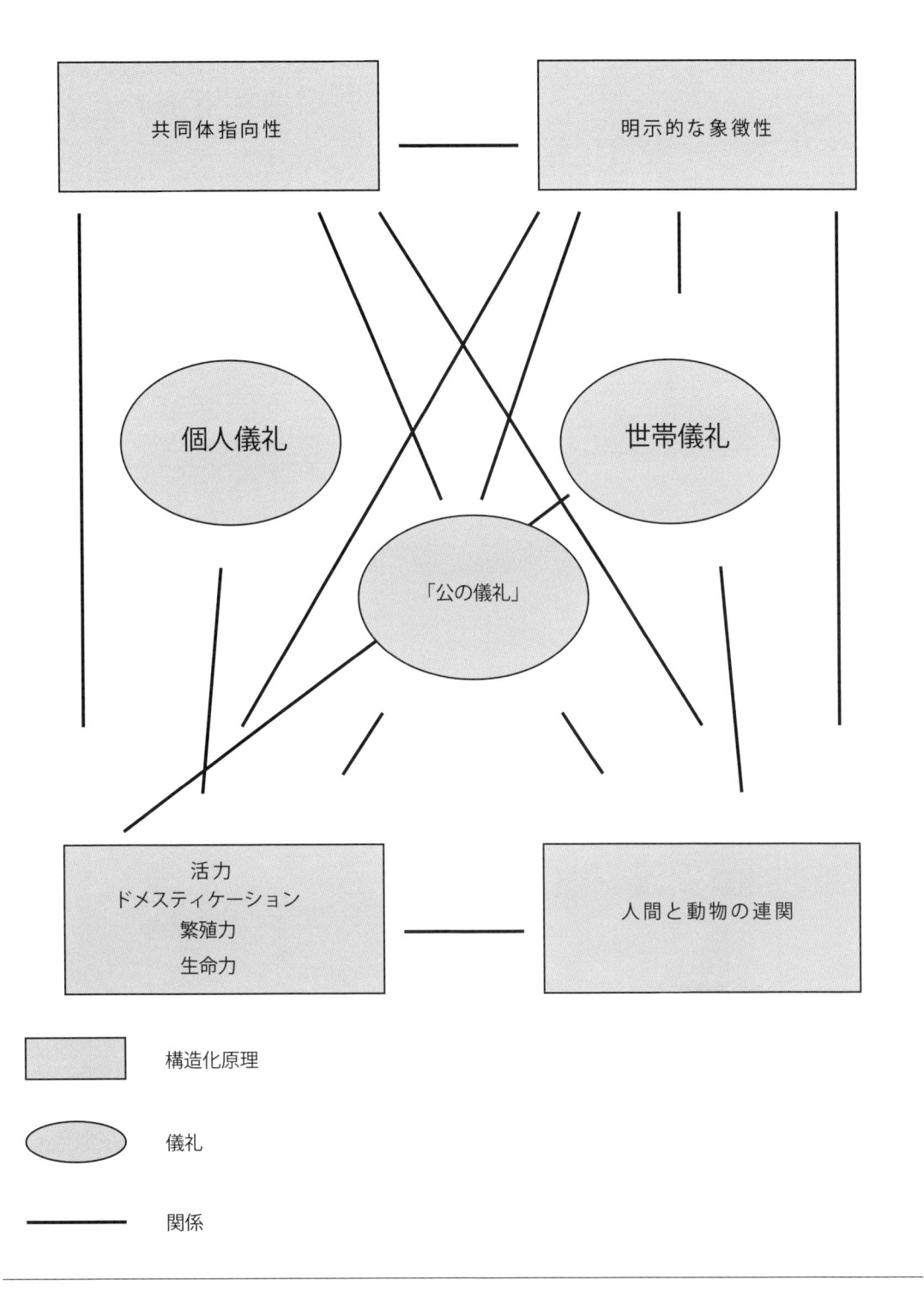

たてる側面の一つが、人間の頭骨の加工・装飾・崇敬、すなわち頭骨崇拝である (Bienert 1991, Kuijt 2000)。特に興味をひくのは、イスラエルのイェリコやクファル・ハホレシュ、そして (ごく最近) シリアのアスワド (図6)。また Stordeur 2003b を参照されたい) で発見されたような漆喰を塗られて彩色を施された頭骨である。頭骨崇拝はすでにナトゥーフ期には始まっていたが、特に先土器新石器時代 B 中期 (紀元前 8,000～7,500 年頃) に盛んに行われた。

人間の頭骨の「ライフサイクル」という観点からすると、頭骨崇拝は一般的に、(1) 遺体を埋葬し (通常は住居の床下になされる)、(2) (1年ほど後に) 墓を開けて頭骨を取り外し、(3) おそらく装飾する頭骨を選んで、(4) 保管と展示を行い、(5) 最後に二次葬、というサイクルからなる。

頭骨崇拝の最も良好な事例が先土器新石器時代 B 中期に見られることは確かだが、土器新石器時代にも頭骨崇拝が一定の役割を果たしていたことを示す証拠が数多く存在する。特に、ハラフ文化 (紀元前 5,900～5,300 年頃) には頭骨崇拝の証拠があり、その事例としては、イラク北部に所在する2つの遺跡例、すなわちアルパチヤ遺跡の土器の内部に葬られた頭骨 (Hijara 1978) とヤリム・テペ遺跡2号丘の頭骨埋葬 (Merpert and Munchaev 1993) が挙げられる。アナト

図6 イスラエル中部、イェリコ遺跡から出土した PPNB の漆喰塗り頭骨 (Pictures of Record 社)

リア中南部のドムズテペ遺跡では、少なくとも35点の人間の頭骨がいわゆる「死の穴(デスピット)」に埋められた（Carter et al. 2003）。

よく知られているように、研究者たちはたいていこのような頭骨に対する操作を祖先崇拝と解釈する。しかし、祖先が重要な役割を果たしたことは明らかだとしても、特に重要な意味をもっていたのは人間の頭と関係する超自然的な力であったにちがいないという主張もなされている（Verhoeven 2002a）。実際、（動物と人間両方の）頭骨操作に関する民族誌の事例はほぼすべて、この見方を支持する。（Caille and Sauvage eds. 1999）。

より一般的にいえば、非常に特徴的なPPNBの儀礼における象徴性はどうやら、人間世界を操作するために、儀礼における立居振舞いと超自然的世界に影響を及ぼしたいという願望の表れであった。(1)床下埋葬と(2)（漆喰の塗られた）人間頭骨の操作、(3)公の場での儀礼、(4)明示される象徴的な人間と動物の連関が、いずれも長い伝統に根ざしつつ共通して見られることは、西アジアの先史時代においてきわめて重要な意味をもつのである。

PPNB期の儀礼解釈

全体論的な関係に関していえば、明示的にあらわれる象徴的な人間と動物の連関は、これまでは想定されていなかった「自然」と「文化」の関わり合いを示唆するものであり、非常に興味深い。この点において興味をひくのはクファル・ハホレシュにおける頭骨操作の連関である。この遺跡には「ウシの穴(ボスピット)」という遺構があって、そこでは首を取られた人間の骨格が、野生の雄ウシの首なし遺体を伴う形で検出されており、同じく頭のないガゼル1体が、漆喰塗り人間頭骨に伴う形で埋葬されていた（Horwitz and Goring-Morris 2004）。いわゆるPPNBの頭骨崇拝が、人間の頭骨を展示・集積して時には装飾することによって特徴づけられるのは確かだが、それは伝統的に推定されてきたような祖先崇拝以上の何かを含意しているように思われる。こう考える理由は以下の二点である。第一に、さまざまな年齢に属する個人の頭骨が用いられた。さらにいえば、漆喰塗り頭骨にされる人物は老若男女を問わない（Bonogofsky 2001）。第二に、世界の多くの文化において、頭骨が生命力や繁殖力およびそれらに関連する諸概念を想起させるような強力な象徴性を帯びた儀礼用具と見なされていることは、人類学のデータから明らかである。

したがって、筆者は、PPNBにはおそらく祖先が神話上の人物として崇拝されていたが、人間の頭骨が（漆喰を塗られるにせよ塗られないにせよ）特に崇敬を集めていたと考える。その理由は、頭に生命力が宿っており、それを（耕地と家畜動物、女性にとっての）繁殖力と豊かな暮らしの保証に用いることができたからである。さらにいえば、文化上の英雄（狩猟の名人？）と見なされた人物は、祖先と同じように、その頭骨が特別な処遇のために選ばれたのかもしれない。生命力と祖先および英雄の崇拝は排他的なものではない。そうではなくて、英雄の崇拝は生命力の諸側面を反映するものだったのである。ただし、クファル・ハホレシュで発見された証拠によれば、PPNBの頭骨操作には動物形象というもうひとつの次元があったらしく、それもまた全体論的な関係を示すものである。

事例分析と解釈
土器新石器時代

　土器新石器時代の儀礼に関する証拠は、PPNBの伝統が継続していることを示している。トルコ中南部に所在する土器新石器時代後期（ハラフ後期）のドムズテペ遺跡では、いわゆる死の穴で、35〜40人分の頭骨と動物骨が複雑なパターンでもって堆積している証拠が得られた。頭骨の一部は、おそらく脳髄にアクセスするために骨が故意に取り外されていることを示唆する。この他に、独立した（おそらく籠に入れられた）頭骨埋葬が発見された（Carter et al. 2003）。興味深いことに、それらの骨は首のない人物石偶（おそらく女性）多数と、一点の両性具有小像を伴っていた（Carter et al. 2003：figs.12, 15）。頭を外された骨格と頭骨の埋葬はイラク北部のアルパチヤやヤリム・テペ2号丘といった他の後期新石器時代遺跡でも検出された。死の穴から示唆される共同体の儀礼は、シリア北部の土器新石器時代遺跡であるテル・サビ・アビヤド1号丘でも一定の役割を果たしており、そこでは集落の大火災を伴う廃絶儀礼が共同体全体を巻き込んで行われた（Verhoeven 2000）。そして、当然のことながら、たとえば男性と女性、生と死、家畜／栽培と野生の間に生じる象徴的関係の錯綜したネットワーク（Hodder 2006）を示す第一の事例として、ここでアナトリアのチャタルヒュユク遺跡の名を挙げておくべきである。

　しかし、これらの事例があるにも関わらず、PPNBと土器新石器時代を全体として比較すると、儀礼の様相はかなり異なっている。PPNB、そして小規模ではあるがPPNAにも見られるようなドラマチックな儀礼の証拠は、土器新石器時代にはほとんどない。実際、墓と小像（図7）を別にすれば、儀礼行為を示す明確な証拠は数例に限られる。さらに、住居の象徴的ないし儀礼上の地位も低下する。たとえば、住居が（牛角などで）飾り立てられることはまれになり、墓は家内的なコンテクストの外部に作られるのが普通になる。全体的に見て、土器新石器時代の儀礼は、「日常性」という言葉によって特徴づけられるような、家内的、隠匿的、私的な類の儀礼行為であり、おそらく個人ないし世帯と関係するものであった（Verhoeven 2002b）。

　先土器新石器時代と土器新石器時代で儀礼行為に変化が見られる理由を理解するのはいまだに困難である。その理由はおそらくドメスティケーション、すなわち植物栽培と動物飼養、村落生活、そして大量の物品生産体制の最高度の「完成形」がある程度土器新石器時代に確立したことと関係があるはずである。ここにおいて、社会−宇宙の相互関係を徹底的に操作する必要性は少なくなった。しかしながら、ドムズテペの死の穴から出土した首のない小像と頭骨、男性／女性の小像は、象徴的・全体論的な連関にさまざまな形があったことを示唆する。儀礼と象徴体系の証拠から、先行する時期に存在したと見られる全体論的関係は、土器新石器時代には重要性を大きく失ったか、または異なる秩序に基づいていたようである。　　（近藤康久訳）

引用文献

Akino, S. (1999) Spirit-sending ceremonies. In: W. W. Fitzhugh and C. O. Dubreuil (eds.), pp.248-255.

Barraud, C. and J. Platenkamp (1990) Rituals and the comparison of societies. *Bijdragen tot Taal, Land en Volkenkunde KITLV* 146: 103-123.

Bell, C. (1997) *Ritual: pespectives and dimensions.* New York/Oxford: Oxford University Press.

Bienert, H.-D. (1991) Skull cult in the prehistoric Near East. *Journal of Prehistoric Religion* 5: 9-23.

Bonogofsky, M. (2001) *An osteo-archaeological examination of the ancestor cult during the Pre-Pottery Neolithic B period in the Levant.* Berkeley: University of California (Ph.D. dissertation).

Bradley, R. (2001) Humans, animals and the domestication of visual images. *Cambridge Archaeological Journal* 11(2): 261-263.

Caille, B. and I. Sauvage (eds.) (1999) *"La mort n'en saura rien": reliques d'Europe et d'Océanie.* Paris: Éditions de la Réunion des musées nationaux.

Carter, E., S. Campbell and S. Gauld (2003) Elusive complexity: new data from Late Halaf Domuztepe in South Central Turkey. *Paléorient* 29(2): 117-134.

Cauvin, J. (1972) *Religions Néolithiques de Syro-Palestine.* Paris: Libraire d'Amérique et d'Orient, Jean Maisonneuve.

Cauvin, J. (2000) *The birth of the gods and the origins of agriculture.* Cambridge: Cambridge University Press (translated from the French by T. Watkins, originally published in 1994 as Naissance des divinités, naissance de l'agriculture: La révolution des symboles au Néolithique. Paris: CNRS).

Descola, P. (1994) *In the society of nature: a native ecology in Amazonia.* Cambridge: Cambridge University Press (originally published in 1986 in French as *La nature domestique: Symbolisme et praxis dans l'écologie des Achuar.* Paris: Editions de la Maison des Sciences de l'Homme).

Descola, P. and G. Pálsson (eds.) (1996) *Nature and society: anthropological perspectives.* London: Routledge.

Ellen, R. F. and K. Fukui (eds.) (1996) *Redefining nature: ecology, culture and domestication.* Oxford: Berg.

Firth, R. (1951) *Elements of social organization.* London: Watts.

Fitzhugh, W. W. and C. O. Dubreuil (eds.) (1999) *Ainu: spirit of a northern people.* Washington: National Museum of Natural History, University of Washington Press.

Helmer, D., L. Gourichon and D. Stordeur (2004) À l'aube de la domestication animale: imaginaire et symbolisme animal dans les premières sociétés Néolithiques du nord du Proche Orient. *Anthropozoologica* 39(1): 143-163.

Hijara, I. (1978) Three new graves at Arpachiyah. *World Archaeology* 10: 125-128.

Hodder, I. (2001) Symbolism and the origins of agriculture in the Near East. *Cambridge Archaeological Journal* 11: 107-112.

図7 シリア、テル・カシュカショク遺跡2号丘から出土した土器新石器時代の人物土偶
(a) 正面 (b) 側面 (Matsutani ed. 1991: Pl. 19-4)

Hodder, I. (2006) *The leopard's tale: revealing the mysteries of Çatalhöyük*. London: Thames & Hudson.

Horwitz, L. K. and N. Goring-Morris (2004) Animals and ritual during the Levantine PPNB: a case study from the site of Kfar Hahoresh, Israel. *Anthropozoologica* 39(1): 165-178.

Howell, S. (1996) Nature in culture or culture in nature?: Chewong ideas of 'humans' and other species. In: P. Descola and G. Pálsson (eds.), pp.127-145.

Kuijt, I. (1996) Negotiating equality through ritual: a consideration of Late Natufian and Pre-pottery Neolithic A period mortuary practices. *Journal of Anthropological Archaeology* 15: 313-336.

Kuijt, I. (2000) Keeping the peace: ritual, skull caching and community integration in the Levantine Neolithic. In: I. Kuijt (ed.), pp.137-163.

Kuijt, I. (ed.) (2000) *Life in Neolithic farming communities: social organization, identity, and differentiation*. New York: Kluwer Academic/Plenum Publishers.

Kuijt, I., and M. Chesson (2005) Lumps of clay and pieces of stone: ambiguity, bodies, and identity as portrayed in Neolithic figurines. In: S. Pollock and R. Bernbeck (eds.), *Archaeologies of the Middle East: critical perspectives*. Oxford: Blackwell, pp.152-183.

Lechevallier, M. and A. Ronen (1994) *Le gisement de Hatoula en judée occidentale, Israël*. Mémoires et Travaux du CRFJ 8. Paris: Association Paléorient.

Matsutani, T. (ed.)(1991) *Tell Kashkashok : the excavations at Tell No. II*. Tokyo: The Institute of Oriental Culture, The University of Tokyo.

McAdam, E. (1997) The figurines from the 1982-5 seasons of excavations at Ain Ghazal. *Levant* 29: 115-145.

Merpert, N. Ya. and R. M. Munchaev (1993) Burial practices of the Halaf culture. In: N. Yoffee and J. J. Clark (eds.), *Early stages in the evolution of Mesopotamian civilization: Soviet excavations in northern Iraq*. Tucson: The University of Arizona Press, pp.207-223.

Moore, A. M. T., G. C. Hillman and A. J. Legge (eds.) (2000) *Village on the Euphrates: from foraging to farming at Abu Hureyra*. Oxford: Oxford University Press.

Ohnuki-Tierney, E. (1999) Ainu sociality. In: W. W. Fitzhugh and C. O. Dubreuil (eds.), pp.240-248.

Renfrew, C. and P. Bahn (2004) *Archaeology: theories, methods and practice (4th edition)*. London: Thames & Hudson.

Rollefson, G. O. (1983) Ritual and ceremony at Neolithic Ain Ghazal (Jordan). *Paléorient* 9(2): 29-38.

Rollefson, G. O. (1986) Neolithic 'Ain Ghazal (Jordan): ritual and ceremony, II. *Paléorient* 21(1): 45-52.

Rollefson, G. O. (1998) 'Ain Ghazal (Jordan): ritual and ceremony III. *Paléorient* 24(1): 43-58.

Rollefson, G. O. (2000) Ritual and social structure at Neolithic 'Ain Ghazal. In: I. Kuijt (ed.), pp.165-190.

Rosenberg, M. and R. W. Redding (2000) Hallan Çemi and early village organization in eastern Anatolia. In: Kuijt, I. (ed.), pp.39-61.

Salje, B. (2004) Die Statuen aus 'Ain Ghazal: Begegnung mit Figuren aus einer vergangenen Welt. In: B. Salje, N. Riedl and G. Schauerte (eds.), *Gesichter des Orients : 10,000 jahre kunst und kultur aus Jordanien*. Mainz: Verlag Philipp von Zabern, pp.31-36.

Schmidt, K. (2002) The 2002 excavations at Göbekli Tepe (southeastern Turkey): impressions from an enigmatic site. *Neo-Lithics* 2(02): 8-13.

Schmidt, K. (2003) The 2003 campaign at Göbekli Tepe (southeastern Turkey). *Neo-Lithics* 2(03): 3-8.

Stordeur, D. (2000) Jerf el Ahmar et l'émergence du Néolithique au Proche Orient. In: Guilaine, J. (ed.), *Premiers paysans du monde*. Paris: Éditions errance, pp.33-60.

Stordeur, D. (2003a) Symboles et imaginaire des premières cultures Néolithiques du Proche Orient (haute et moyenne vallée de l'Euphrate). In: J. Guilaine (ed.), *Arts et symboles du Néolithique à la Protohistoire*. Paris: Éditions errance, pp.15-37.

Stordeur, D. (2003b) Des crânes surmodelés à Tell Aswad de Damascène (PPNB-Syrie). *Paléorient* 29(2): 109-115.

Tilley, C. (1999) *Metaphor and material culture*. Oxford: Blackwell.

Utagawa, H. (1992) The "sending-back" rite in Ainu culture. *Japanese Journal of Religious Studies* 19(2-3): 255-270.

Verhoeven, M. (2000) Death, fire and abandonment: ritual practice at Late Neolithic Tell Sabi Abyad, Syria. *Archaeological Dialogues* 7(1): 46-83.

Verhoeven, M. (2002a) Ritual and ideology in the Pre-Pottery Neolithic B of the Levant and south-east Anatolia. *Cambridge Archaeological Journal* 12(2): 233-258.

Verhoeven, M. (2002b) Transformations of society: the changing role of ritual and symbolism in the Pre-Pottery Neolithic B and Pottery Neolithic periods in the Levant and south-east Anatolia. *Paléorient* 28(1): 5-13.

Verhoeven, M. (2002c) Ritual and its investigation in prehistory. In: H. G. K. Gebel, B. Dahl Hermansen and C. Hoffmann-Jensen (eds.), *Magic practices and ritual in the Near Eastern Neolithic*. Studies in Early Near Eastern Production, Subsistence and Environment 8. Berlin: Ex oriente, pp.5-40.

Verhoeven, M. (2004) Beyond boundaries: nature, culture and a holistic approach to domestication in the Levant. *Journal of World Prehistory* 18(3): 179-282.

Warburton, D. A. (2004) Towards new frameworks: supra-regional concepts in Near Eastern neolithization. *Paléorient* 30(1): 183-188.

Watkins, T. (1990) The origins of house and home? *World Archaeology* 21(3): 336-347.

現在も作られる土偶

先史時代の遺跡からよく土でできた人物、動物などの像が出土する。それを土偶という。縄文時代の土偶はよく知られているが、西アジア新石器時代遺跡においても土偶は一般的な遺物である。特にポピュラーになるのは先土器新石器時代Bの後期以降、つまり9,500年前頃より後である。当初は日干しの非焼成土偶であるが、土器が作り始められる8,900年前頃になると焼成土偶が増え始める。

新石器時代の人たちが土偶を何のために作ったのか、何に使ったのか。答えは難しい。単なる飾り物、愛玩物、おもちゃ、儀礼の道具、…など、現代の人形を見ても用途は多様である。先史時代にあっても、さまざまであったと用心してかかる方がよい。

西アジアの伝統的農村では現代においても土偶が作られている。1960年代に南イラクのユーフラテス川流域にあるヒバという村の民族誌を記載したE.L. オセンシュラーガー (Ochsenschlager 2004: 79-85) によれば、多くの場合、子供がおもちゃとして作っているという。ヒツジ、ヤギなどの動物や人物、家や家具、舟や乗り物などおよそあらゆるものを作って遊んでいるのだそうだ。ただし中心は身近な題材であって、見たこともないのに作っているのは本などで知っているライオンくらいだと述べられている。

図1 現代シリアの土偶作り。セクル・アル・アヘイマル村、2006年
図2 次々にできあがる土偶
図3 できあがった土偶

私たちが発掘しているシリアのテル・セクル・アル・アヘイマル遺跡の村人も、かつては土偶を作って遊んでいたという。発掘を手伝ってくれている若者の二人が、再現してくれた（図1、2）。近くを流れるハブール川でビニール袋いっぱいに粘土をとってきて、遺跡の脇で作り始めた。いずれも20代の若者である。どうやって作るのか興味深く見ていたが、製作は実にあっけない。手慣れた風に粘土をこねて次々に作った。一個あたりの製作時間はものの2-3分と言ったところだ。できあがったのは、ヒツジやヤギ、ラクダ、そして女性土偶であった（図3）。

　発掘でヒツジやヤギ、女性土偶が出土するのを知っている若者たちだから、それらを思い浮かべて対象を選んだことは十分に想像できるが、ラクダは別である。そんな土偶は新石器時代の遺跡から出土しない。ヒツジは実によくできている。特に写真中央手前（図3）の雄ヒツジは細工が細かい。ひねりの加わった角や首筋の筋肉の盛り上がりなどは、同行していた動物学の専門家をうならせるほどであった。また、どのヒツジにもおしりには平たい座布団のようなものがぶらさがっている。しっぽにたっぷり脂肪を蓄えた現代のシリアヒツジである。新石器時代にはそこまでの品種改良は進んでいなかったはずである。一方、女性土偶は少々、不細工である。見知った家畜の出来映えが秀逸であるのに対し、女性像はそうでもないのは興味深い。

　南イラクの現代土偶にしてもテル・セクル・アル・アヘイマルの例にしても、細部は別にして新石器時代の作品と似ていると言えなくもない（図4-8）。遺跡で見つかる土偶にもこのような玩具が含まれている可能性は確かにある。しかし、考古学者の多くは、少なくとも女性土偶は玩具でなく儀礼用品であったと考えている。今回テル・セクル・アル・アヘイマルで見つかった写実女性土偶のように実に手の込んだ作りをもつ特殊な作品が含まれていることや（Nishiaki in press）、広い地域で定型化が進んでいることなど、気まぐれで製作したものにはとうてい見えない。また、室内を中心とした特定の場所から出土することが多いことも、

図4　テル・セクル・アル・アヘイマル出土の女性土偶。先土器新石器時代B期後半、約9,200年前
図5　テル・セクル・アル・アヘイマル出土の女性土偶。土器新石器時代初頭、約8,800年前
図6　テル・セクル・アル・アヘイマル出土のヒツジ形土偶。土器新石器時代初頭、約8,800年前

図7

図8

特殊な用途を示唆している（Hamilton 1996）。

　一方、動物土偶はどうだろう。新石器時代の動物土偶には各地で著しい共通点がある（図6-8）。それは題材が、ヒツジやヤギ、ウシなどの家畜動物にほぼ限られていることである。ガゼルやノロバのような狩猟動物とも身近に接していたに違いないが、そのような表現は稀であるし、まして現代の玩具にみられるような多様性は全く認められない。動物土偶も、多くは玩具と言うより、やはり一定の目的で製作された品物であったと考えるのがよいのだろう。

　土偶が一般化する前の先土器新石器時代A期からB期前半には石像や石版などが作られていたが、そこでモチーフにされていたのは食用動物ではなかった。ライオンや猛禽類、サソリといった、人がコントロールできない恐ろしい生物であった（フェルフーフェン論文参照）。ヒツジ・ヤギ、ウシなど身近で人間の支配がおよぶ家畜動物が土でつくられるようになるのが先土器新石器時代B期後半以降なのであって、それは家畜化が完了しつつあった時期に一致している。動物界に対する人々のとらえ方が広い地域で一様に変化したものらしい。

図7　イラン、マルヴ・ダシュト平原の動物土偶。土器新石器時代、約8,300-7,200年前。背筋を伸ばした右上の作品はヤギか。
図8　刺突痕が残る動物の脚部。テル・セクル・アル・アヘイマル、先土器新石器時代B期末、約9,000年前

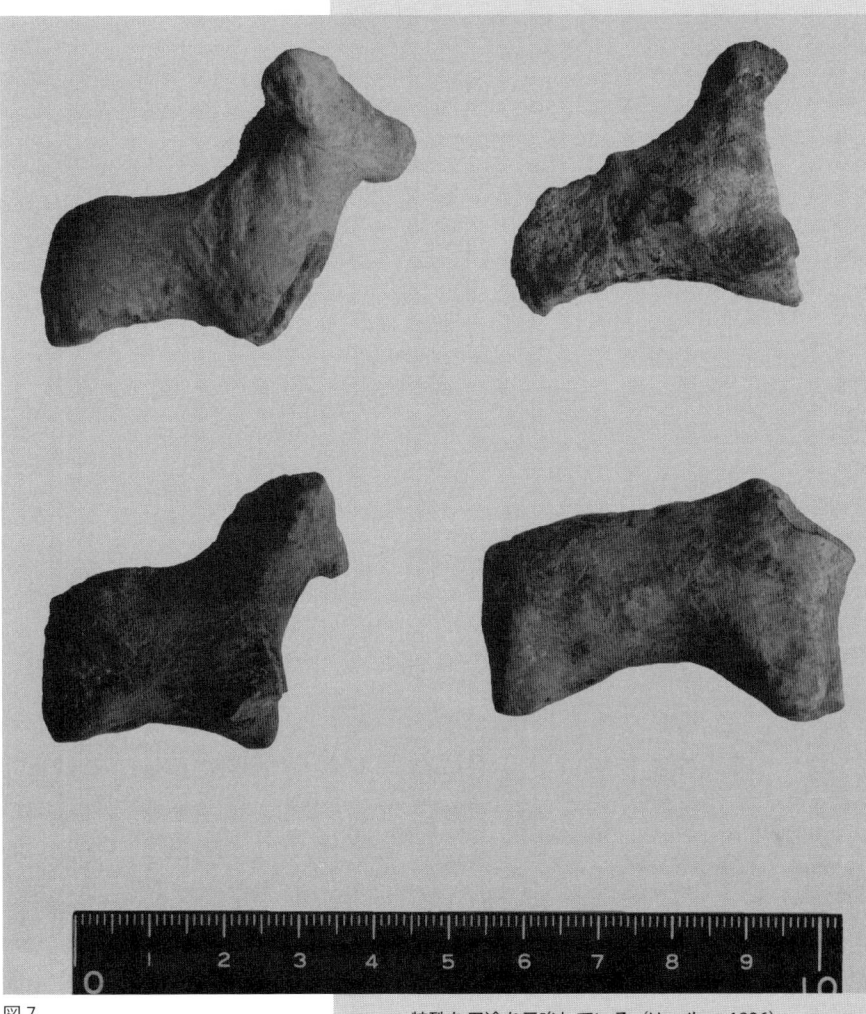

その頃の集落であるテル・セクル・アル・アヘイマルでは既に100点を超える動物土偶が見つかっている。他の遺跡と同じく、種が同定できそうなものは家畜動物ばかりである。興味深いことに、出土した場所を集計してみると、炉の中やその周囲、灰層など火を使う施設付近に集中していた（図9、西秋 2006）。しかも首がなく壊れたものが大半であった。用途の推定はなお簡単ではないが、あるいは「送り」の儀礼がおこなわれていたのだろうか。

（西秋良宏）

Hamilton, N. (1996) Figurines, clay balls, small finds and burials. In: I. Hodder (ed.) *On the Surface: Çatalhöyük 1993-96*, Ankara: British Institute of Archaeology at Ankara, pp.215-263.

Nishiaki, Y. (in press) A 9000-year-old realistic female figurine from Tell Seker al-Aheimar, Northeast Syria. *Paléorient*.

Occhsenschlanger, E. L. (2004) *Iraq's Marsh Arabs in the Garden of Eden*. Philadelphia: University of Pennsylvania Museum.

西秋良宏（2006）「北メソポタミア農耕村落の起源 —テル・セクル・アル・アヘイマル遺跡の第6次調査（2005年）」『考古学が語る古代オリエント』日本西アジア考古学会、22-28頁。

図9 テル・セクル・アル・アヘイマルの9,000年前頃の屋外炉
　　このようなところの土をフルイにかけると土偶の破片がみつかる。

MOUNDS & GODDESS
The Earliest Farmers in Upper Mesopotamia

東京大学130周年記念事業
東京大学西アジア遺跡調査50周年記念

「遺丘と女神
——メソポタミア原始農村の黎明」

展示標本目録

作成：三國博子・小川やよい

■遺丘と女神

テル・サラサートから50年

標本	時代	点数	寸法(cm)	遺跡・由来	所蔵	標本番号
西アジア遺跡調査記録写真	1956-1957年撮影	4	A4版	イラク、テル・サラサートⅡ	東大総博	X-R160-1〜7、X-R43-1〜12、X-R396-1〜6、X-R359-1〜8
テル・サラサートの発掘	1956-1957年撮影	—	映像スクリーン	イラク、テル・サラサートⅡ	東大総博	—
足跡	先プロトハッスーナ期：約8800-8700年前	1	27.0×23.0×7.0	シリア、テル・セクル・アル・アヘイマル	東大総博	東京大学西アジア遺跡調査団
足跡デジタル	先プロトハッスーナ期：約8800-8700年前	1	映像モニタ	シリア、テル・セクル・アル・アヘイマル	東大総博	東京大学西アジア遺跡調査団
靴製作用足型（複製）	先プロトハッスーナ期：約8900-8600年前	1	20.0×8.0×10.0	シリア、テル・セクル・アル・アヘイマル	東大総博	東京大学西アジア遺跡調査団

テルの話

標本	時代	点数	寸法(cm)	遺跡・由来	所蔵	標本番号
日干しレンガ片	ウバイド期：約6500年前	1	29.0×62.0×16.0	イラク、テル・サラサートⅡ	東大総博	住1 東大 4/4 20 借No.13
ドアソケット（石灰岩製）	ウバイド期：約6500年前	1	37.0×42.0×18.0	イラク、テル・サラサートⅡ	東大総博	CS/R139 5/4 593
サソリ	1976年、2006年	5	最大6.0×2.3	シリア、テル・セクル・アル・アヘイマル、イラク、テル・サラサート、現生標本	東大総博	—
日干しレンガ	ウバイド期：約6500年前	2	最大17.5×13.0×11.5	イラク、テル・サラサートⅡ	東大総博	M:Ⅷ-R102.R109
ワラ跡の残るレンガ片	先プロトハッスーナ期：約8900-8600年前	1	4.0×2.5×1.0	シリア、テル・セクル・アル・アヘイマル	東大総博	—
彩色床片	先土器新石器時代B期：約9000年前	2	最大5.3×5.7	シリア、テル・セクル・アル・アヘイマル	東大総博	SEK06 C12-318
彩色壁片	ジャリ期：約8000年前	2	最大1.8×1.6	イラン、タル・イ・ジャリB	東大総博	JB FI 2 6/22
家材の一部（石膏プラスター）	先プロトハッスーナ期：約8900-8600年前	1	6.0×5.2×4.0	シリア、テル・セクル・アル・アヘイマル	東大総博	SEK00 D1-16
窯の壁	ポストウバイド期：約6000年前	1	6.0×3.6×3.6	シリア、テル・コサック・シャマリ	東大総博	95KSL BD7-30　950912
屋根に使われた木材	ウバイド期：約7000年前	約55	最大2.5×2.5×1.0	シリア、テル・コサック・シャマリ	東大総博	96KSL AE6(19)-2
現代シリアの風俗と遺丘の発掘	1980-2000年代	—	映像スクリーン	シリア、現代	東大総博	東京大学西アジア遺跡調査団

標本		時代	点数	寸法(cm)	遺跡・由来	所蔵	標本番号
■植物							
先史時代の植物利用							
	野生アインコルンコムギ(ヒトツブコムギ) *Triticum monococcum* ssp. *aegilopoides* (Link) Thell	現代	1	133.0×42.0	現生標本	京都大学	—
	野生エンマーコムギ(パレスチナコムギ、フタツブコムギ) *Triticum turgidum* ssp. *dicoccoides* (Körn. ex Asch. & Graebn.) Thell.	現代	1	125.0×38.0	現生標本	京都大学	—
	栽培エンマーコムギ(フタツブコムギ) *Triticum turgidum* ssp. *dicoccon* (Schrank) Thell.	現代	1	132.0×16.0	現生標本	京都大学	—
	コムギ野生種の穂 *Triticum turgidum* ssp. *armeniacum*	現代	6	30.0	現生標本	京都、個人蔵	—
	コムギ栽培種の穂 *Triticum turgidum* ssp. *dicoccum*	現代	4	25.0	現生標本	京都、個人蔵	—
	ライムギ(栽培種) *Secale cereale* L.	現代	1ケース	ケース: 3.5×6.0×1.5	現生標本	総合地球環境学研究所	—
	オオムギ(栽培種) *Hordeum vulgare* L. ssp. *vulgare*	現代	1ケース	ケース: 3.5×6.0×1.5	現生標本	総合地球環境学研究所	—
	アインコルンコムギ(ヒトツブコムギ)(栽培種) *Triticum monococcum* L. ssp. *monococcum*	現代	1ケース	ケース: 3.5×6.0×1.5	現生標本	総合地球環境学研究所	—
	エンマーコムギ(フタツブコムギ)(栽培種) *Triticum turgidum* ssp. *dicoccum*	現代	1ケース	ケース: 3.5×6.0×1.5	現生標本	総合地球環境学研究所	—
	ソラマメ(栽培種) *Vicia faba* L.	現代	1ケース	ケース: 4.5×7.5×2.0	現生標本	総合地球環境学研究所	—
	ヒヨコマメ(栽培種) *Cicer arietinum* L.	現代	1ケース	ケース: 3.5×6.0×1.5	現生標本	総合地球環境学研究所	—
	カラスノエンドウ(栽培 種) *Vicia ervilia* L.	現代	1ケース	ケース: 3.5×6.0×1.5	現生標本	総合地球環境学研究所	—
	エンドウマメ(栽培種) *Pisum sativum* L.	現代	1ケース	ケース: 3.5×6.0×1.5	現生標本	総合地球環境学研究所	—
	レンズマメ(栽培種) *Lens culinaris* L.	現代	1ケース	ケース: 3.5×6.0×1.5	現生標本	総合地球環境学研究所	—
	アマ(栽培種) *Linum usitatissimum* L.	現代	1ケース	ケース: 3.5×6.0×1.5	現生標本	総合地球環境学研究所	—
	シロガラシ *Sinapis alba* L.	現代	1ケース	ケース: 3.5×6.0×1.5	現生標本	総合地球環境学研究所	—
	ピスタチオ(野生種) *Pistacia atlantica* Desf.	現代	1ケース	ケース: 3.5×6.0×1.5	現生標本		—

標本		時代	点数	寸法(cm)	遺跡・由来	所蔵	標本番号
	アーモンド *Amygdalus* sp.	ナトゥーフ期： 約13000年前	1ケース	ケース： 3.5×径1.7	シリア、デデリエ洞窟	高知工科大学	DED05K25-L15(8/14)
	ピスタチオ属植物の殻 *Pistacia* cf. *terebinthus*	ナトゥーフ期： 約13000年前	1ケース	ケース： 3.5×径1.7	シリア、デデリエ洞窟	高知工科大学	K25-L12(8/8)
	レンズマメ種子 *Lens* sp.	先土器新石器時代B期： 約9000年	1ケース	ケース： 3.5×径1.7	シリア、テル・セクル・アル・アヘイマル	東大総博	SEK05 C12-235
	エンマーコムギ種子 *Triticum turgidum* ssp. *dicoccum*	先プロトハッスーナ期： 約8900-8600年前	1ケース	ケース： 3.5×径1.7	シリア、テル・セクル・アル・アヘイマル	東大総博	SEK05 A346
	エンマーコムギ穂軸 *Triticum turgidum* ssp. *dicoccum*	ウバイド期： 約7000年前	1ケース	ケース： 3.5×径1.7	シリア、テル・コサック・シャマリ	東大総博	KOSAK 4G 2007.4 Spikelet Base Upper
	オオムギ種子 *Hordeum vulgare* ssp. *vulgare* / *spontaneum*	先土器新石器時代B期： 約9000年前	1ケース	ケース： 3.5×径1.7	シリア、テル・セクル・アル・アヘイマル	東大総博	SEK03 C12-13-11
	コムギ *Triticum turgidum* ssp. *dicoccum*	ウバイド期： 約7000年前	1ケース	ケース： 12.0×8.5× 5.0	シリア、テル・コサック・シャマリ	東大総博	97KSL-AE5-18
	オオムギ *Hordeum vulgare* ssp. *vulgare*	ウバイド期： 約7000年前	1ケース	ケース： 12.0×8.5× 5.0	シリア、テル・コサック・シャマリ	東大総博	97KSL-AE6-33
鎌刃と樏刃							
	現代の鎌(鉄・木製)	現代	1	40.0×30.0 ×3.0	シリア、現代民具	神奈川、個人蔵	—
	鎌(フリント製石刃、天然アスファルト、骨)	ウバイド期： 約7000年前	1	30.0×13.0 ×4.0	シリア、テル・コサック・シャマリ	東大総博	97KSL AD5-III I-5
	鎌刃(フリント製)	ウバイド期： 約6500年前	6	最大 5.7×1.5× 0.5	イラク、テル・サラサートII	東大総博	XIII- 1283,1270,1263, 1268、XIV-1322、TH294
	樏刃(フリント製)	ニネヴェ5期： 約5000-4500年前	3	最大 6.0×3.0× 1.0	イラク、テル・サラサートV	東大総博	4ThV-123,3/1,2/1
	脱穀機	現代	1	158.0×28.0 ×4.0	トルコ、現代民具	東海大学	PCV-3
	籾摺盆(土器)	ハッスーナ期： 約8000年前	2	15.3×12.7 ×3.6	イラク、テル・ハッスーナ、テル・マタッラ	東大総博	Matarrah216、 64HASSUNA
	籾摺盆(土器)	土器新石器時代： 約7500年前	1	63.0×36.0 ×10.0	イラン、テペ・サンギ・チャハマック東丘	筑波大学	—
	石皿と磨石 (玄武岩製)	ウバイド期： 約6800年前	各1	53.4×20.0 ×12.5、 22.5×15.5 ×4.0	イラク、テル・サラサートII	東大総博	磨石: LX/E下1、 石皿: DR.17
■動物							
動物の家畜化とその発展							
	野生ヤギ角 *Capra aegagrus*	現代	2	35.0×64.0 ×15.0	イラン、現生標本	東大総博	—
	野生ヤギ頭骨 *Capra aegagrus*	土器新石器時代： 約7500年前	1	15.0×13.0 ×16.0	イラン、テペ・サンギ・チャハマック東丘	筑波大学	319
	ヤギ頭骨 *Capra hircus*	現代	1	30.0×25.0 ×14.0	日本、現生標本	東大総博	UMUT2002-01
	イノシシ頭骨 *Sus scrofa*	現代	1	34.0×14.0 ×20.0	日本、現生標本	東大総博	UMUT2002-19
	ブタ頭骨	現代	1	41.5×18.5 ×25.0	不明、現生標本	東大総博	—

標本	時代	点数	寸法(cm)	遺跡・由来	所蔵	標本番号
イノシシ下顎骨 *Sus scrofa*	ウバイド期:約7000年前	1	9.8×2.1×3.8	シリア、テル・コサック・シャマリ	東大総博	95KSL-ADS66
オオカミ頭骨 *Canis lupus*	現代	1	26.0×14.0×11.0	モンゴル、現生標本	東大総博	UMUT06-66
「長谷部飼犬 勝鬨号」頭骨 *Canis familiaris*	現代	1	15.0×9.0×7.0	日本、現生標本	東大総博	—
噛み跡のある骨 ヒツジ(*Ovis aries*)、ヤギ(*Capra hircus*)、ウシ(*Bos Taurus*)	ポストウバイド期:約6000-5500年前	3	最大9.3×5.8×3.0	シリア、テル・コサック・シャマリ	東大総博	BT-2、OC18、GS12
消化された痕跡のある骨 ヒツジ(*Ovis aries*)またはヤギ(*Capra hircus*)	ポストウバイド期:約6000-5500年前	3	最大4.7×1.8×1.4	シリア、テル・コサック・シャマリ	東大総博	GS6,14、OC5-3
イヌ頭骨 *Canis familiaris*	ジャリ期:約8000年前	1	20.0×8.5×10.0	イラン、タル・イ・ジャリA	筑波大学	JA-D-1⑥
飼い猫墓(複製)	先土器新石器時代B期:約9500-9000年前	1	45.0×22.0×5.0	キプロス、シルロカンボス	仏国立自然史博物館	K.D.
ネズミ偶像(複製、オリジナルは骨製)	先土器新石器時代B期:約9000-8500年前	1	2.6×1.6	シリア、エル・コウム	仏国東洋地中海研究所	D.Stordeur
野生ウシ *Bos primigenius*	ムシュキ期:約8400-8100年前	9	最大14.0×9.0×4.0	イラン、タル・イ・ムシュキ	東大総博	2MS-115-1,1-7,224,210-22,36-11,234-12,210,250,60-1
ノロバ(オナガー) *Equus hgmionus* または *Equus hydruntinus*	ムシュキ期:約8400-8100年前	15	最大12.8×6.0×2.0	イラン、タル・イ・ムシュキ	東大総博	2MS-89-1,11-1,261,221,48-2,298-20,30-6,234,50-2,152-1,223-2,1-193,28-2,256-1,241-12,TM5
ガゼル *Gazella subgutturosa*	ムシュキ期:約8400-8100年前	11	最大18.0×5.0×4.0	イラン、タル・イ・ムシュキ	東大総博	2MS-21-5,21-6,24-40.251-39,241-101,261-36,17-5,10,251-19,261-44.35-2
ヤギ *Capra hircus*	ジャリ期:約8000年前	9	最大9.0×5.0×3.0	イラン、タル・イ・ジャリB	東大総博	JBDIRM5-2fill、6/10JBDⅡR9(2点)、JBDⅡ、JB.FI.2、JBDⅡR7fl.3(3点)、JBDⅡR8fl.1

羊毛のドメスティケーション

標本	時代	点数	寸法(cm)	遺跡・由来	所蔵	標本番号
紡錘車(土製)	ウバイド前期:約7000年前	6	最大3.5×3.5	イラク、テル・サラサートⅡ	東大総博	TH488/40,488/38、TH(4点)
紡錘車(土製)	ウバイド後期:約6500年前	6	最大4.0×4.0	イラク、テル・サラサートⅡ	東大総博	Th-488/39,488/37、TH(4点)
紡錘車(土製)	ウバイド末期:約6000年前	6	最大3.5×3.5	イラク、テル・サラサートⅡ	東大総博	ThⅡ-G/X. 2f1、TH(5点)
紡錘車(土製)	ガウラ期:約5500年前	6	最大3.0×3.0×3.5	イラク、テル・サラサートⅡ	東大総博	TH458/36,235/10,235/13,230、TH(2点)
現代の紡錘車(木製)	現代	3	最大5.0×13.8(紡錘) 最大長44.5(軸)	イラク、イラン、現代民具	東大総博	—
ヒツジ骨片 *Ovis aries*	ウバイド期-ポストウバイド期約7000-6000年前	7	最大16.0×6.0	シリア、テル・コサック・シャマリ	東大総博	95KSL-AD5-51,57、95KSL-BD6-10(2点)、96KSL-AD5-80(2点)、97KSL-BE6-27
荷役に使われたらしいウシの骨 *Bos taurus*	ウルク期:約5500年前	1	6.8×3.8×4.1	シリア、テル・コサック・シャマリ	東大総博	97KSL-BE6-27.BT-1

標本		時代	点数	寸法(cm)	遺跡・由来	所蔵	標本番号
毛織物の圧痕							
	毛織物の存在を示す土器	プロトハッスーナ期：約8500年前	1	44.0×41.0×31.0	イラク、テル・サラサートⅡ	東大総博	3ThⅡ．P1
■モノ							
パイロテクノロジーの始まり							
	床に張った石膏漆喰の断片	先土器新石器時代B期：約9000年前	3	最大 15.3×11.6×2.6	シリア、テル・セクル・アル・アヘイマル	東大総博	SEK04E11-70,C12-193 (2点)
	石膏タイル	プロトハッスーナ期：約8500-8000年前	1	12.5×9.0	イラク、ウンム・ダバギーヤ	東大総博	45 UMM DABAGHIYAH
	石膏製白色容器片	先土器新石器時代B期-先プロトハッスーナ期：約9000-8600年前	2	最大 10.2×11.0	シリア、テル・セクル・アル・アヘイマル	東大総博	SEK00C5-17
	石膏の原料と石膏漆喰	現代	各1ケース	ケース：1.8×径9.0	シリア	東大総博	—
	現代シリア農村の石膏作り	現代	—	映像モニタ	シリア	東大総博	東京大学西アジア遺跡調査団
土器の起源と展開							
	メソポタミア最古の土器	先プロトハッスーナ期-プロトハッスーナ期：約8000年前	10	最大 11.1×9.8	シリア、テル・セクル・アル・アヘイマル	東大総博	SEK00-B3-9-121,9-122、SEK00-B3-6-2-15、SEK02-E6-24-179、29-3,30-9,31-4,5-2-144、66-7, SEK02-E7-7-1
	土器片	プロトハッスーナ期：約8500-8000年前	3	最大 5.5×7.0	イラク、テル・サラサートⅡ	東大総博	3ThⅡ-1719-8, 1922-33, 1807
	土器片	プロトハッスーナ期：約8500-8000年前	4	最大 6.8×5.4	シリア、テル・カシュカショクⅡ	東大総博	87KKⅡ-076-2 E11(n)/1-2,123-16 K12(n)/1,179-10 P9Fill、88KKⅡ
カンバスとしての土器							
	土器片	プレハラフ期：約8300-8000年前	2	最大 7.2×6.3	シリア、テル・コサック・シャマリ	東大総博	95KSL-AF5-8-B5-PV、95KSL-AF3-16-1-I-PV
	土器片	土器新石器時代：約8500年前	3	最大 6.5×6.0	イラク、ジャルモ	東大総博	JARMO41,57,80
	土器片	ジャリ期：約8000年前	3	最大 5.5×4.4	イラン、タル・イ・ムシュキ	東大総博	T.M-B1(2点),B2
	土器片	ハッスーナ期：約8000年前	5	最大 10.2×7.6	イラク、テル・ハッスーナ	東大総博	HASSUNA28,30,55、ハッスーナ104,202
	土器片	ハッスーナ期：約8000年前	2	最大 6.1×4.1	イラク、アル・ハーン	東大総博	El-Khan4,9
	土器片	サマッラ期：約8000-7500年前	2	最大 7.1×7.4	イラク、テル・アシク	東大総博	ASHIK(TELL)21,44
	土器片	サマッラ期：約8000-7500年前	3	最大 5.2×4.3	イラク、サマッラ	東大総博	Tel Samarra46,73,80
	土器片	ジャリ期：約8000年前	9	最大 11.1×12.7	イラン、タル・イ・ジャリB	東大総博	J.B-A12,/NT床面附近A1-R6fill,AIV-R6fill, AIV-4, AI2,F12,C-1-R.1下層,BIV-L2

標本	時代	点数	寸法(cm)	遺跡・由来	所蔵	標本番号
土器片	ハラフ期：約7500-7000年前	5	最大6.0×8.4	イラク、メズラ	東大総博	Mizra東No.1-24,25,29,31,32
土器片	サマッラ期-ハラフ期：約8000-7500年前	2	最大5.6×5.7	イラク、サマッラ	東大総博	Tel Samarra47,58
土器片	ハラフ期：約7500年前	1	最大4.6×5.4	イラク、メズラ	東大総博	Mizra東No.1-76
土器片	ハラフ期：約7500-7000年前	3	最大6.8×7.8	イラク、テル・アルパチヤ	東大総博	Arpachiya45,46,47
土器片	ウバイド期：約6300年前	8	最大6.6×5.2	シリア、テル・コサック・シャマリ	東大総博	94KSL3-24、94KSL-C10-3-30、94KSL-C10-3(2点)、94KSL-C10-3-20、97KSL-AD4-55(3点)
土器片	バクーン期：約6800-5800年前	23	最大6.7×10.9	イラン、タル・イ・ギャプ	東大総博	E2-10,14、520-1、114-10-GAT-1〜3/20、1201- 3-GAI-3/I.1,2.5/5a-1180-1、L/A1-6/0床土群379-1、GAT-2/14-173-5,2/11-139-1、GAT-6/R-31F-560-13,6/2-309-4、6/R3/下-485-3,6/床上群-441-1、104-2-GAT-1/67、496-9-GAT-6/R-31F、GAT-1/106-R13fl-66-26、GAT-3/6-208-2、GAT5/2-249-1,6/14-255-1、196GAT-1.2/R.1下、GAT4/10-271-2,/GAT-6/12-456-3,/GAT-6/12-459-6
土器片	ウバイド期：約7000年前	10	最大8.1×11.4	イラク、テペ・ガウラ	東大総博	TEPE GAWRA176、T.gawra219,216,111、215、テペ・ガウラ45,167、UMW-1997-43-B表,43、Gawra-41
土器片	ガウラ期：約6000-5500年前	8	最大6.4×8.6	イラク、テペ・ガウラ	東大総博	テペ・ガウラ59,195、Tepe Gawra34,211,228、UMW1997.43(3点)
土器片	ウルク期：約5500年前	4	最大8.2×6.1	シリア、テル・コサック・シャマリ	東大総博	9-96KSL-BD7-4、96KSL-BD7-4、11-96KSL-BD7-41、6-95KSL-BD7-41
土器片	ニネヴェ5期：約5000-4500年前	4	最大5.2×3.8	イラク、テル・サラサートV	東大総博	THV-33-44,89-38-6/1、12.10-6/1,87-1-6/1
土器片	ラピュイ期：約5000年前	10	最大9.2×9.1	イラン、タル・イ・ギャプ	東大総博	ギャプD-UMW-1997-74-5(2点)、ギャプD-UMW-1997-79-5(2点)、UMW-1994-79-5、UMW-1997-79-5(4点)、UMW-1997-701-5
土器	ムシュキ期：約8400-8100年前	1	17.8×21.8	イラン、タル・イ・ムシュキ	東大総博	MS.P12

標本		時代	点数	寸法(cm)	遺跡・由来	所蔵	標本番号
	土器	ジャリ期:約8000年前	1	10.5×21.3	イラン、タル・イ・ジャリB	東大総博	JAB.P24
	土器	ウバイド期:約7000年前	1	19.0×14.5	伝北メソポタミア	岡山市立オリエント美術館	140-2137
	土器(複製)	バクーン期:約6800-5800年前	1	16.0×12.8	イラン、タル・イ・ギャップ	東大総博	GPA.P26
	鳥形土偶	バクーン期:約6800-5800年前	1	4.1×1.8	イラン、タル・イ・ギャップ	東大総博	M30
	土器	ウバイド期:約6500年前	1	11.5×9.5	伝北メソポタミア	岡山市立オリエント美術館	138-2135
	土器	ガウラ期:約6000-5500年前	1	16.9×24.0	イラク、テル・サラサートⅡ	東大総博	1ThII.P13
土器工房							
	回転台(石製)	ウバイド期:約7000年前	1	10.7×10.6×2.4	シリア、テル・コサック・シャマリ	東大総博	95KSL A区4②
	半月状削り具(土製)	ウバイド期:約7000年前	1	最大10.5×10.1×1.0	シリア、テル・コサック・シャマリ	東大総博	95KSL-AF6-5
	半月状削り具(石製)	ウバイド期:約7000年前	1	最大10.6×5.6×1.5	シリア、テル・コサック・シャマリ	東大総博	94KSL B9-6
	円盤状削り具(斑糲岩製)	ウバイド期:約7000年前	1	最大7.4×6.3×1.1	シリア、テル・コサック・シャマリ	東大総博	96KSL-AD5-72
	リング状削り具(土製)	ポストウバイド期:約6000年前	4	最大11.6×11.2×2.7	シリア、テル・コサック・シャマリ	東大総博	94KSLB8-4-5、94KSLB9-2-63,64、94KSLB9-3-25
	顔料(赤鉄鉱)	ウバイド期:約7000年前	1	最大6.1×5.0×2.6	シリア、テル・コサック・シャマリ	東大総博	—
	色付けパレットと石杵(石製)	ウバイド期:約7000年前	各1	最大11.6×7.8×3.4	シリア、テル・コサック・シャマリ	東大総博	95KSL AF5⑥, PVIIIトレンチ
石と金属							
	銅鉱石	ムシュキ期:約8400-8100年前	1	2.6×2.7	イラン、タル・イ・ムシュキ	東大総博	MSR5/16
	鍛造された銅	ムシュキ期:約8400-8100年前	2	最大7.7×1.1	イラン、タル・イ・ムシュキ	東大総博	2MS-265、L-11/2a、K-11/3a Tr.
	鍛造された銅	シャムサバード期:約7000-6500年前	2	最大0.6×2.0	イラン、タル・イ・ジャリA	東大総博	—
	精練された銅	バクーン期:約6500-5500年前	1	最大5.8×0.6	イラン、タル・イ・ギャップ	東大総博	T1-6B
	精練された銅	ポストウバイド期:約6300-6000年前	1	2.5×1.8	シリア、テル・コサック・シャマリ	東大総博	—
	石製容器の破片(大理石製)	先プロトハッスーナ期:約8900-8600年前	2	最大3.9×4.8	シリア、テル・セクル・アル・アヘイマル	東大総博	SEK02 E6-10、SEK05 C12-278
	石製容器(大理石製)	プロトハッスーナ期:約8400-8100年前	3	最大5.1×7.4	シリア、伝テル・ブクラス	岡山市立オリエント美術館	石337-2149,338-2150,339-2151

標本	時代	点数	寸法(cm)	遺跡・由来	所蔵	標本番号
耳飾?(石製)	ムシュキ期:約8400-8100年前	6	最大3.3×3.2×1.5	イラン、タル・イ・ムシュキ	東大総博	2MS-618,28,235、L-11/16R5,665,633
耳飾?未製品(石製)	ムシュキ期:約8400-8100年前	1	3.3×3.0×2.1	イラン、タル・イ・ムシュキ	東大総博	2MS-346
ビーズ(骨製)	土器新石器時代-銅石器時代:約8500-6000年前	1	3.9×0.8	イラク、イランの諸遺跡	東大総博	2MS-84
ビーズ(石製:玉髄、方解石、蛇紋岩等)	土器新石器時代-銅石器時代:約8500-6000年前	7	最大1.8×0.9	イラク、イランの諸遺跡	東大総博	JB、2MS-26、2MS599、3Th678,817、14,18
ビーズ(土製)	土器新石器時代-銅石器時代:約8500-6000年前	6	最大1.4×1.4	イラク、イランの諸遺跡	東大総博	JBDⅡR7西北灰入?、JBDIR5fl.2 fill、JBBI-I、JBCIVR2 fl.2 fill、3、11
ビーズ未製品(石製)	ウバイド期:約6500年前	1	0.7×1.0×1.0	イラク、テル・サラサートⅡ	東大総博	3ThⅡ796
ツノガイ *Dentalium* sp.	現代	1	7.7×0.7	日本、遠州灘、現生標本	東大総博	—
ツノガイ *Dentalium* sp.	ナトゥーフ期:約13000年前	2	最大1.3×0.4	シリア、デデリエ洞窟	東大総博	デ1、デ3
ツノガイ *Dentalium octangulatum*	ナトゥーフ期:約13000年前	1	0.3×0.2	シリア、デデリエ洞窟	東大総博	デ2
カワニナ科 *Melanopsis* sp.	ムシュキ期:約8400-8200年前	1	2.5×1.1	イラン、タル・イ・ムシュキ	東大総博	2MS69-2
イシガイ科 Unionidae	ムシュキ期:約8400-8200年前	2	最大6.4×3.7	イラン、タル・イ・ムシュキ	東大総博	2MS-371,442
シモフリタカラガイ *Erasaria turdus*	ムシュキ期:約8400-8200年前	1	4.5×3.0	イラン、タル・イ・ムシュキ	東大総博	2MS299
マルスダレガイ科 Veneridae	ガウラ期:約5500年前	1	4.0×2.1	イラク、テル・サラサートⅡ	東大総博	D/VI.fl.69
マダライモガイ *Conus ebraeus*	ムシュキ期:約8400-8200年前	1	4.1×2.8	イラン、タル・イ・ムシュキ	東大総博	2MS-643
ペルシアワスレガイ *Callista umbonella*	ムシュキ期:約8400-8200年前	1	3.6×3.3	イラン、タル・イ・ムシュキ	東大総博	2MS-69-1
アオムネガイ *Eugina mendicaria*	ムシュキ期:約8400-8200年前	1	1.3×0.8	イラン、タル・イ・ムシュキ	東大総博	2MS297
マクラガイ類 *Oliva* sp.	ウバイド期:約6500年前	1	2.3×1.1	イラク、テル・サラサートⅡ	東大総博	A'/V-4/12
ツヤミナトガイ *Mactra lilacea*	バクーン期:約6000-5500年前	1	3.5×3.0	イラン、タル・イ・バクーン	東大総博	—
アコヤガイ属 *Pinctada radiata*	バクーン期:約6000-5500年前	2	最大3.5×3.7	イラン、タル・イ・バクーン	東大総博	TB
キイロダカラ *Monetaria moneta*	バクーン期:約6000-5500年前	5	最大1.4×0.9	イラン、タル・イ・ギャプ	東大総博	03-13,16,17,18,19

標本		時代	点数	寸法(cm)	遺跡・由来	所蔵	標本番号
	葦の圧痕が残る天然アスファルト	ウバイド期：約7000年前	4	最大5.7×5.4×1.6	シリア、テル・コサック・シャマリ	東大総博	AD 4.11-001
	天然アスファルト	現代	1	15.0×10.0×6.0	トルコ	神奈川、個人蔵	―
	ナヴィフォーム式技術の工程を示す石器(フリント製)	先土器新石器時代：約8500年前	15	最大12.0×3.0×1.0	シリア砂漠	東大総博	PB41-2、DRⅡ、BR.45 67S107、DR(3点)、DRⅡ-890,1103,3114,1851, 3135,10,8,21,612
	押圧剥離石核と石刃(フリント製)	先土器新石器時代：約9000年前	7	最大6.9×2.9×2.3	イラク、カリム・シャヒル	東大総博	Ka.sh44,45,65,66,155, 174、Ka.sh
	押圧剥離石核と石刃(フリント製)	ムシュキ期：約8400-8200年前	7	最大4.0×2.3	イラン、タル・イ・ムシュキ	東大総博	2MS-42,50(3点),358(2点)、MSL12/R7
	押圧剥離石核と石刃(フリント製)	ジャリ期：約8000年前	7	最大6.6×1.6	イラン、タル・イ・ジャリB	東大総博	JB Y11、N'T(E)/表土、8C、JB(4点)
■超自然界							
人・動物・祖先							
	写実女性土偶(非焼成)	先土器新石器時代B期：約9000年前	1	10.0×9.1×14.6	シリア、テル・セクル・アルアヘイマル	シリア考古遺産庁	―
	写実女性土偶(複製)	先土器新石器時代B期：約9000年前	1	10.0×9.1×14.6	シリア、テル・セクル・アルアヘイマル	東大総博	
	女神との対面	先土器新石器時代B期：約9000年前	―	映像モニタ	シリア、テル・セクル・アルアヘイマル	東大総博	東京大学西アジア遺跡調査団
	女性土偶(焼成)	プロトハッスーナ期：約8500年前	1	7.5×5.5×3.0	イラク、テル・サラサートⅡ	東大総博	3THⅡ.Pt105
	女性土偶(焼成)	ハラフ期：約8000年前	1	8.2×3.6	北メソポタミア	(財)中近東文化センター	M00159
	女性土偶(焼成)	土器新石器時代後期：約7500年前	1	7.4×5.6	トルコ、ハジュラル	(財)中近東文化センター	M00189-001
	女性土偶(非焼成)	ウバイド期：約6500年前	1	5.2×3.2×4.4	イラク、テル・サラサートⅡ	東大総博	3ThⅡ698
	動物土偶	土器新石器-銅石器時代：約8000年前-6500年前	20	最大7.2×2.9×5.0	イラン、タル・イ・ジャリA・B；イラク、テル・サラサートⅡ	東大総博	JA.E7、J.B-B区-焼土下褐色灰層,N'T灰層,CIVR1, Y5C,CIV R.2.fl.2fill, AI4,D1 R.5.fl.、141、OS1、J.A、TN 2.2、1207・1/23、3ThⅡ635、253/Th、JA27F-3、23,27,28,29
現在も作られる土偶							
	現代の土偶(非焼成)	2006年	9	最大8.2×2.1×6.4	シリア、セクル・アル・アヘイマル村	東大総博	東京大学西アジア遺跡調査団

Mounds and Goddesses

The Earliest Farmers in Upper Mesopotamia

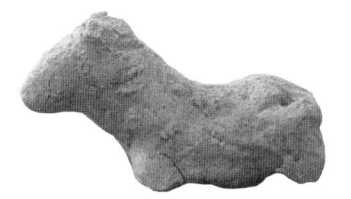

An exhibition at the University Museum, the University of Tokyo

Western Asia, and especially Upper Mesopotamia (East Syria and North Iraq), is one of the key regions for understanding the development and spread of early farming in the Neolithic period. Since a long time, Japanese archaeologists have contributed towards an understanding of these early farmers. The first Japanese excavation, carried out by the University of Tokyo, took place in 1956-57 at the artificial occupation mounds (or tells) of Telul eth-Thalathat in northern Iraq. The earliest layers there yielded farming settlements from ca. 8,500 years old, then the earliest evidence for farming in this region. One of the main objectives of University of Tokyo archaeologists has since been the research of the early farming communities in Upper Mesopotamia. The present exhibition commemorates the 50 years' anniversary of the archaeological investigations in this region by the University of Tokyo.

Over twenty archaeological sites have been excavated since 1956-57, foremost in Syria, Iraq and Iran, and ranging in time from the Palaeolithic to the Sasanian period (from ca. 500,000 BC to ca. 7th century AD). In the exhibition thirteen of the most important sites are presented, mainly focusing on the Neolithic period. The Dederiyeh Cave in western Syria has provided important information about the so-called Natufian culture, in which the very first attempts to farming were made. Subsequent Neolithic cultural developments can be traced through the results of excavations at Tell Seker al-Aheimar and Tell Kashkashok in Syria, and Telul eth-Thalathat in Iraq. The Douara Cave (nr. II) in southern Syria provides additional information on Neolithic adaptations to desert environments. The Chalcolithic period, following upon the Neolithic, is represented by Tell Kosak Shamali (in Syria), as well as by the upper layers of Telul eth-Thalathat (mound II). Finally, the small Neolithic mounds in the Marv Dasht plain in southwestern Iran have revealed important information concerning the Neolithic way of life at the eastern border of Upper Mesopotamia.

The objective of the exhibition is to use the Japanese archaeological research in order to contribute to an understanding of the origin and the developments of farming communities in Upper Mesopotamia. Instead of presenting specific sites or periods, the exhibition is organized according to subjects. Featured in the centre of the exhibition hall is a scale model of a Neolithic mound (or tell). The model is surrounded by five groups of exhibition cases, respectively displaying information and objects about the natural environment, plants, animals, artefacts and ritual objects relating to Neolithic farming communities. This spatial arrangement of the exhibition is meant as a metaphor of the interaction of Neolithic mound dwellers with other - natural and non-natural - surrounding entities. At the same time, the display symbolizes the mound as a central source of information for archaeologists.

Most of the items exhibited are from the archaeological collections of the University Museum. Materials collected in the 1950-1960s have been subjected to modern scientific analyses mainly regarding subsistence and technology in the Neolithic period. This new research has resulted in important new insights in the socio-economic organization of early farming communities.

Most recently, the team from the University of Tokyo Museum has made a unique discovery at the Neolithic site of Seker al-Aheimar in Syria. In 9,000 years old deposits at the mound, they found one of the oldest and largests female clay figurines known from the Neolithic period in Western Asia. This is a very beautiful example of the well-known Neolithic 'mother-goddesses'. As a probable symbol of fertility, the object can be seen as an important symbol of the worldview of Neolithic farmers. The figurine has been conserved and studied in a joint project with the Directorate-General of Antiquities and Museums of Syria. As the figurine will return to her homeland in Syria, the exhibition Mounds and Goddesses:The Earliest Farmers in Upper Mesopotamia provides an unique opportunity to meet Neolithic people from Western Asia in Eastern Asia.

執筆者（執筆順）■ 西秋良宏（東京大学総合研究博物館・先史考古学）
　　　　　　　　近藤康久（東京大学大学院人文社会系研究科・考古情報科学学）
　　　　　　　　鹿島　薫（九州大学大学院理学研究院・古環境学）
　　　　　　　　丹野研一（総合地球環境学研究所・考古植物学）
　　　　　　　　マルジャン・マシュクール（フランス国立自然史博物館・考古動物学）
　　　　　　　　ジャン＝ドニ・ヴィーニュ（フランス国立自然史博物館・考古動物学）
　　　　　　　　須藤寛史（岡山市立オリエント美術館・西アジア考古学）
　　　　　　　　久米正吾（早稲田大学大学院文学研究科・西アジア考古学）
　　　　　　　　マリー・ルミエール（リヨン第2大学東洋・地中海研究所・土器学）
　　　　　　　　小高敬寛（東京藝術大学・西アジア考古学）
　　　　　　　　木内智康（東京大学大学院人文社会系研究科・西アジア考古学）
　　　　　　　　マーク・フェルフーフェン（元東京大学総合研究博物館・理論考古学）

写真撮影■　野久保雅嗣、上野則宏、奥村浩司、西秋良宏

Mounds and Goddesses
–The Earliest Farmers in Upper Mesopotamia

遺丘と女神 —メソポタミア原始農村の黎明

2008年2月5日　発　行

[検印廃止]

編　者　西　秋　良　宏
発行所　東京大学総合研究博物館
発売所　財団法人 東京大学出版会

　　　　113-8654 東京都文京区本郷7-3-1 東大構内
　　　　電話 03-3811-8814　FAX 03-3812-6958
　　　　振替 00160-6-59964

デザイン　コスギ・ヤエ
印刷・製本　株式会社サンエムカラー

Ⓒ The University Museum, The University of Tokyo, 2008
Printed in Japan
ISBN 978-4-13-021072-0